南昌大学经管论丛
国家自然科学基金项目（72004087）研究成果
南昌大学哲学社会科学青年人才培育创新基金研究成果

U0515539

产业集聚与中国制造业发展绩效

杨浩昌　著

中国财经出版传媒集团

经济科学出版社
Economic Science Press

图书在版编目（CIP）数据

产业集聚与中国制造业发展绩效/杨浩昌著．－－北京：经济科学出版社，2023.1

（南昌大学经管论丛）

ISBN 978 - 7 - 5218 - 4444 - 3

Ⅰ.①产…　Ⅱ.①杨…　Ⅲ.①产业集群 - 关系 - 制造工业 - 经济发展 - 经济绩效 - 研究 - 中国　Ⅳ.①F269.23②F426.4

中国国家版本馆 CIP 数据核字（2023）第 012288 号

责任编辑：于　源　李　林
责任校对：隗立娜
责任印制：范　艳

产业集聚与中国制造业发展绩效

杨浩昌　著

经济科学出版社出版、发行　新华书店经销
社址：北京市海淀区阜成路甲 28 号　邮编：100142
总编部电话：010 - 88191217　发行部电话：010 - 88191522
网址：www.esp.com.cn
电子邮箱：esp@esp.com.cn
天猫网店：经济科学出版社旗舰店
网址：http://jjkxcbs.tmall.com
北京季蜂印刷有限公司印装
710×1000　16 开　19.25 印张　278000 字
2023 年 8 月第 1 版　2023 年 8 月第 1 次印刷
ISBN 978 - 7 - 5218 - 4444 - 3　定价：77.00 元
（图书出现印装问题，本社负责调换。电话：010 - 88191510）
（版权所有　侵权必究　打击盗版　举报热线：010 - 88191661
QQ：2242791300　营销中心电话：010 - 88191537
电子邮箱：dbts@esp.com.cn）

前　言
PREFACE

　　本书主要研究产业集聚对中国制造业发展绩效的影响，旨在揭示产业集聚影响制造业发展绩效的内在机理，为实现中国制造业发展绩效水平提升，推动中国制造业发展模式由粗放型向集约型转变，以及促进中国制造业提质增效、创新驱动发展和节能减排等提供理论支持和政策建议。第 1 章为导论；第 2 章为相关理论回顾与文献述评；第 3 章为理论分析与研究假说；第 4 章为产业集聚和制造业发展绩效的测算及其结果分析；第 5 章为产业集聚对制造业经济绩效的影响研究；第 6 章为产业集聚对制造业创新绩效的影响研究；第 7 章为产业集聚对制造业能源绩效的影响研究；第 8 章为结论与政策建议。

　　本书首先对产业集聚与制造业发展绩效的相关研究进行了较为系统的回顾、分析与评述。其次，分别从经济绩效、创新绩效、能源绩效和环境绩效等角度阐述了产业集聚对制造业发展绩效的影响机制，并进一步提出了研究假说。再次，分别对产业集聚程度与制造业发展绩效水平进行了相关测算和分析。最后，分别研究了产业集聚对制造业经济绩效、创新绩效和能源绩效的影响及其区域差异与行业差异，以此对提出的研究假说进行实证检验。本书的研究目的在于揭示产业集聚对制造业发展绩效影响的内在机理，为促进中国制造业提质增效、创新驱动发展和节能减排，进而实现由要素扩张型向效率增进型转变，由粗放型发展模式向集约型发展模式转变，由高速增长阶段转向高质量发展阶段提供一定的理论支持和实践参考。

　　产业集聚对制造业发展绩效影响的理论分析表明：产业集聚对制

造业发展绩效的影响存在显著的正外部性和负外部性，即产业集聚不仅有利于促进制造业发展绩效水平提升，而且也会对制造业发展绩效水平产生一定的抑制作用，具体影响取决于其正外部性和负外部性的综合比较。并且，产业集聚对制造业经济绩效的影响与区域经济发展水平之间的关系会呈现出明显的倒"U"型曲线。同时，产业集聚与制造业能源绩效（或环境绩效）之间也会呈现出显著的"U"型关系。

产业集聚与制造业发展绩效的测算及其结果分析表明：首先，中国制造业产业集聚程度总体上呈现出不断提高的发展趋势，并逐渐形成了以东部沿海地区为中心，中部、东北、西部等地区为外围的制造业产业集聚模式；同时，中国制造业产业集聚程度不仅存在显著的区域差异：东部沿海地区明显高于其他地区，中部地区次之，东北地区再次之，西部地区最低，而且也存在明显的行业差异：制造业各细分行业之间产业集聚程度表现出较大差异。其次，制造业经济绩效水平总体上也呈现出不断上升的发展趋势，并且存在显著的区域差异。再次，制造业静态和动态创新绩效水平总体上均呈现出不断提升的发展趋势，并且在区域间的差异也十分突出。最后，制造业能源绩效水平总体上也呈现出不断上升的发展趋势，并且，能源技术进步已经逐渐成为中国制造业能源绩效水平提升的主要驱动力，而制造业能源技术效率并未出现明显的"追赶效应"；同时，中国制造业能源绩效水平也存在明显的区域差异。

产业集聚对制造业经济绩效的影响研究表明：首先，产业集聚对制造业经济绩效的影响，总体上显著存在"威廉姆森假说"（Williamson Hypothesis）；并且，现阶段产业集聚仍然能够显著提升中国制造业经济绩效水平，即中国制造业由产业过度集聚向产业扩散转移的阶段尚未到来。其次，东部地区产业集聚对制造业经济绩效的影响，也显著存在"威廉姆森假说"，而中西部地区产业集聚对制造业经济绩效的影响，则不存在所谓的"威廉姆森假说"；同时，现阶段东部地区制造业产业集聚仍然能够显著提升其经济绩效水平，并随着经济发展水平的提高而呈现出逐渐上升的发展趋势。再次，东部地区产业集聚对制造业经济绩效水平的促进作用显著大于中西部地区，结合当前中国东部地区制造业产业集聚程度和经济绩效水平明显高于中西部地区的事实，可以进一步推导出东部地区与中西部地区之间制造业经济绩效水平的差异将不断扩大。最后，产业集聚对制造业经济绩效水平的影响也存在明显的行业差异：劳动密集型产业和资源密集型产业集聚对其经济绩效水平的影响，均显著存在"威廉姆森假说"，即存在产业过度集聚现象，而技术密集型产业中除了医药制造业存在一定的产业过度集聚现象，其余的行业均不存在产业过度集聚现象。

产业集聚对制造业创新绩效的影响研究表明：首先从总体上看，产业集聚均有利于促进制造业静态创新绩效水平和动态创新绩效水平的提升，并且主要是通过提高制造业技术效率来实现的。其次，产业集聚对制造业静态创新绩效和动态创新绩效及其分解指标的影响作用存在明显的区域差异：东部地区高技术产业集聚对制造业静态创新绩效的促进作用明显大于中西部地区，东中西部地区产业集聚虽均有利于显著促进制造业动态创新绩效水平和技术效率提升，但是作用大小之间却存在一定的差异。此外，产业集聚对制造业静态创新绩效和动态创新绩效的影响作用也存在显著的行业差异。其中，多数机械电子制造业和轻纺制造业的产业集聚有利于提升制造业静态创新绩效，而部分资源加工制造业的产业集聚则在一定程度上抑制了制造业静态创新绩效水平的提高；并且，在轻纺制造业中，产业集聚能够显著提升制造业动态创新绩效水平和技术效率，而对制造业技术进步的影响系数虽为正却不显著；在资源加工制造业中，产业集聚也有利于显著促进制造业动态创新绩效水平和技术效率，但对制造业技术进步却存在一定的负向影响作用；在机械电子制造业中，除金属制品业的产业集聚对其技术进步的影响系数虽为正却不显著外，其余所有制造业细分行业的产业集聚均有利于显著提升其动态创新绩效水平和技术效率以及促进其技术进步。

产业集聚对制造业能源绩效的影响研究表明：首先从全国总体来看，产业集聚与制造业静态能源绩效和动态能源绩效及其分解指标（能源技术效率和能源技术进步）之间均存在明显的"U"型曲线关系；并且，制造业经济发展水平与静态能源绩效和动态能源绩效以及能源技术进步之间也会呈现出显著的"U"型关系，即"环境库兹涅茨假说"在中国制造业中显著存在，而与制造业能源技术效率之间却存在明显的倒"U"型曲线关系。其次，在无环境约束和环境约束两种情形下，产业集聚对制造业静态能源绩效和动态能源绩效及其分解指标的影响作用在中国东、中、西部地区之间均存在明显的差异。其中，在东部和中部地区，产业集聚均能显著提升制造业动态能源绩效和能源技术效率以及促进制造业能源技术进步，而在西部地区，产业集聚仅能显著提升制造业动态能源绩效和能源技术效率。此外，无论在无环境约束下还是在环境约束下，产业集聚对制造业静态能源绩效和动态能源绩效及其分解指标的影响作用均存在显著的行业差异。其中，在无环境约束下，轻度污染行业、中度污染行业和重度污染行业这三大类制造业细分行业的产业集聚均能够显著促进制造业静态能源绩效水平的提升，而在环境约束下，仅有轻度污染行业和部分中度污染行业（医药制造业、金属制品业、交通运输设备制造业）的产业集聚能够提升制造业静态能源绩效水平；并且，加入能源使用所导致的污染物排放后，造纸及纸制品业，石油加工、炼焦及核燃料加工业，化学原料及化学制品制造业3个重度污染行业的产业集聚对制造业能源技术进步的影响作用将由正变负。

基于以上研究结论，本书提出实现中国制造业发展绩效水平提升的两种途径：一是增强中国制造业集约型发展的内生动力，从而推动中国制造业由粗放型发展模式向集约型发展模式转变和增长方式由要素扩张型向效率增进型转变，具体措施包括：鼓励产业集群式发展、充分发挥科技创新的主引擎作用、实施制造业产业错位发展战略、加快调整和优化制造业产业结构、深化制造业企业经济体制改革、推动劳动力和资本跨区域流动。二是强化中国制造业发展绩效水平提升的外生机制，从而推进中国制造业由高速增长阶段转向高质量发展阶段，具体措施包括：积极营造良好的产业集聚环境、制定合理的差异性区域发展政策、大力推进环境规制政策的有效落实。

本书可供技术经济及管理、企业管理、产业经济学、区域经济学和统计学等专业的硕士生与博士生阅读参考，高年级经济管理类本科生、研究人员和政府官员也能从本书中受益。

目 录
CONTENTS

导　论

本书研究的主要内容是产业集聚对中国制造业发展绩效的影响。本章作为导论，主要概述了本书的研究背景、研究目的及意义，并从总体上介绍了本书的研究内容、基本思路、研究方法及可能的创新之处。

1.1　问题的提出

制造业是经济增长和经济转型的主导力量，是生产力水平的集中体现，也是经济社会发展的重要依托和人们赖以生存发展的基础性产业（李廉水等，2012），同时又是立国之本、兴国之器、强国之基。改革开放以来，中国制造业逐步参与国际分工，广泛开展国际经济技术合作，加快融入全球价值链，大力拓展国际市场，大量产品远销全球，给中国经济创造了一个又一个奇迹，同时又充分利用地缘优势，积极承接全球产业转移，逐渐成为世界制造业第一大国。中国制造业之所以呈现出如此快速的发展势头，其在很大程度上得益于我国丰裕的廉价劳动力和原材料，丰富的土地、能源等自然资源，大量的研发人员和研发资金投入，以及国家政策的大力支持。然而，与美国、日本、德国等世界先进制造业强国相比，中国制造业仍然大而不强，发展水平不高、经济效益不好，生产效率相对较低、自主创新能力不足、环境约束较强，以及在国际分工体系中处于全球价值链中低端和相对不利的地位，特别是总体绩效水平较低等已逐渐成为当前中国制造业发展所面临的突出问题。

1.1.1　提升中国制造业发展绩效水平的主要原因

当前，中国制造业发展面临的内外部环境仍然错综复杂，未来的发展充满着挑战和不确定性。一方面，随着世界经济一体化进程的加快、原材料成本的不断上升、生产资料的日益短缺、环境承载能力的逐渐削弱（李廉水等，2013）和环境约束已逐步成为中国制造业发展所面临的主要瓶颈（李廉水等，2015），以及人口红利的逐渐消失和刘易斯转折点的跨越（蔡昉，2010）所导致的我国传统密集型制造业产业过去所依赖的劳动力优势将逐渐消失（冯伟等，2014）等困境的交替出现，过去依靠廉价的劳动力和丰富的资源，以高投入、高消耗、高排放为基本特征的粗放式发展模式已难以为继（杨浩昌等，2018）。另一方面，随着中国经济发展逐渐步入"新常态"，欧美再工业化的深入推进，以及制造业国际竞争的不断加剧，依托科技创新，促进经济增长方式由要素驱动、投资驱动转向创新驱动逐渐成为当前中国经济发展的新理念（杨浩昌等，2016；郭迎锋等，2016）。促进技术进步、提升科技创新能力也越来越受到国家的重视。党的十八大明确提出"实施创新驱动发展战略"。李廉水等（2014）也提出科技创新在中国制造业转型升级中发挥着重要作用，只有充分利用现代科学技术，依靠科技创新，才能实现"中国制造"向"中国创造"的转变。《中华人民共和国国民经济和社会发展第十三个五年规划纲要》中同样明确提出创新是引领经济发展的第一动力。党的十九大也鲜明地指出，创新作为引领发展的第一动力，是建设现代化经济体系的战略支撑，是落实"两个阶段"战略安排与"两个一百年"奋斗目标实现中国梦的核心驱动力。再者，回顾中国制造业的发展历程，"资源红利"曾是中国制造业创造经济增长奇迹的主要原动力之一（李兰冰，2015）。然而，随着能源要素价格的大幅提高、节能减排压力的日益增大和环境质量问题的急剧恶化（陈诗一，2009），传统的"资源红利"正在逐渐消失。周五七和聂鸣（2012）提出未来中国制造业必须走节能减排、可持续发展的"绿色制造"道路，过度依赖人力、资本和能源等要素投入扩张的制造业增长模式是不可持续的，中国制造业发展方式必须从要素扩张型向效率增进型转变。党的十七大报告明确指出"必须把建设资源节约型、环境友好型社会放在工业化、现代化发展战略的突出位置"。党的十八届五中全会也明确提出了"创新、协调、绿色、开放、共享"的五大发展理念，坚持节约资源和环境保护的基本国策，坚持可持续发展。

由此可见，在中国经济发展步入新常态和中国特色社会主义进入新时代，提质增效、创新驱动、节能减排，推动由高速增长阶段转向高质量发展阶段，转变发展方式、优化经济结构、转换增长动力，以及推进供给侧结构性改革等逐渐成为当前经济发展新要求的背景下，中国制造业要想实现由大变强，必须着力提升其经济活动、科技创新活动、能源使用活动，以及环境保护活动中的绩效水平，尽快实现由大量依靠劳动力、原材料、资本、自然资源等投入，以高投入、高能源消耗、高污染排放为主要特征的粗放型发展模式向依靠提升经济绩效、创新绩效、能源绩效以及环境绩效水平，以提质增效为主要驱动力，注重节约资源、保护环境、提高资源的利用效率，充分发挥现有资源投入的使用效益的集约型发展模式转变，进而加快中国制造业产业转型升级，推进中国制造业由高速增长阶段向高质量发展阶段转变，以及促进中国制造业创新驱动发展和节能减排。而如何有效地提升中国制造业经济绩效、创新绩效、能源绩效以及环境绩效水平成了摆在我们面前的一项亟须解决的重大课题。

1.1.2 制造业产业集聚式发展的必然趋势

纵观世界经济的发展历程，可以发现，19世纪工业革命以后，世界各国的经济活动最显著的特征之一是经济活动在某一地区或某一行业的空间集聚，世界各国的工业化进程也普遍伴随着其经济活动的地理空间集聚程度的提高而不断向前推进。因此，这种经济活动中所表现出的产业集聚现象在社会中引起了广泛的影响并逐渐成为学者们关注的焦点。新古典经济学的创始人马歇尔（Marshall）较早注意到了经济活动中所表现出的这一产业集聚现象，其于1890年在著作《经济学原理》中提出了著名的"外部规模经济"理论，并将产业集聚形成的根本原因归结为获取外部规模经济。1909 年，德国经济学家阿尔弗雷德·韦伯（Alfred Weber）在其著作《工业区位论》中首次提出了"集聚经济"这一概念，并建立了有关集聚的一套规则。之后，以藤田昌久（Fujita）、维纳布尔斯（Venables）和保罗·克鲁格曼（Paul R. Krugman）为代表的新经济地理学家沿着马歇尔（Marshall）提出的经济学基本原理出发，在综合考虑边际收益递增、人口流动、不完全竞争以及运输成本交互作用的情况下，在迪克斯特和斯蒂格利茨（Dixit and Stiglitz，1977）提出的 D－S 模型的基础上，创立了"中心—外围"模型（或"核心—周边"模型，Core-peripheral Model），并以此模型来解释经济活动中所表现出的产业集聚这一现象及其产生机制，使产业集聚理论有了更加丰富的内涵，同时也为深入探究经济活动的空间集聚规律及其作用机制提供了坚实的理论基础。

自 1978 年改革开放以来，随着区域经济一体化进程的加快以及伴随着地区间专业化水平和市场化水平的逐渐提高，产业集聚已发展成为当前中国经济活动的显著特征，中国制造业产业集聚现象也日趋明显（范剑勇，2004）。何（He，2008）的研究也表明，从 1990 年开始，中国制造业逐渐向东部沿海地区集聚。由此可见，产业集聚已逐渐成为当今中国制造业发展中在地理空间结构上表现出来的一种基本趋势。近年来，在中国尤其是东部沿海地区已经形成了相当数量的产业集聚成功的典范，其中不仅包括：以北京中关村科技园区为中心的环渤海高新技术产业集聚区（如北京中关村的软件产业集聚区），以上海高新区为中心的沿长江高新技术产业集聚区（如上海张江的生物医药和集成电路产业集聚区、苏州的生物医药和纳米技术应用以及云计算产业集聚区），以深圳高新区为中心的东南沿海高新技术产业集聚区（如深圳南山的通信设备和电子信息产业集聚区、广州天河的电子信息和生化制药产业集聚区），以西安—杨凌高新区为中心的沿亚欧大陆桥高新技术产业集聚区（如陕西杨凌的现代农业高新技术产业集聚区）等高新技术产业集聚区（杨浩昌等，2016），而且也包括传统产业集聚区，如江苏常熟的羽绒产业集聚区、江苏宜兴的化纤纺织产业集聚区、浙江海宁的皮革产业集聚区、浙江慈溪的草帽产业集聚区、浙江嵊州的领带产业集聚区、福建晋江的制鞋业产业集聚区、山东昌邑的印染产业集聚区等。

1.1.3 产业集聚与制造业发展绩效

产业集聚区通过获得由劳动力市场共享、中间产品投入共享、交易成本降低、本地市场需求和前后向产业关联等所产生的外部规模经济，由知识或技术外溢所产生的技术外部性，以及由相互竞争所产生的竞争外部性等各种集聚效应，会对某一地区或某一行业的经济活动、科技创新活动、能源使用活动，以及环境保护活动中的投入产出综合绩效水平产生十分重要的影响。惠炜和韩先锋（2016）也提出经济新常态下，推进产业集聚已逐渐成为推动中国产业结构优化调整、促进经济提质增效升级的重要措施。因此，在中国经济发展步入新常态和中国特色社会主义进入新时代，提质增效、创新驱动、节能减排，推动由高速增长阶段转向高质量发展阶段，转变发展方式、优化经济结构、转换增长动力，以及推进供给侧结构性改革等逐渐成为当前经济发展新要求的背景下，如何有效地促进中国制造业经济活动、科技创新活动、能源使用活动，以及环境保护活动中绩效水平的提升，产业集聚是一个值得引起足够关注和重视的问题。从理论上讲，产业集聚对制造业发展绩效的影响存在显著的正外部性和负外部性。也就是说，产业集聚不仅有利于促进集聚区内的制造业发展绩效水平提升，而且也会对集聚区内的制造业发展绩效水平产生一定的抑制作用。

产业集聚促进制造业发展绩效水平提升的原因主要在于：首先，产业集聚可以通过深化劳动分工和专业化生产，获取竞争效应和协作效应，以及产生知识和技术溢出等方式来促进制造业经济绩效水平的提升。其次，产业集聚的专业化和多样化等方面的优势，有利于促进科技创新的产生，以及产业集聚形成的知识、技术和信息交流网络，有利于推进科技创新的扩散，从而促进制造业创新绩效水平的提升。再次，产业集聚可以通过带来劳动力、基础设施和信息共享，规模经济效应，以及知识和技术溢出等外部性提升制造业能源绩效水平。最后，产业集聚能够通过集中处理制造业产生的污染物，产生结构效应，从而促进循环经济的形成，提高环保技术水平，从而减少工业废弃物的产生和排放，以及追求更好的生活环境，从而加强环境保护和改善环境质量等方式提升制造业环境绩效水平。

产业集聚抑制制造业发展绩效水平提升的原因主要在于：首先，制造业产业集聚形成时，除了产生集聚效应，也会同时产生拥挤效应，当区域的经济发展水平超过了一定的临界值时，区域内制造业企业数量急剧增加，并超过当地经济的最佳承载能力，从而造成了争夺原材料、劳动、资本和基础设施，过度竞争以及企业利润率下降等一连串不利于区域经济绩效水平提高的严重后果（孙浦阳等，2013；刘修岩，2014）。其次，产业集聚可能也会不利于知识和技术溢出效应的发挥。在产业集聚程度较高的地区，其竞争程度通常也较强，相同类型或同一产业在空间的大量集聚，往往会导致企业之间进行激烈的同质化恶性竞争，再加上知识产权保护意识不强，技术模仿和复制现象时有发生，这些现象都将对制造业企业创新的积极性产生消极影响，从而不利于甚至可能抑制知识和技术溢出效应的发挥，进而对制造业创新绩效产生一定的负向影响。再次，产业集聚的形成也会造成制造业企业能源消耗量的增加，并引起污染物排放的大幅提升（Verhoef and Nijkamp，2002），还会造成资源的垄断，从而导致资源配置扭曲和能源低效利用（范丹和王维国，2013），以及一方面由于缺乏对集聚区内制造业企业进行科学合理的布局规划，企业之间难以产生结构优化效应和技术知识溢出效应，从而不仅会导致资源等浪费，而且还极容易造成跨区域内污染物的叠加；另一方面，在"唯 GDP 论英雄"的干部考核机制下，地方政府不惜以支付昂贵的资源和环境为代价（朱平辉等，2010），并在政策制定上"向环境标准底线赛跑"，以此来大量引进发达国家淘汰的"高能耗、高排放、高污染、低效率"的低端制造业企业，从而成为"污染避难企业的天堂"，造成能源损耗巨大和环境破坏严重。此外，产业在特定地区的空间集聚还可能会造成部分制造业企业"免费搭便车"行为的频繁发生，导致政府政策失灵，从而造成其在享受政府优惠政策的同时并不愿意为节约能源使用和改善环境作出努力，使得集聚区能源集约利用和环境集中治理难以达到应有的水平，进而导致制造业整体能源绩效水平和环境绩效水平的降低。

　　由此可见，产业集聚是促进制造业发展绩效水平的提升，还是会对制造业发展绩效水平产生一定的抑制作用，取决于其正外部性和负外部性的比较。有鉴于此，我们不禁要思考：在现实发展中，中国制造业能否通过推进产业集聚式发展来有效地提升其经济活动、科技创新活动、能源使用活动，以及环境保护活动中的投入产出综合绩效水平，继而实现中国制造业经济绩效、创新绩效、能源绩效以及环境绩效水平的提高，进而加快中国制造业产业结构转型升级，促进中国制造业提质增效、创新驱动发展和节能减排，以及推进中国制造业由高速增长阶段向高质量发展阶段转变，最终推动中国制造业实现由大变强？本书将重点回答以下几个问题：产业集聚对中国制造业发展绩效水平究竟发挥着什么样的作用，包括如何影响中国制造业的经济绩效水平、创新绩效水平、能源绩效水平以及环境绩效水平？其作用机理和作用途径分别是什么？不同区域之间的产业集聚程度已呈现出较大的空间异质性，这种产业集聚的空间异质性，是否会导致其对中国制造业发展绩效影响的区域差异？并且不同制造业各细分行业之间的产业集聚程度也已呈现出较大的行业异质性，这种产业集聚的行业异质性，是否也会导致其对中国制造业发展绩效影响的行业差异？以及在产业集聚视角下，有哪些路径或措施可以有效推动中国制造业快速提升其绩效水平？本书将通过分析产业集聚对中国制造业发展绩效的影响及其作用机理，就上述问题做出一一解答，从而为探寻提升中国制造业发展绩效水平提供一定的理论参考和实践指导。

1.2　研究目的及意义

1.2.1　研究目的

　　本书主要聚焦于产业集聚对中国制造业发展绩效的影响。研究目的主要在于，通过研究产业集聚对中国制造业经济绩效、创新绩效、能源绩效（无环境约束下的能源绩效）、环境绩效（环境约束下的能源绩效）的影响及其区域差异与行业差异，揭示产业集聚对制造业发展绩效水平影响的内在机理，并进一步探究中国制造业发展绩效水平低下的深层次原因，从而为实现中国制造业发展绩效水平提升，以提质增效为主要目标，推动中国制造业由粗放型发展模式向集约型发展模式转变，推进中国制造业由高速增长阶段转向高质量发展阶段，加快中国制造业产业转型升级，以及促进中国制造业创新驱动发展和节能减排等提供一定的理论支持和实践指导。

本书的研究目的并不局限于纯粹的理论层面或单一的实证层面，而是力求通过理论研究、数理模型和实证分析得到较为符合实际的研究结论，从而有效实现理论价值和实践意义的有益结合。

1.2.2 研究意义

中国制造业仍然大而不强，发展水平不高、经济效益不好，生产效率相对较低、自主创新能力不足、环境约束较强，以及在国际分工体系中处于全球价值链中低端和相对不利的地位，特别是总体绩效水平较低等已逐渐成为当前制约中国制造业由大变强迫切需要解决的重大问题。产业集聚是当前中国制造业发展中在地理空间结构上表现出来的一种基本趋势，其对制造业发展绩效的影响存在显著的正外部性和负外部性。也就是说，产业集聚不仅有利于促进制造业发展绩效水平提升，而且也会对制造业发展绩效水平产生一定的抑制作用。并且，产业集聚的空间异质性也会在一定程度上导致制造业发展绩效水平的差异。因此，系统研究产业集聚对中国制造业经济活动、科技创新活动、能源使用活动，以及环境保护活动中的投入产出综合绩效水平影响的内在机理，揭示中国制造业产业集聚的空间异质性如何导致制造业发展绩效水平的差异，探寻提出适应当前世情与国情的中国制造业提质增效、创新驱动、节能减排等发展战略的途径和对策，实现中国制造业发展绩效水平的进一步提升，是一个值得深入研究和探讨的问题，具有十分重要的理论研究价值和实践指导意义，主要表现在：

第一，理论上的有益拓展和发展完善。首先，在借鉴制造业"新型化"理论的基础上，进一步从经济绩效、创新绩效、能源绩效以及环境绩效等四维角度界定制造业发展绩效的内涵。其次，利用产业集聚理论、绩效管理理论、产业经济学理论和区域经济学理论等，并结合最新的中国制造业的实践事实，分别从理论和实证两个层面上研究和分析产业集聚对中国制造业发展绩效的影响及其内在机理，形成相对系统的研究体系，探索新的研究路径和方法，同时也进一步探究出中国制造业发展绩效水平低下的深层次原因，是一个非常有价值的学术命题。这一研究既是对产业集聚理论的进一步拓展和丰富，也是对制造业发展绩效理论的有益补充与发展完善。

第二，实践上的指导意义。制造业发展绩效水平较低已逐渐成为制约中国制造业由大变强所面临的主要瓶颈，亟待解决。因此，在当前中国制造业产业集聚现象日趋明显的条件下，如何促进制造业产业合理优化布局与集聚，更好地利用产业集聚提升制造业发展绩效水平，同时注意和有效规避产业集聚对制造业发展绩效可能产生的负向影响作用，探寻出促进中国制造业发展绩效水平进一步提升的途径和对策，对于指导中国制造业实现由大变强具有重大的现实意义，其不仅有利于推动中国制造业尽快实现由大量依靠劳动力、原材料、资本、自然资源等投入，以高投入、高能源消耗、高污染排放为主要特征的粗放型发展模式向依靠提升经济绩效、创新绩效、能源绩效以及环境绩效水平，以提质增效为主要目标，充分发挥现有资源投入的使用效益，同时注重节约资源、保护环境、提高资源利用效率的集约型发展模式转变，而且有利于深入了解产业集聚对制造业发展绩效的作用机制，切实分析制约中国制造业发展绩效水平提升的影响因素，从而推进中国制造业由高速增长阶段转向高质量发展阶段，加快中国制造业产业转型升级，以及促进中国制造业的创新驱动发展和节能减排。

1.3 研究内容与思路

1.3.1 研究内容

本书主要围绕"产业集聚对中国制造业发展绩效的影响"这一中

心命题展开，把产业集聚对制造业发展绩效的影响纳入到中国现实经济发展中加以考察，从一个全新的角度探讨中国制造业发展绩效水平提升问题。本书分别借鉴国内外产业集聚、绩效管理、区域经济学和产业经济学等方面的前沿理论成果和先进方法，系统研究产业集聚对中国制造业经济活动、科技创新活动、能源使用活动，以及环境保护活动中的投入产出综合绩效水平影响的内在机理，并重点探究产业集聚的空间异质性是否会导致制造业发展绩效水平的差异，从而提出适应当前世情与国情的中国制造业提质增效、创新驱动、节能减排等发展战略的途径和对策。本书共分为8章，其主要内容具体如下：

第1章，导论。该章阐述本书的选题背景，提出所要研究的主要问题，从总体上介绍本书的研究目的、研究意义、基本思路、结构安排、研究方法及可能的创新之处。

第2章，相关理论回顾与文献述评。该章首先分别对产业集聚理论和制造业发展绩效理论进行简单回顾，并在借鉴相关理论的基础上，进一步界定产业集聚的内涵和制造业发展绩效的内涵。然后，分别对国内外产业集聚与制造业发展绩效的相关研究进行较为系统的分析与评述。

第3章，理论分析与研究假说。该章首先从理论层面上论述产业集聚对制造业经济绩效、制造业创新绩效、制造业能源绩效（或环境绩效）的影响机制，然后在已有分析的基础上，进一步提出相关的研究假说。

第4章，产业集聚和制造业发展绩效的测算及其结果分析。该章首先，对产业集聚的常用测算方法进行简单介绍和比较分析，从中选择出制造业产业集聚程度测算的合适方法，并对其测算结果进行一定的分析。其次，简要介绍制造业发展绩效水平的常用测算方法，并分析其优劣，进而选择出制造业发展绩效水平测算的合适方法，同时也对其测算结果进行相关分析。最后，在上述研究的基础上得出一些结论。

第5章，产业集聚对制造业经济绩效的影响研究。该章首先从制造业企业产出的生产函数出发，构建产业集聚对制造业经济绩效影响的具体实证模型，然后利用中国制造业地区面板数据和地区分组的制造业各细分行业面板数据，实证分析产业集聚对制造业经济绩效的影响，并重点研究这种影响作用是否存在区域差异与行业差异，以此对提出的研究假说进行实证检验，同时探究其中的内在机理。

第 6 章，产业集聚对制造业创新绩效的影响研究。该章首先结合已有文献的研究，设定产业集聚对制造业静态创新绩效影响的实证模型，接着分别基于中国高技术产业面板数据和制造业细分行业面板数据，对提出的研究假说进行实证检验。然后从制造业企业的研发创新生产函数出发，构建产业集聚对制造业动态创新绩效及其分解指标影响的计量模型。接着实证分析产业集聚对制造业动态创新绩效及其分解指标的影响，并重点考察这种影响作用是否存在区域差异与行业差异，同时探究其中的内在机理。

第 7 章，产业集聚对制造业能源绩效的影响研究。该章首先主要从制造业企业生产的 Cobb – Douglas 成本函数出发，构建产业集聚对制造业能源绩效（包括无环境约束和环境约束两种情形下的制造业能源绩效）影响的实证模型。然后基于中国制造业面板数据，实证分析产业集聚对制造业静态和动态能源绩效的影响，并重点探讨这种影响作用是否存在区域差异与行业差异，以此对提出的研究假说进行实证检验，同时探究其中的内在机理。

第 8 章，结论与政策建议。在理论研究和实证分析的基础上，提出产业集聚空间异质性情境下适应当前世情与国情的中国制造业提质增效、创新驱动、节能减排等发展战略的途径，即增强中国制造业集约型发展的内生动力和强化中国制造业发展绩效水平提升的外生机制。同时，进一步提出促进中国制造业产业转型升级，推进中国制造业由高速增长阶段转向高质量发展阶段，进而实现中国制造业发展绩效水平提升的政策建议。

1.3.2 研究思路

本书遵循"产业集聚空间异质性——制造业发展绩效的区域差异与行业差异——制造业发展绩效水平提升"的研究思路。首先，构建产业集聚视角下制造业发展绩效水平提升的理论分析基础；其次，选择出合适的计算方法分别对产业集聚与制造业发展绩效进行测算，并对其测算结果进行一定的分析；再次，结合中国制造业产业集聚的空间异质性特征，分别研究产业集聚对制造业经济绩效、创新绩效、能源绩效、环境绩效（即环境约束下的能源绩效）的影响及其区域差异与行业差异；最后，在理论研究和实证分析的基础上，提出适应当前世情与国情的中国制造业提质增效、创新驱动、节能减排等发展战略的途径和政策建议。其具体的技术路线如图 1 - 1 所示。

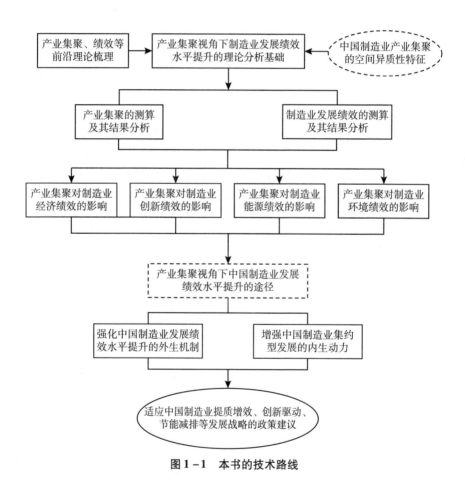

图 1 - 1　本书的技术路线

1.4　研究方法与创新

1.4.1　研究方法

本书主要采用理论分析和数理模型分析以及实证分析相结合的方法，对产业集聚对中国制造业发展绩效的影响这一问题进行了多层面的研究，有效地避免了单一分析手段或单一研究层面可能存在的不足及引起的结果偏误，从而更为科学、全面地揭示了产业集聚对中国制造业发展绩效的影响及其内在机理。研究所需的工具软件包括 SPSS、EViews、Stata、ArcGIS、Matlab、EMS 1.3 以及 DEAP 2.1 等。

在理论分析过程中，本书主要采用了历史分析、文献归纳和比较分析等研究方法。首先，产业集聚是一个历史现象，中国制造业发展绩效水平也在不断地变化，从时间历史的角度考察产业集聚的内在发展趋势和中国制造业发展绩效水平的变化历程，有利于从时间维度上透视两者之间的内在联系。其次，不同的学者从不同的角度对产业集聚的内涵和制造业发展绩效的内涵进行了相关研究，同时也对产业集聚对制造业发展绩效影响的内在机理进行了分析研究，利用文献归纳法，不仅可以在借鉴和甄选的基础上，进一步界定产业集聚和制造业发展绩效的内涵，而且也有利于提取其中的共性，并在此基础上加以归纳整合，从而更加清晰地把握产业集聚对制造业发展绩效的影响机制。最后，利用比较分析法，一方面可以从众多的产业集聚和制造业发展绩效的常用方法中选择出合适方法来对制造业产业集聚程度和制造业发展绩效水平进行有效测算，另一方面通过对不同区域和不同行业之间的产业集聚程度和制造业发展绩效水平的横向和纵向比较，有利于更好地从空间维度上理解两者之间的内在逻辑。

在数理模型分析过程中，首先，本书主要从制造业企业产出的生产函数出发，构建产业集聚对制造业经济绩效影响的实证模型，并借鉴亨德森（Henderson，2000）的研究，在基本实证模型的基础上，分别引入产业集聚与经济发展水平的交互项和产业集聚与经济发展水平的交互项，进一步检验产业集聚对中国制造业经济绩效的影响，是否显著存在"威廉姆森假说"。其次，结合已有文献的研究，设定产业集聚对制造业静态创新绩效影响的实证模型。同时，借鉴柯布－道格拉斯（Cobb－Douglas）提出的生产函数模型，主要从制造业企业的研发创新生产函数出发，建立产业集聚对制造业动态创新绩效影响的计量模型。最后，借鉴费希尔－范登等（Fisher－Vanden et al.，2004）的研究，主要从制造业企业生产的 Cobb－Douglas 成本函数出发，构建产业集聚对制造业能源绩效影响的实证模型。

在实证分析过程中，本书应用了计量经济学领域的一些前沿方法，如面板数据（panel data）、系统 GMM 方法（generalized method of moments）、两阶段最小二乘估计方法（two-stage least squares method，2SLS）等计量回归分析方法，分别研究了产业集聚对制造业发展绩效的影响及其区域差异与行业差异，同时也对总体和分区域回归分析结果进行了稳健性检验或内生性检验，这些方法的综合应用确保了计量回归的结果具有较强的可靠性和准确性，从而便于全面、科学、准确地探究产业集聚对中国制造业发展绩效水平究竟发挥着什么样的作用及这种作用的强度，进而揭示其中的内在机理。

1.4.2 研究创新

本书可能的创新之处主要体现在以下四个方面：

（1）研究视角的创新。从产业集聚的独特视角探寻提升中国制造业发展绩效水平的途径和对策。产业集聚是当前中国制造业发展中在地理空间结构上表现出来的一种基本趋势，其对制造业发展绩效的影响存在显著的正外部性。惠炜和韩先锋（2016）也提出经济新常态下，推进产业集聚已逐渐成为推动中国产业结构优化调整、促进经济提质增效升级的重要措施。基于中国制造业产业集聚的空间异质性特征，从经济绩效、创新绩效、能源绩效和环境绩效等方面研究产业集聚对制造业发展绩效的影响及其区域差异与行业差异，并探究其中的内在机理，同时在此基础上提出适应当前世情与国情的中国制造业提质增效、创新驱动、节能减排等发展战略的途径和对策，是一个全新的研究视角，目前国内外此类研究并不多见。

（2）研究内容的创新。首先，现有文献对"制造业发展绩效的内涵是什么"是仁者见仁，智者见智，尚未达成共识。其次，已有研究多从区域或行业单一层面对产业集聚对中国制造业发展绩效的影响进行研究，而对区域和行业双层面的研究涉及较少。再次，大多数研究还主要从经济绩效和创新绩效等角度探究产业集聚对中国制造业发展绩效的影响及其内在机理，而较少从能源绩效和环境绩效等方面展开研究。最后，已有文献主要集中在分析产业集聚对既定时期制造业发展绩效的影响上，却忽视了跨期的技术变动及由此带来的跨期技术边界移动，即缺乏深入探究产业集聚对制造业动态绩效（绩效变动率）的影响。因此，本书首先在借鉴制造业"新型化"理论的基础上，进一步从经济绩效、创新绩效、能源绩效以及环境绩效等四维角度界定了制造业发展绩效的内涵。然后，先从理论层面上分析了产业集聚对制造业发展绩效的影响机制，接着从经济绩效、创新绩效、能源绩效以及环境绩效四个角度研究了产业集聚对制造业发展绩效的影响，同时进一步着重分析了这种影响的区域差异与行业差异，并探究了其中的内在机理。此外，不仅立足于"静态"视角，考察了产业集聚对制造业发展绩效的影响，而且还进一步立足于"动态"视角，全面分析了产业集聚对制造业动态绩效（绩效变化率）及其分解指标（技术效率变动和技术进步）的影响。

（3）研究方法的创新。首先，本书主要采用理论分析和数理模型分析以及实证分析相结合的方法，对产业集聚对中国制造业发展绩效的影响这一问题进行了多层面的研究，有效地避免了单一分析手段或单一研究层面可能存在的不足及引起的结果偏误，从而更为科学、全面地揭示了产业集聚对中国制造业发展绩效的影响及其内在机理。其次，本书不仅采用了静态面板数据模型研究产业集聚对中国制造业发展绩效的影响，而且也采用了动态面板数据模型研究产业集聚对中国制造业发展绩效的影响，即运用改进的系统 GMM 方法来克服模型中被解释变量的内生性问题，和选取合适的工具变量，并运用 2SLS 方法，对得出的回归分析结果进行内生性检验，有效解决了产业集聚对制造业发展绩效影响研究中所存在的内生性问题。此外，基于"全要素"框架，将能源使用所导致的污染物排放纳入制造业能源绩效的测度体系之中，解决了"环境污染内生化"问题，并运用 SEDEA（超效率 DEA）模型和基于 DEA – Malmquist 方法测度考虑环境约束下的静态和动态能源绩效，以期全面兼顾能源消耗所带来的"期望产出"和"非期望产出"的两面性，同时还与产业集聚对不考虑污染物排放（无环境约束下）的传统能源绩效的影响进行对比分析，以期为符合当前中央政府提出的实现经济增长和控制温室气体排放的可持续发展目标政策制定和实施提供一定的理论支持与实践依据。

（4）研究结论的创新。首先，能源技术进步已经逐渐成为中国制造业能源绩效水平提升的主要驱动力，而制造业能源技术效率并未出现明显的"追赶效应"。其次，从全国总体来看，产业集聚对中国制造业经济绩效的影响，显著存在"威廉姆森假说"；并且，现阶段产业集聚仍然能够显著提升中国制造业经济绩效水平，即中国制造业由产业过度集聚向产业扩散的转移阶段尚未到来；同时，东部地区产业集聚对制造业经济绩效的影响，显著存在"威廉姆森假说"，而中西部地区产业集聚对制造业经济绩效的影响，则不存在所谓的"威廉姆森假说"；以及现阶段，东部地区产业集聚仍然能够显著提升制造业经济绩效水平，并会随着区域经济发展水平的提高而呈现出逐渐上升的发展趋势。再次，产业集聚总体上有利于显著提升制造业动态创新绩效水平，并且主要是通过提高制造业技术效率来实现的；同时，产业集聚对制造业动态创新绩效及其分解指标（技术效率和技术进步）的影响作用在中国东、中、西部区域之间均存在明显的差异。此外，无论在无环境约束下还是在环境约束下，产业集聚与制造业静态能源绩效和动态能源绩效及其分解指标（能源技术效率和能源技术进步）之间均存在明显的"U"型曲线关系；并且，产业集聚均能显著提升东部和中部地区制造业动态能源绩效和能源技术效率以及促进东部和中部地区制造业能源技术进步，而在西部地区，产业集聚仅能显著提升制造业动态能源绩效和能源技术效率。最后，在无环境约束和环境约束两种情形下，产业集聚对制造业静态能源绩效和动态能源绩效及其分解指标的影响作用均存在显著的行业差异。

相关理论回顾与文献述评

本章首先分别对产业集聚理论和制造业发展绩效理论进行了简单回顾，并在借鉴产业区、集聚经济和产业集群等理论的基础上，界定产业集聚的内涵，同时在借鉴制造业"新型化"理论的基础上，进一步界定制造业发展绩效的内涵。然后，分别对国内外产业集聚与制造业发展绩效的相关研究进行较为系统的回顾、分析与评述。

2.1 产业集聚理论

从 19 世纪开始，学者们就注意到产业集聚问题，并分别从不同的角度对产业集聚现象进行了有益的探索，已经取得了较为丰硕的成果，且形成了多种关于产业集聚规律的理论。其中，影响较为深远的主要有产业区、集聚经济和产业集群等。本书首先对产业集聚理论中产业区、集聚经济和产业集群等理论进行简单回顾、分析与评述，然后在此基础上进一步界定产业集聚的内涵。

2.1.1 产业区理论

产业区理论（industrial district theory）主要来源于新古典经济学家马歇尔（Marshall）于 1890 年出版的著作《经济学原理》。马歇尔认为，如果一个大企业周围集聚了很多性质相似且相互关联的中小企业，就出现了他所命名的产业区，这和产业的地区性集中具有很大关系。

在产业区内，大企业与中小企业以及中小企业相互之间会产生协作和分工的关系。产业区形成的根本原因主要在于获取外部规模经济，而外部规模经济来源于劳动市场共享、中间产品投入共享、知识或技术溢出三个方面。首先，劳动市场共享是导致经济活动集聚的基本因素。一方面，在产业区内，生产者可以很方便地找到他们所需要的具有特殊技能的劳动力；另一方面，劳动者也可以很容易地找到需要他们的雇佣者。对专门劳动的需求与供给在一定程度上促进了产业在地理空间上的集中。其次，中间产品投入共享。在产业区内，中间产品投入共享不仅可以为主导产业供给工具和原料，而且也可以为许多临近厂商服务，从而有利于主导产业和辅助行业的发展。最后，知识或技术溢出。马歇尔认为，信息在当地流动比远距离流动更容易，因此，在产业区内，大量企业的空间集聚有利于新主意、新知识和新技能在企业之间传播和应用。

马歇尔提出的产业区理论对后人有很大的启发，之后学者们也对产业区给予了足够的关注，在研究产业集聚问题时一般都借鉴马歇尔提出的产业区观点。但是，不容忽视的是，产业区理论主要强调的是区域内某个产业（主要是工业）内部的生产关系，而现代的产业集聚概念除了强调区域内产业集中，也关注区域间产业的关系。因此，纵观国内外近年来关于产业集聚研究的文献，可以发现已很少有人使用产业区来表示产业集聚的含义。不过，马歇尔提出的产业区理论对产业集聚现象做出的分析却是较为精辟和深刻的，其中一些重要的研究结论仍然是后人研究产业集聚问题的理论基础。

2.1.2 集聚经济理论

集聚经济理论（agglomeration economy theory）最早可以追溯到德国经济学家阿尔弗雷德·韦伯（Alfred Weber）于1909年出版的著作《工业区位论》，他在此书中首次提出了"集聚经济"这一概念，他把影响工业区位的因素分为区域因素（主要包括运输成本和劳动力成本）和集聚因素，分别提出了著名的运输成本指向原理和劳动力成本指向原理，并认为集聚因素更加重要，同时由此建立了有关集聚的一套规则，提出集聚经济是一种工业的经济函数。

集聚经济理论（工业区位理论）在产业集聚理论中具有极其重要的地位，为后来产业集聚理论的进一步发展奠定了坚实的基础。但是，韦伯（Weber）的集聚经济理论也存在一些缺陷和不足。一方面，韦伯自认为他的集聚经济理论不受社会制度、历史和文化等因素的影响；但是，不可否认的是，工业区位的选择与当地的资源禀赋、政策环境以及其他因素的关系密切，这些影响降低了韦伯的集聚经济理论（工业区位理论）的适用性（刘军，2015）。另一方面，普雷德尔（Predöhl，1928）也提出，韦伯的集聚经济理论只是就生产过程本身讨论的，缺乏一般的经济理论基础，因而不具有普遍的经济意义。

之后，学者们对集聚经济这一问题展开了广泛的研究。胡佛（Hoover）（1937，1948）把集聚经济看作是一种经济上的优势，他认为，这种优势会产生三种类型的收益，即内部的规模收益递增、地方化的经济收益和城市化的经济收益。艾萨德（Isard，1956）把集聚经济看作是一种生产和劳动高度分工在地区经济上的表现，其实际上是把韦伯的集聚经济概念和胡佛的集聚经济概念结合了起来。在此之后，以藤田昌久（Fujita）、维纳布尔斯（Venables）和保罗·克鲁格曼（Paul R. Krugman）为代表的新经济地理学家沿着马歇尔（Marshall）提出的经济学基本原理出发，从全新的角度来探究集聚经济和产业集聚现象，并在综合考虑边际收益递增、人口流动、不完全竞争以及运输成本交互作用的情况下，在迪克斯特和斯蒂格利茨（Dixit and Stiglitz，1977）提出的 D - S 模型的基础上，创立了"中心 - 外围"模型（或"核心 - 周边"模型，Core-peripheral Model），并以此模型来解释集聚经济，使集聚经济这一理论有了更加丰富的内涵。

2.1.3　产业集群理论

产业集群理论（industrial cluster theory）最早起源于加拿大学者扎马斯基（Czamanski）于 1974 年提出的"产业集群"概念，但当时并未引起学者们的重视。1990 年，美国著名管理学家迈克尔·波特（Michael Porter）在其著作《国家竞争优势》中使用了"产业集群"概念，并提出了产业集群与国家竞争优势之间的关系之后,"产业集群"这一经济现象才逐渐被广大学者们关注并重视。波特(1990)提出,产业集群是指处于同一个特定产业领域的、相互联系的企业和关联机构的地理集中现象。产业集群内部不仅存在许多相互竞争的企业,而且也存在许多生产供应商、服务供应商以及专门领域的相关机构。也就是说,产业集群内的企业不仅相互竞争,而且也相互合作。

产业集群理论广泛使用于当前研究产业集聚的现象中,产业集群不仅是现代西方经济学者使用较为普遍和常用的一个概念,而且当前国内的大多数经济地理学者也经常使用产业集群这一概念。

2.1.4 产业集聚的内涵界定

上述已有关于产业集聚现象理论的研究为我们准确界定产业集聚的内涵提供了非常有益的帮助,具有广泛的借鉴意义。因此,在借鉴上述产业区、集聚经济和产业集群等理论的基础上,本书对将要研究的产业集聚的内涵界定如下:产业集聚是指一个产业或几个不同但相关产业在地理空间上高度集中的现象,其不仅可以表现为同一产业或相关产业的生产活动和为这种生产所服务的经济活动在一定区域内的集中,而且也可以表现为同一产业内部细分行业或相关产业内部细分行业的生产活动和为这种生产所服务的经济活动在某一国家或区域内的高度集中。无论产业集聚的具体形态如何和集聚区的内部呈现什么样的结构,只要是某个产业或相关产业以及某个产业内部细分行业或相关产业内部细分行业在特定的地理范围内集聚,均属于本书界定的产业集聚内涵范围。

2.2 制造业发展绩效理论

本书首先对制造业"新型化"理论和绩效的内涵研究等进行简单回顾、分析与评述,然后在此基础上进一步界定所要研究的制造业发展绩效的内涵。

2.2.1 制造业"新型化"理论

制造业"新型化"理论首先起源于李廉水和杜占元（2004）提出的"新型制造业"这一概念，他们指出新型制造业的内涵体现在四个方面：一是以人为本；二是科技创新；三是环境友好；四是面向未来。他们认为新型制造业理论是指依靠科技创新、降低能源消耗、减少环境污染、增加就业、提高经济效益、提升竞争能力、能够实现制造业可持续发展的理论（李廉水和杜占元，2005）。李廉水和周勇（2005）根据上述"新型制造业"的概念，从经济创造能力、科技竞争能力和资源环境保护能力等三大角度阐述了"新型制造业"的三维内涵，他们认为，经济创造能力是发展新型制造业的基础，科技竞争能力是提升竞争实力和发展新型制造业的核心，环境资源保护能力是发展新型制造业的关键。唐德才等（2007）在此基础上进一步将环境资源保护能力分解成能源指标和环境指标，进而从经济创造能力、科技创新能力、能源节约能力和环境保护能力角度阐述了新型制造业的四维内涵。他们认为，经济创造能力是制造业可持续发展的基础，科技创新能力是可持续发展的核心，能源节约能力和环境保护能力是可持续发展的关键。王怀明和李廉水（2009）也将环境资源保护能力分解成能源和环境两部分，并从经济创造、科技创新、能源利用和环境保护四个维度构建了湖北新型制造业的综合评价指标体系。徐晓春（2010）在诠释制造业"新型化"概念及特征的基础上，进一步构建了基于低能耗、低污染、低排放的三维制造业"新型化"程度评价指标体系。李廉水等（2014）基于制造业"新型化"的内涵，从经济创造能力、科技创新能力、资源环境保护能力等三个方面构建了制造业综合发展能力评价指标体系。李廉水等（2015）对原有的制造业"新型化"概念进行了进一步的拓展，即提出从经济创造能力、科技创新能力、能源节约能力、环境保护能力和社会服务能力等五个方面阐述制造业"新型化"的内涵，并在此基础上构建了包含经济指标、科技指标、能源指标、环境指标和社会服务指标在内的制造业"新型化"评价指标体系。

综上所述，已有关于制造业"新型化"概念及其内涵的研究取得了较为丰硕的研究成果，为我们正确理解和把握制造业"新型化"理论提供了十分有益的帮助，具有较高的理论价值和较强的现实意义。综合比较来看，不难发现，制造业"新型化"理论的实质是依靠科技创新、降低能源消耗、减少环境污染、提高经济效益，从而提升制造业竞争能力，促进制造业提质增效、创新驱动、节能减排，推动制造业可持续发展，进而实现制造业由大变强。因此，我们可以主要从经济、科技、能源和环境等四维角度来认识和研究制造业"新型化"理论。

2.2.2　绩效的内涵研究述评

"绩效"（performance）一词最早来源于西方管理学，其内涵十分广泛。一直以来，尽管人们对"绩效"这一问题非常关注，但是对于"绩效的内涵是什么"这一基本定义却是仁者见仁，智者见智，尚未达成共识（Campbell et al.，1990；Austin and Villanova，1992）。贝茨和霍尔顿（Bates and Holton，1995）也提出"绩效是一个多维的构成，观察和测度的角度不同，其结果也会不同"。王怀民（2004）同样明确提出"由于绩效具有多因性、多维性和动态性等特点，因此也就决定了其内涵不可能唯一"。事实上，绩效考核的角度不同和实施的主体不同，其内涵也会不同（陈胜军，2007）。从现有文献来看，关于绩效的内涵，国内外学者们主要提出了以下四类较为典型的观点。

第一类观点认为绩效是指产出或结果。凯恩和劳勒（Kane and Lawler，1979）提出绩效是完成某项任务所产生的结果，其与产出、效果等同义。伯纳丁和凯恩（Bernardin and Kane，1993）指出绩效是从事某种工作所产生的结果。施密特和陈（Schmitt and Chan，1998）也提出绩效可定义为工作所产生的结果。詹森和万（Janssen and Van，2004）提出员工绩效是指员工在工作角色、工作群体或组织内有目的地产生、推销并实施新颖且有益于角色绩效、工作群体或组织的想法的结果。彭剑锋（2004）也指出绩效反映的是人们从事某一种活动所产生的成绩或结果，其与业绩、成效等同义。袁志明和虞锡君（2004）提出所谓绩效是指个体或组织在某个时间范围内所取得的结果或效果。彭光顺（2010）也提出绩效是指为了要实现企业的总体目标，构成企业的各部门或个人所必须达成的业务上的结果或效果。杨蓉（2013）同样也提出绩效是指采取各种行动所产生的最后结果。

第二类观点认为绩效是指与目标相关的行为。墨菲和克里夫兰（Murphy and Cleveland，1991）提出绩效是指与工作的组织或目标有关的一组行为。坎贝尔等（Campbell et al.，1993）提出绩效与效果或生产率等不同，其是指涉及个体所表现出的行为或活动。博尔曼和摩托维德罗（Borman and Motowidlo，1997）指出所谓绩效是指可评估的、多维度的、间断的并与组织相关的行为结构体。罗通多和萨基特（Rotundo and Sackett，2002）也提出绩效是指所从事的对组织目标具有贡献的行动或行为。姚慧娟等（2007）也指出绩效是与组织目标相关的行为，可以用员工对组织目标的贡献程度来进行衡量。张德（2012）则提出绩效指人们所做的与组织目标相关的、可观测的、具有可评价要素的行为。

第三类观点认为绩效是指能力。世界著名的咨询公司 McBer 及其总裁斯宾塞（Spencer）等曾提出"绩效即能力"的观点。沃尔曼（Wolman，1989）指出绩效是指完成工作的能力。普林格尔（Pringle，1994）提出绩效潜力包括高效完成工作的生理和认知的能力。普拉科斯等（Pulakos et al.，2002）提出绩效是指员工适应组织发展、技术变化和全球一体化的能力。此外，大多数研究创新绩效的文献，也采用企业的创新能力①来衡量企业的创新绩效。恩斯特（Ernst，2001）提出创新绩效是指企业将创新成果引入市场的程度、新产品数、新工艺或新设备的开发等。豪斯曼和伦纳德（Hausman and Leonard，2007）提出创新绩效用专利数和专利价值来测度。埃艾达特等（Eiadat et al.，2008）提出绿色创新绩效用绿色专利数量来测度。邱等（Chiou et al.，2011）提出采用绿色工艺专利数来测度绿色工艺创新绩效。张昕和李廉水（2007）提出采用专利数作为衡量创新绩效的指标。范群林等（2013）提出环境技术创新绩效用与环境保护相关的发明专利申请量来作为其测度指标。罗明新等（2013）提出技术创新的本质是发明创造

---

① 一般可用专利数或新产品产值（销售额）来衡量。

应用于市场的过程，并且，使用专利数据便于比较企业间的新技术、新工艺、新产品等创新绩效。曹勇和赵莉（2013）提出创新绩效可用专利来反映。李培楠等（2014）提出产业创新绩效用发明专利数和新产品销售额（创新能力）来测度。阮国祥等（2015）提出员工创新绩效指员工取得的创新成果，如提出有价值的新创意、新方法或者发明新产品等。洪进等（2015）提出采用新产品产值作为中国航空航天产业技术创新绩效的测度指标。

第四类观点认为绩效是指效率。科特莱宁（Kortelainen，2008）将相邻两个时期的生态效率之比定义为动态环境绩效指数。李（Li，2009）提出效率是一个相对指标，如果一个地区用较少的创新投入获得了较多的产出，则认为该地区的创新绩效水平较高。拉莫斯等（Ramos et al.，2009）指出环境效率是环境绩效的内涵之一。汪克亮等（2010）提出用碳排放效率和硫排放效率来度量环境绩效。王超（2011）提出效率是绩效的内涵之一，其指的是资源投入量和成果产出量的关系，即资源的利用效率越高，则认为绩效也越好。尹凡等（2011）也提出区域效率是区域绩效的内涵之一，其指的是投入的区域资源的有效利用率，即区域资源的投入产出效率越高，则认为区域绩效越好。李涛（2013）也提出效率是测度绩效的有效指标。赵红岩等（2015）同样提出企业在创新过程中的效率是企业创新绩效的内涵之一。李兰冰（2015）则提出用能源效率来度量能源绩效。

上述关于绩效内涵的研究为我们正确理解绩效提供了非常大的帮助，具有广泛的借鉴意义。但是，不难发现，学者们关于绩效内涵的定义依然存在着显著的差别，还没有形成一致的意见。这使得我们对于绩效的内涵究竟是什么仍然感到疑惑不解，从而导致绩效分析无法顺利进行下去。不同的关于绩效内涵的观点所反映的含义不同，优缺性也各不相同。下面我们将对上述四类典型的观点进行比较分析与评述，并说明其优缺点，从中选择出合适的关于绩效内涵研究的观点，以期能够较为全面、准确地理解和把握绩效的内涵。

（1）第一类观点采用产出或结果作为绩效的定义，虽然其评价标准较为明确，但是有时产出的多少或结果的好坏受外界因素的影响较大，难以准确辨别（杨杰等，2000）。并且，这还会造成过度关注产出或结果，而忽视初始的投入，从而导致资源的滥用和浪费，不能体现出绩效的真实内涵。

（2）第二类观点采用行为作为绩效的定义，虽然可以克服第一类观点的部分不足，但是由于完成工作任务的方式多种多样，从而导致难以找出有代表性的样本行为。并且，其成本也比较高（张光进和邵东杰，2013），以及在一定程度上也会造成对产出或结果的忽视。

（3）第三类观点采用能力作为绩效的定义，这种方式可以有效改进第一类观点和第二类观点中所存在的问题，因此，能力是衡量绩效的一种行之有效的方法，特别是针对创新绩效的衡量，为此，国内外大多数文献中均采用企业的创新能力来衡量企业的创新绩效。

（4）第四类观点采用效率作为绩效的定义，这一方面既考虑了初始的资源投入，也考虑了最终的产出或结果，其表现为以最少的资源投入取得一定的产出或结果或者以一定的资源投入获得最大的产出或结果，较好地体现了资源的集约化利用，与绩效的基本理念是相一致的；另一方面，效率是一个相对指标，其受外界因素的影响不大，并且界定标准也较为明确，度量方法也已经发展成熟。再者，从管理学角度来看，绩效是组织期望的结果，是组织为实现其目标而展现在不同层面上的有效产出。而效率正是反映期望和有效产出的一个较好的指标。因此，效率也是衡量绩效的一种可行方法。

2.2.3　制造业发展绩效的内涵界定

要想准确地描述或剖析一个事物或一种现象，必须首先明确其本质和内涵。因此，为了更好地对制造业发展绩效进行分析，对制造业发展绩效的内涵做出一个明确的界定是十分有必要的，其也是我们进行下一步研究的前提。

根据制造业"新型化"理论可知，制造业"新型化"的本质是依靠科技创新、降低能源消耗、减少环境污染、提高经济效益，从而提升制造业竞争能力，促进制造业提质增效、创新驱动、节能减排，推动制造业可持续发展，进而实现制造业由大变强。这与制造业发展绩效水平提升的主要目的不谋而合。为此，本书在借鉴上述制造业"新型化"理论的基础上，主要分别从经济、科技、能源和环境等四维角度来认识和研究制造业发展绩效，并进一步对制造业发展绩效的内涵进行界定。因此，本书将制造业发展绩效相应地划分为制造业经济绩效、制造业创新绩效、制造业能源绩效、制造业环境绩效等四个方面。

王和黄（Wang and Huang，2007）、张海洋和史晋川（2011）、白俊红和蒋伏心（2015）等也分别提出采用制造业研发创新全要素生产效率来表征制造业动态创新绩效。因此，结合上文中绩效的内涵研究述评和本书的主要研究内容，并考虑到目前学术界大多采用创新能力来衡量创新绩效以及数据的可获得性，本书主要选取能力或效率来界定制造业发展绩效的内涵。其中，制造业经济绩效的内涵为制造业经济效率；制造业静态创新绩效的内涵为制造业创新能力，制造业动态创新绩效的内涵为制造业研发创新全要素生产效率；制造业能源绩效的内涵为制造业能源效率；制造业环境绩效的内涵为制造业环境效率。

此外，需要引起重视的是，传统的制造业能源效率仅考虑了资本、劳动和能源等生产要素的投入约束以及以期望经济产出作为产出要素约束，但并没有考虑环境的约束，即仅仅考虑了期望的经济产出（好产出）而忽视了对使用能源产生的非期望产出（坏产出，如污染物或温室气体排放）的考察，这会扭曲对制造业使用能源带来的社会绩效的评价，从而误导制造业能源政策的制定，导致制造业企业过度低效地使用能源，加剧污染，进而对环境造成破坏（张伟和吴文元，2011），这与制造业能源绩效的内涵是背道而驰的。因此，为了更加科学和准确地研究制造业能源绩效，并体现出可持续发展的思想，本书在传统制造业能源效率的基础上，进一步将制造业能源使用过程中产生的环境影响，即非期望产出（污染物或温室气体排放）引入制造业能源效率体系之中，即制造业能源效率不仅包括无环境约束下的制造业能源效率，而且也包括环境约束下的制造业能源效率。

然而，不可忽视的是，环境约束下的制造业能源效率的内涵与制造业环境效率的内涵是一致的。为此，在本书的研究中，我们把制造业能源绩效和制造业环境绩效综合在一起，并将它们统称为制造业能源绩效，即在本书的研究体系中，制造业能源绩效包括无环境约束下的制造业能源绩效和环境约束下的制造业能源绩效两个方面。其中，一般意义上的制造业能源绩效为无环境约束下的制造业能源绩效，而制造业环境绩效为环境约束下的制造业能源绩效。因此，制造业发展绩效实质上可分为制造业经济绩效、制造业创新绩效、无环境约束下的制造业能源绩效（制造业能源绩效）、环境约束下的制造业能源绩效（制造业环境绩效）这四个方面。其中，制造业经济绩效的内涵为制造业经济效率；制造业静态创新绩效的内涵为制造业创新能力，制造业动态创新绩效的内涵为制造业研发创新全要素生产效率；无环境约束下的制造业能源绩效（制造业能源绩效）的内涵为无环境约束下的制造业能源效率；环境约束下的制造业能源绩效（制造业环境绩效）的内涵为环境约束下的制造业能源效率。

2.2.4　制造业发展绩效的度量指标

"效率"（efficiency）一词内涵十分丰富，可分为在经济学中的内涵和在管理学中的内涵。（1）在经济学中，"效率"也称"帕累托效率"（Pareto efficiency），其是指如果一项经济活动不再存在在不损害其他人经济效益的条件下而可以提高任何一个人的经济福利的可能，那么则称该项经济活动是有"效率"的，这样定义的"效率"也被称为"帕累托最优效率"（Pareto optimality efficiency）。（2）在管理学中，"效率"是指"生产效率"（productive efficiency），其是指在一定时间内，生产运作管理中的投入产出比，即投入与产出之间的比率。如果在投入一定的情况下，产出越多，则意味着效率越高；反之，产出越少，则表明效率越低。如果在产出一定的情况下，投入越多，则意味着效率越低；反之，投入越少，则表明效率越高。其追求的是用最小的投入产生最大的产出。

关于制造业效率的度量，学者们从不同的角度对此进行了有益的探索，不同的学者也分别提出了不同的观点。纵观国内外相关研究，我们可以发现，关于制造业效率的度量指标主要包括以下几种：制造业劳动生产率（制造业总产出/制造业从业人员数）、制造业产出率

（制造业增加值/制造业总产值）、制造业效率指数（制造业增加值占全国总产值的比率与制造业就业人数占全国总就业人数的比值）以及利用数据包络分析法（DEA）所计算出的全要素效率等。

因此，根据前文中制造业发展绩效的内涵和本书研究的主要内容以及主要目的，综合考虑来说，本书主要采用"效率"在管理学中的内涵，分别选取制造业企业劳动生产率来度量制造业经济绩效，以及采用数据包络分析法（DEA）所计算出的全要素效率来度量无环境约束下的制造业能源绩效（制造业能源绩效）和环境约束下的制造业能源绩效（制造业环境绩效）。

此外，根据制造业创新绩效的内涵可知，关于制造业创新绩效的度量，国内外学者主要采用制造业创新能力来度量制造业静态创新绩效，制造业研发创新全要素生产效率来度量制造业动态创新绩效。

综上所述，本书主要采用能力或效率指标来度量制造业发展绩效。其中，制造业经济绩效采用制造业企业劳动生产效率来度量；制造业静态创新绩效采用制造业创新能力来度量，制造业动态创新绩效采用制造业研发创新全要素生产效率来度量；无环境约束下的制造业能源绩效（制造业能源绩效）和环境约束下的制造业能源绩效（制造业环境绩效）均采用数据包络分析法（DEA）所计算出的全要素效率来度量。

2.3 产业集聚与制造业发展绩效的研究述评

根据前文中制造业发展绩效的内涵分析，可知制造业发展绩效可划分为制造业经济绩效、制造业创新绩效、制造业能源绩效（无环境约束下的制造业能源绩效）、制造业环境绩效（环境约束下的制造业能源绩效）等。因此，本书在此基础上，分别从产业集聚与经济绩效、产业集聚与创新绩效、产业集聚与能源绩效（或环境绩效）等角度对国内外产业集聚与制造业发展绩效的相关研究进行较为系统的回顾、分析与评述。

2.3.1　产业集聚与经济绩效

关于产业集聚对经济绩效的影响研究，学者们从不同的角度对此进行了有益的探索。根据现有文献的研究和前文中我们界定的制造业经济绩效的内涵（制造业经济绩效是指制造业经济效率，采用制造业劳动生产率度量），本书主要基于劳动生产率的角度，就产业集聚对经济绩效的影响研究的相关文献进行简要的回顾、分析和评述。纵观国内外现有文献，学者们关于产业集聚对劳动生产率的影响研究，仍然存在较大的分歧，其中最具代表性的观点主要有以下两类：

第一类观点认为产业集聚对劳动生产率具有显著的正向影响。新经济地理学和空间经济学认为，产业集聚通过获得由劳动力市场共享、中间产品投入共享、交易成本降低、本地市场需求和前后向产业关联等所产生的外部规模经济，由知识或技术外溢所产生的技术外部性，以及由相互竞争所产生的竞争外部性等各种集聚效应，将有利于促进劳动生产率提升。以此为基础，学者们对产业集聚与劳动生产率之间的关系进行了广泛的理论与实证分析，大多数研究结果均表明，产业集聚对劳动生产率具有显著的正向影响。西科恩和霍尔（Ciccone and Hall，1996）通过基于美国数据的实证分析，发现产业集聚（用非农就业密度衡量）能够显著促进美国非农产业劳动生产率的提升，并且产业集聚程度提高一倍，地区的非农产业劳动生产率将提高 6% 左右。德克尔和伊顿（Dekle and Eaton，1999）通过基于日本数据的实证分析，发现产业集聚能够显著提升日本劳动生产率。西科恩（Ciccone，2002）通过基于欧洲数据的实证分析，发现产业集聚对欧洲地区劳动生产率也具有显著的正向促进作用。埃斯瓦瑞和克特威（Eswaran and Kotwal，2002）的研究发现生产性服务业集聚通过吸纳高素质专业性人才向该地区集聚，从而有利于进一步提高地区的劳动生产率。巴普蒂斯塔（Baptista，2003）通过数据的实证分析，也发现产业集聚对地区劳动生产率具有显著的正向影响。钦加诺和斯基瓦尔迪（Cingano and Schivardi，2004）通过基于意大利截面数据的实证分析，发现产业集聚对劳动生产率的长期弹性为 6.7%。范（Fan，2007）通过基于中国 2004 年

261 个城市数据的实证分析，发现产业集聚对劳动生产率的弹性大约为 8.8%，显著高于美国的 5% 和欧盟的 4.5%。格雷厄姆（Graham，2007）的研究结果表明产业集聚对劳动生产率具有积极的外部性，特别是对服务行业。布吕哈特和马泰斯（Bruhart and Mathys，2008）通过基于欧洲地区面板数据的实证分析，发现产业集聚显著地促进了地区劳动生产率的提升。库姆斯等（Combes et al.，2008）的研究结果发现，产业集聚程度每提高一倍，地区劳动生产率就将提升 3%。格里纳韦和克内勒（Greenaway and Kneller，2008）通过基于 1988 ~ 2002 年面板数据的实证分析，发现产业集聚可以提高出口市场的准入率，从而产生额外的生产率效益，进而提升地区劳动生产率。何和朱（He and Zhu，2009）的研究结果表明中国产业集聚与劳动生产率之间存在显著的正相关关系。昌和奥克斯利（Chang and Oxley，2009）通过基于 2001 年中国台湾 242 个四位数工业产业截面数据的实证分析，发现产业集聚能够产生创新溢出，从而显著促进生产率的提升。格雷厄姆等（Graham et al.，2010）的研究结果表明产业集聚能够产生集聚经济，促进劳动生产率提升，但集聚经济不是严格单向的，更高水平的劳动生产率也可以诱导当地城市规模的增长。小冢等（Otsuka et al.，2010）通过基于日本数据的实证分析，发现产业集聚对日本的制造业和非制造业的劳动生产率均存在显著的正向影响。安德森和洛夫（Andersson and Lööf，2011）通过基于 1997 ~ 2004 年瑞典制造业企业数据的实证分析，发现产业集聚的学习效应能够显著提高企业的劳动生产率。里佐夫等（Rizov et al.，2012）通过基于 1997 ~ 2006 年荷兰企业数据的实证分析，发现地区产业集聚程度越高，其劳动生产率也越高。胡等（Hu et al.，2015）通过基于 2000 ~ 2007 年中国 2860 个县的 176 个三位数行业数据的实证分析，发现产业集聚对工业部门劳动生产率的贡献率达到 14%。法肯姆普斯和哈密（Fafchamps and Hamine，2016）通过基于摩洛哥普查数据的实证分析，发现产业集聚的专业性和多样性均能显著促进地区劳动生产率的提升。杨（Yang，2016）通过基于 2000 ~ 2011 年中国旅游业面板数据的实证分析，发现旅游业集聚是劳动生产率提升的重要决定因素之一。梅洛等（Melo et al.，2017）通过基于美国最大的大都市区数据的实证分析，发现产业集聚对劳动生产率的弹性值在 0.07～0.10 之间。

国内学者也对产业集聚与劳动生产率之间的关系进行了较为深入的研究，大多数研究结果也表明，产业集聚对劳动生产率存在显著的正向影响。程大中和陈福炯（2005）通过分析产业相对集聚度与其劳动生产率之间的关系，发现中国服务业及其分部门的相对集聚度对其自身的劳动生产率均会产生显著的正向促进作用。范剑勇（2006）通过基于中国 2004 年地级城市和副省级城市数据的实证分析，发现产业集聚程度（非农就业密度）提高一倍，地区劳动生产率将会提高 8.8%，显著高于现阶段欧美国家 5% 左右的水平。王洪光（2007）提出由于存在知识外部效应，集聚有利于提高 R&D 部门的劳动生产率，从而提高地区经济增长率。石灵云（2008）通过基于 2003 年中国四位数制造业面板数据的实证分析，发现产业内集聚和关联产业集聚对制造业产业的劳动生产率均具有显著的正向影响作用。陈良文等（2008）通过基于北京市 2004 年经济普查数据的实证分析，发现经济集聚与劳动生产率之间存在显著的正向关系。陈良文和杨开忠（2008）通过基于 1987～2003 年中国制造业 8 个产业分省份面板数据的实证分析，发现产业集聚对劳动生产率具有显著的正向影响，从而验证了集聚经济效应的存在性。刘修岩（2009）通过基于中国 2003～2006 年城市面板数据的实证分析，发现非农产业集聚对其劳动生产率存在显著的正向影响。范剑勇和石灵云（2009）通过基于省级层面制造业四位数行业数据的实证分析，发现产业集聚有利于促进劳动生产率的提高。童馨乐等（2009）通过基于中国服务业集聚的经济效应的实证分析，发现服务业集聚能够显著促进其劳动生产率水平的提高。刘修岩（2010）通过基于 2001～2007 年中国城市动态面板数据的实证分析，发现地区的产业集聚程度和公共基础设施对其非农产业劳动生产率均会产生显著的正向促进作用。洪进等（2011）通过基于中国 30 个省域 1999～2007 年面板数据的实证分析，发现空间集聚对劳动生产率存在显著的正向效应。杨晶等（2012）通过基于中国 2007～2009 年 29 个省份（不包括青海和西藏）四位码制造业数据的实证分析，发现制造业集聚

能够显著地促进劳动生产率的提升。宣烨（2012）通过基于我国 2003～
2009 年 247 个城市空间面板数据的实证分析，发现生产性服务业空间
集聚不仅能够提升本地区制造业劳动效率，而且也能够通过空间外溢
效应提升周边地区制造业劳动效率。徐肇涵（2012）通过基于中国城
市面板数据的实证分析，发现城市集聚效应能够显著促进非农劳动生
产率的提升。张浩然（2012）通过基于 2003～2009 年中国城市面板数
据的实证分析，发现在控制了人力资本、产业结构、交通和通信基础
设施等影响因素后，产业集聚对劳动生产率具有显著的正向影响。彭
文慧（2013）通过基于 1985～2009 年中国大陆 31 个省级地区工业企
业面板数据的实证分析，发现在控制地区和开放度等因素后，产业集
聚对区域工业劳动生产率具有显著的正向影响。蔡敬梅（2013）通过
运用空间面板计量经济模型的实证分析，发现产业集聚的城市化与区
域化效应均有效推动了劳动生产率的提高，并导致了各地区劳动生产
率之间的差异性。张先锋和胡翠群（2013）通过基于 1999～2011 年我
国制造业 15 个行业数据的实证分析，发现产业空间集聚对制造业劳动
生产率具有显著的促进作用。丁潇潇和黄繁华（2014）通过基于 2002～
2011 年中国大陆省际面板数据的实证分析，发现服务业产业集聚对中
国服务业劳动生产率提升具有显著的正向效应。刘修岩（2014）通过
基于中国 1999～2010 年省级面板数据的实证分析，发现产业集聚能够
显著促进地区总体的经济效率提升。陈心颖（2015）通过基于中国
2000～2012 年省级面板数据的实证分析，发现人口集聚能够显著提升
区域劳动生产率，且表现出明显的地区差异：人口集聚对提升劳动生
产率的效应呈东、中、西部递减态势。杨勇（2015）通过基于中国旅
游企业省级层面面板数据的实证分析，发现旅游产业集聚程度是影响
旅游企业劳动生产率的重要因素。王猛等（2015）通过基于 2003～
2011 年中国城市空间面板数据的实证分析，发现经济集聚能够显著促
进城市劳动生产率的提升，但作用强度在城市间存在差异：中部城市
的促进作用最大，东部城市次之，西部城市最小。惠炜和韩先锋
（2016）通过基于中国 2003～2013 年 30 个省份面板数据的实证分析，
发现生产性服务业集聚对地区劳动生产率具有显著的正向效应，但这

种集聚效应存在明显的空间差异，仅显著提升了东部和西部地区劳动生产率。杨浩昌等（2017）通过基于 2003～2014 年长三角城市面板数据的实证分析，发现制造业集聚能够显著促进区域工资水平的提高，其背后机制在于制造业集聚有利于提高劳动生产率。

另一类观点则认为产业集聚对劳动生产率并非一直存在正向影响，还可能没有影响甚至具有负向影响。产业集聚除了能够产生促进劳动生产率提升的集聚效应之外，还会同时产生抑制劳动生产率的拥挤效应。因此，产业集聚并非一直能够促进劳动生产率的提高，有时还可能会阻碍劳动生产率的提高。产业集聚的这两种效应（集聚效应和拥挤效应）在不同的时期可能会形成不同的均衡状态：当集聚效应占主导地位时，产业集聚将表现为促进地区劳动生产率提升；而当拥挤效应占主导地位时，产业集聚将可能抑制地区劳动生产率提升，阻碍地区经济发展。威廉姆森（Williamson，1965）提出了著名的"威廉姆森假说"，即产业集聚在经济发展的初期能够显著促进劳动生产率的提升，但当达到一定的临界值后，由于存在拥挤外部性，产业集聚对劳动生产率的影响变小，甚至不利于劳动生产率的提升。之后，学者们对产业集聚与劳动生产率之间的关系进行了深入的探讨和验证，不少研究结果均表明，产业集聚对劳动生产率并非一直存在正向影响，还可能没有影响甚至具有负向影响。亨德森（Henderson，2003）的研究发现产业集聚会同时产生提升劳动生产率的"集聚效应"和阻碍劳动生产率提升的"拥挤效应"，当集聚效应大于拥挤效应时，则会产生促进经济增长的现象；而当拥挤效应大于集聚效应时，则会产生抑制经济增长的现象。博德（Bode，2004）以经济密度衡量产业集聚程度，通过基于德国数据的实证分析，发现在控制私人收益以后，产业集聚对劳动生产率的正向促进效应却消失了，即产业集聚对劳动生产率并非一直存在正向影响。戈平纳斯等（Gopinath et al.，2004）通过基于美国制造业行业面板数据的实证分析，发现产业集聚与劳动生产率之间呈倒"U"型关系，即当制造业产业集聚程度超过一定的临界，将不利于制造业行业劳动生产率的提升。安德森（Andersson，2004）的研究发现生产性服务业集聚并没有对制造业劳动效率起到积极的促进作用。鲍蒂斯塔（Bautista, 2006）以人口密度衡量产业集聚程度，通过基于墨西哥 1994～2000 年 32 个州统计数据的实证分析，发现经济集聚对地区经济增长的影响并不显著。布尔斯马和范（Broersma and Van, 2008）通过基于 1995～2002 年荷兰数据的实证分析，发现产业集聚的拥塞效应会导致劳动生产率下降。马丁内斯 - 贾拉拉格等（Martinez - Galarraga et al., 2008）以就业密度衡量产业集聚程度，通过基于西班牙 1860～1999 年数据的实证分析，发现在 1860～1985 年，产业集聚程度提高一倍，平均劳动生产率将提高 3～5 个百分点；而在 1985～1999年，由于存在过度集聚所带来的拥挤效应，较高的拥挤成本抵销了集聚收益，从而使得产业集聚对劳动生产率的正向效应不再显著。布罗尔斯玛和奥斯德海温（Broersma and Oosterhaven, 2009）通过基于 20世纪 90 年代荷兰数据的实证分析，发现产业集聚存在拥挤效应，从而对劳动生产率会产生负向集聚效应。柯（Ke, 2010）通过基于 2005 年中国 617 个城市的空间计量分析，发现在控制工业部门的规模后，产业集聚对城市劳动生产率具有一定的负向影响。林等（Lin et al., 2011）通过基于 2000～2005 年中国纺织企业面板数据的实证分析，发现产业集聚与劳动生产率之间呈现倒 "U" 型关系，即如果产业集聚程度过高，将有可能导致集聚不经济。德鲁克和费泽（Drucker and Feser, 2012）通过基于三个制造业行业数据的实证分析，发现产业集聚对劳动生产率会产生一定的负向影响。张等（Zhang et al., 2012）通过基于 1990～2007 年中国东北的大连、沈阳、长春和哈尔滨等 4 个核心城市时间序列数据的实证分析，发现产业集聚（就业密度）与劳动生产率之间存在一定的负相关关系。杨等（Yang et al., 2013）通过基于2005～2007 年中国电子企业面板数据的实证分析，发现生产集聚与企业劳动生产率呈正相关关系，与此相反的是，研发集聚与企业劳动生产率却呈负相关关系。维多多等（Widodo et al., 2014）通过基于印度尼西亚制造业在 21 世纪第一个十年数据的实证分析，发现产业集聚的多样性对劳动生产率会产生负向影响。阿扎里等（Azari et al., 2016）通过基于韩国 2004～2008 年 200 个城市面板数据的实证分析，发现劳动集聚对城市制造业劳动生产率具有负向影响。

　　国内部分学者通过广泛的实证分析，也得出了与之相似的结论：产业集聚对劳动生产率并非一直存在正向影响，还可能没有影响甚至具有负向影响。张卉等（2007）通过基于 2003～2005 年中国 30 个省市 C 门类制造业中 17 个大类产业中的 88 个中类产业数据的实证分析，发现东部地区产业内集聚能够显著促进劳动生产率的提高，而产业间集聚却对劳动生产率存在一定的负向影响；西部地区产业间集聚对其劳动生产率存在显著的正向影响，而产业内集聚却对劳动生产率没有影响。柯善咨和姚德龙（2008）通过基于 2005 年地级及以上城市截面数据的实证分析，发现工业集聚的拥挤效应会导致城市劳动生产率明显降低。刘军和徐康宁（2010）通过基于 1999～2007 年中国省级面板数据的实证分析，发现中国的产业集聚增长效应符合"倒 N"型假说，当集聚力量（集聚效应）带来的收益超过分散力量（拥挤效应）产生的成本时，即产业集聚的净收益为正值时，产业集聚能显著促进区域经济增长，但当产业集聚程度达到一定的临界值时，由于土地租金等分散力量产生的成本会越来越高，导致产业集聚的净收益为零甚至为负值，此时产业集聚对经济增长的作用将越来越小甚至将出现抑制经济增长的现象。张海峰和姚先国（2010）通过基于浙江省 2004 年企业截面数据的实证分析，发现多样化集聚能够显著促进企业劳动生产率的提升，而专业化集聚对企业劳动生产率却并未产生显著影响。徐盈之等（2011）通过基于中国 30 个省域 1978～2008 年的数据对"威廉姆森假说"进行的实证检验，发现产业集聚对经济增长具有明显的非线性效应，"威廉姆森假说"在中国显著存在，即在没有达到临界值以前，产业集聚对经济增长具有显著的正向影响，但超出临界值后，产业集聚将表现为降低经济增长率。连飞（2011）通过基于我国东北 34 个城市空间面板数据的实证分析，发现产业集聚对工业劳动生产率存在一定程度的负向拥挤效应。宋洋（2011）通过基于 1996～2008 年省际服务行业面板数据的实证分析，发现服务业专业化集聚对劳动生产率的影响显著为正，而多样化集聚对劳动生产率的影响却显著为负，并且这种集聚效应存在明显的区域差异。苏红键和魏后凯（2013）通过基于中国地级及以上城市 2006～2010 年面板数据的实证分析，发现产业集聚与劳动生产率之间并非只是简单的线性关系，而是已呈现出显著的倒"U"型，即如果产业集聚程度过高，那么将会出现显著的集聚不经济，从而对城市劳动生产率产生负向影响。孟丁和钟祖昌（2013）通过基于 2001～2009 年 30 个省份 19 个工业行业面板数据的实证分析，虽然发现产业集聚的 MAR 外部性和 Jacobs 外部性能显著促进工业企业劳动生产率的提高，但产业集聚的竞争效应对劳动生产率的影响却显著为负。孙浦阳等（2013）通过基于中国大陆 287 个地级及以上城市 2000～2008 年动态面板数据的实证分析，发现产业集聚所产生的拥塞效应和集聚效应在不同时期可能处于不同均衡状态，在产业集聚初期，由于拥塞效应占主导地位，从而不利于劳动生产率提升，且工业集聚与服务业集聚对劳动生产率的影响存在明显的差异性。赵伟和隋月红（2015）通过基于浙江省和广东省 2003～2010 年制造业行业面板数据的实证分析，发现多样性较弱或专业化较强的产业集聚地区，如果工资提升过快或将牺牲地区的劳动生产率。韩峰和柯善咨（2015）通过基于中国 284 个地级及以上城市面板数据的实证分析，发现产业集聚（就业密度）对城市劳动生产率的影响呈现先上升后下降的倒"U"型关系，多数城市的产业集聚程度已超过最优水平，产生了明显的集聚不经济，更高的产业集聚程度将不利于城市劳动生产率的提高。

2.3.2　产业集聚与创新绩效

根据现有文献的研究和本书界定的制造业创新绩效的内涵，我们可以发现，目前关于产业集聚对创新绩效的影响研究，主要集中于产业集聚对静态创新绩效（即创新能力）的影响研究，且学者们从不同的角度对此进行了有益的探索。纵观国内外现有研究，可以发现，学者们主要分别从理论和实证等两个角度对产业集聚对创新绩效的影响进行了分析讨论：

（1）在理论研究方面。马歇尔（Marshall，1890）从劳动力市场共享、中间产品投入和技术外溢等外部经济角度考察了产业集聚的动因，提出产业集聚产生的技术溢出对企业的创新绩效有一定的促进作用。

阿罗（Arrow，1962）和罗默（Romer，1986）与马歇尔一致，均提出同一产业内相邻企业的集聚有助于企业间的知识或技术溢出，从而能够促进企业创新绩效的提升。以马歇尔、阿罗和罗默为代表提出的产业内集聚通过带来知识或技术溢出，从而提升创新绩效等外部性被称为 MAR 外部性（Glaeser et al.，1991）。然而，知识或技术溢出除了产生于同一产业内的相邻企业集聚外，不同产业在同一区域的集聚也能显著提升创新绩效（Jacobs，1969）。这种产业间集聚所带来的外部性被称为 Jacobs 外部性。此后，波特（Porter，1998）从创新维度探讨了产业集聚的竞争优势，提出产业集聚可以从以下四个方面来提升创新绩效：第一，由于对客户和其他相关实体进行近距离观察和面对面交流，集聚中的企业拥有认识创新机会的良好"窗口"；第二，集聚中的企业可以较为便利地联合供应商和其他合作伙伴参与创新，从而获得了快速创新所需要的资源；第三，通过和其他组织的协调，集聚中的企业可以进行低成本的创新实验；第四，集聚中持续的竞争压力能够有效地推动企业不断进行创新。虽然波特也认为产业集聚中的知识或技术溢出有助于提升创新绩效，但与马歇尔、阿罗和罗默等不同的是，他认为产业集聚中的竞争而不是垄断更能提升创新绩效。这种由产业集聚区内竞争带来的知识或技术溢出也被称为 Porter 溢出。无论是 MAR 外部性还是 Jacobs 外部性或是 Porter 溢出，它们均是从知识或技术溢出的理论角度分析产业集聚对创新绩效的影响。除此之外，许多学者还从技术贸易、合作创新等不同理论角度对产业集聚对创新绩效的影响进行了相关研究。例如，诺贝尔经济学奖获得者克鲁格曼（Krugman，1991）从技术贸易的角度，提出贸易也是影响创新绩效的关键因素，产业集聚增加了产业内的技术贸易，从而提升了产业的创新绩效水平。迈耶·斯塔默（Meyer Stamer，2002）从合作创新的角度，提出通过企业间的合作可以营造创新的环境，从而提升了产业集聚的创新绩效和企业的竞争优势。

　　与国外研究相比，国内学者研究产业集聚对创新绩效的影响虽然起步较晚，但也从理论角度对此进行了较为深入的研究。蔡铂和聂鸣（2003）从理论上提出产业集聚通过社会网络中的强关系、弱关系和结构洞特征，在密集网络和稀疏网络中降低了信息获取和交易的成本，加快了信息和知识的流动和传播，从而促进了企业创新绩效的提升。黄坡和陈柳钦（2006）认为产业集聚可以通过以下四种方式提升创新绩效：第一种，产业集聚能够在一定程度上协调企业创新绩效与企业规模之间的矛盾，使企业创新绩效最大化；第二种，产业集聚促进了企业创新所需的支持网络的形成；第三种，产业集聚为企业创新的各阶段提供支持；第四种，产业集聚使技术扩散更加迅速。黄中伟（2007）提出在产业集聚网络结构的创新机制作用下，产业集聚区内的企业与集聚区外的企业相比，具有新产品乘数倍增加、创新低风险低投入高成功率、创新成果高速扩散、创新周期缩短等绩效和创新优势。何骏（2008）提出产业集聚区的外部性特征、区域网络化结构和科技创新的区域性特征，共同推动创新绩效加快提升。段会娟和梁琦（2009）从知识生产创新、转移、积累三个方面探讨了知识溢出关联与集聚的关系，得出知识关联是产业集聚的重要力量，在集聚体内各种信息技术资源的不断流动和优化配置促进了企业的创新行为。张萃（2010）在总揽现有研究文献的基础上，鉴别出产业集聚促进创新绩效提升的三个微观机制，分别为知识溢出机制，知识特有属性机制和集聚企业互动机制。龚毅和刘海廷（2011）提出创新是产业实现集聚的基础，直接推动产业集聚的强化、完善和升级，而产业集聚则通过技术溢出、合作创新和市场共享等集聚效应为科技创新提供创新网络和创新环境，二者相互促进。马方等（2012）从理论上提出产业集聚为不同产业、不同学科、不同企业之间的协同和合作提供了有利条件，交叉融合成为科技创新的新增长点，从而提高了彼此的创新绩效。李大为（2012）提出产业集聚通过交易成本书约、产业链的知识共享、资本互补以及知识外部性等推进创新绩效不断提升。刘勇（2013）从理论上提出产业集聚可通过促进创新体系的形成、为科技创新提供优势、推动技术扩散等三种方式促进创新绩效提升。

（2）在实证研究方面。从现有文献来看，学者们关于产业集聚对创新绩效影响的实证研究，还存在较大的分歧，不同的学者提出了不同的观点，其中有代表性的主要有以下两种观点：

一种观点认为产业集聚能够显著提升创新绩效。巴普蒂斯塔和斯旺（Baptista and Swann，1998）通过基于英国 1975~1982 年 248 个制造业企业的实证研究，发现处于产业集聚区内部的企业比外部孤立的企业更能够促进创新绩效的提升。凯利和哈格曼（Kelly and Hageman，1999）通过基于两位数产业的实证研究，发现产业的空间集聚能够显著提升区域创新绩效。尤戈尔等（Yoguel et al.，2000）通过分析生产网络与企业技术创新能力和管理能力之间的关系，发现产业集聚可以通过网络关系来促进集聚区内企业的经济绩效和创新绩效。博德里和布雷斯基（Beaudry and Breschi，2003）通过基于意大利和英国的高新技术产业的实证研究，发现产业集聚与创新绩效呈现出正相关性。克伦泽（Greunz，2004）通过基于欧洲 153 个地区的 16 个制造业部门的实证研究，发现专业化外部性（MAR 外部性）和多样化外部性（Jacobs 外部性）均能显著影响区域创新绩效。斯托波和维纳布斯（Storper and Venables，2004）的研究结果表明，产业集聚提供了面对面交流的机会，从而促进了创新绩效提升。卡利诺和查特吉（Carlino and Chatterjee，2007）的研究结果表明，人均专利量（创新绩效）与产业集聚正相关，且产业集聚程度提高一倍，人均专利量将提高 20%。吉伯等（Gilbert et al.，2008）的研究结果表明，位于地理集聚中的企业能够从当地环境中获取更多的知识，并且有较高的利润和创新绩效。西尔维斯特和达克尔（Silvestre and Dalcol，2009）通过分析来自巴西 Campos 盆地的 10 个石油和天然气企业集聚的实证研究结果，发现地理上的接近性对创新绩效具有显著的促进作用。齐等（Chyi et al.，2012）通过基于新竹高新技术产业的实证调查研究，发现外部 R&D 的技术溢出与产业集聚存在正相关关系。

国内部分学者通过实证研究，也得出产业集聚能够显著提升创新绩效。黎继子等（2006）以"武汉·中国光谷"光电子产业为例进行分析，发现高新技术产业集聚对创新绩效存在着一定的影响作用。于珍（2007）通过基于上海制造业的实证研究，发现产业集聚能加速产业的技术贸易、产业内和产业间的技术合作和技术联盟，增加企业的网络联系和科技创新方面的合作，减少科技创新的成本，分散科技创新的风险，从而使得产业的科技创新活动更加活跃。刘军等（2010）通过基于 1999~2007 年中国省级面板数据的实证研究，发现产业集聚能够显著促进区域创新绩效的提升。彭向和蒋传海（2011）通过基于中国 1999~2007 年 30 个地区 21 个工业行业的实证研究，发现 MAR 外部性和 Jacobs 外部性对地区产业创新绩效有显著的正向影响作用。刘浩（2011）提出产业集聚间接增加了无形资本，提高了科技资本的利用效率，促进了高新区创新绩效的提升。周明和李宗值（2011）的研究结果表明，省域内的产业集聚因素和省际间的知识溢出能够显著提升区域高技术产业的创新绩效。牛冲槐等（2012）的研究结果表明，高新技术产业集聚对区域创新绩效存在显著的正向效应。张萃（2012）通过基于 2000~2005 年 20 个制造业细分行业的实证研究，发现产业集聚对创新绩效具有显著的正向作用。苏楠和宋来胜（2013）通过基于 2000~2010 年中国制造业 13 个细分行业面板数据的实证分析，发现从全国整体来看，FDI、产业多样化和产业专业化对创新绩效均存在正向的影响作用。

另一种观点则认为产业集聚对创新绩效没有影响甚至具有负向影响。费尔德曼和奥德斯（Feldman and Audretsch，1999）通过以美国为例的实证研究表明，经济活动的多样化（Jacobs 外部性）通过将各种互补性的经济活动集聚在一起，有利于知识溢出，从而更好地促进创新绩效的提升，而经济活动的专业化（MAR 外部性）则对区域创新绩效的促进作用不显著。李凯等（2007）通过基于中国 53 个国家高新区进行实证研究，发现中国现阶段的高新技术产业集聚没有实现真正意义上的产业集聚，从而无法充分发挥其提升创新绩效的作用。张昕和李廉水（2007）以我国电子及通信设备制造业为例进行研究，发现生产行为集聚所产生的专业化知识溢出对区域创新绩效存在着正向影响，而多样化知识溢出对区域创新绩效的影响却为负。张杰等（2007）基于江苏省 342 家制造业企业的调查问卷对产业链定位、分工、集聚如何影响企业创新进行实证研究，发现集聚效应并未对我国微观企业创新绩效产生积极影响，没有成为激发集聚创新动力的有机载体。柴志贤（2008）通过基于中国区域制造业面板数据的实证研究，发现产业集聚一定程度上能带来创新方面的优势，但集聚本身并非一定导致相对更高的区域创新绩效，会受到诸多因素影响。王琛等（2012）以电子信息产业为例，研究了产业集聚对创新绩效的影响。结果表明，地理邻近性和企业间频繁的联系并没有促进相互信任和创新绩效提升。陈劲等（2013）的研究结果显示，在不同的集聚程度下，产业集聚对创新绩效的影响存在区别：集聚程度较低时，专业化集聚有利于提升创新绩效，而多样化集聚则会抑制创新绩效水平的提升；但集聚程度较高时，专业化集聚不利于创新绩效的提升，而多样化集聚则会促进创新绩效的提升。

2.3.3　产业集聚与能源绩效

近年来，随着能源供需失衡和环境约束逐渐成为威胁经济可持续增长的主要瓶颈，能源绩效问题越来越受到学术界的普遍关注，学者们也从不同的角度对此进行了广泛的探索。通过梳理可以发现，已有研究主要基于能源效率的视角，从产业结构（Denison and Poullier，1968；Kambara，1992；Farla and Blok，2000；Fisher - Vanden et al.，2004；Freire - González et al.，2017；Chen et al.，2017；魏楚和沈满洪，2007；齐志新等，2007；魏楚和沈满洪，2008；李国璋和霍宗杰，2009；成金华和李世祥，2010；吴琦和武春友，2010；姜磊和季民河，2011；肖攀等，2013）、技术效率或技术进步（Garbaccio，1995；Zhang et al.，2017；李廉水和周勇，2006；徐士元，2009；董锋等，2010；王俊松和贺灿飞，2010；成金华和李世祥，2010；姜磊和季民河，2011；宣烨和周绍东，2011）、经济发展水平（Kumar，2006；Managi and Jena，2008；史丹等，2008；田银华等，2011；叶祥松和彭良燕，2011；郑凌霄和赵敏静，2012）、城镇化（Cole and Neumayer，2004；York，2007；Poumanyvong and Kaneko，2010；Sadorsky，2013；Liu and Xie，2013；宋炜和周勇，2016）、能源价格（Newell et al.，1999；Mulder et al.，2003；Kaufmann，2004；杨继生，2009；赵金楼等，2013；王俊杰等，2014）、企业规模（范丹和王维国，2013；师博和沈坤荣，2013）、对外开放或 FDI（Wagner，2008；Chen et al.，

2017；史丹，2002；张贤和周勇，2007；滕玉华和刘长进，2010；陈媛媛和李坤望，2010；王兵等，2010；孔群喜等，2011；范如国和孟雨兴，2015）、市场改革或产权改革（Fisher – Vanden et al.，2004；魏楚和沈满洪，2007；魏楚和沈满洪，2008；王喜平和姜晔，2012；张志辉，2015）、环境规制（Porter and Linde，1995；Lanjouw and Mody，1996；张成等，2011；陈德敏和张瑞，2012；尤济红和高志刚，2013；陈玲和赵国春，2014；高志刚和尤济红，2015；郭文，2016；杨志江和朱桂龙，2017）等角度对能源绩效问题进行了较为深入的分析，而从产业集聚的角度出发研究能源绩效问题尚处于起步阶段。纵观国内外现有文献，目前关于产业集聚对能源绩效的影响研究，虽然取得了一些成果，但是研究结论却存在较大的分歧，其中最具代表性的观点主要分为以下三种：

第一种观点认为产业集聚有利于提升能源绩效。刘等（Liu et al.，2017）通过基于2004～2013年中国285个城市面板数据的实证分析，发现从全国层面上看，产业集聚能够有效促进能源绩效水平的提高。王海宁和陈媛媛（2010）首先提出了产业集聚可以提高能源绩效的假说，然后通过基于中国2001～2007年25个工业行业数据的实证分析，发现产业集聚可以有效提升能源绩效。李思慧（2011）通过基于江苏高新技术企业微观数据的实证检验，发现产业集聚对企业能源绩效都具有显著的正向促进作用。师博和沈坤荣（2012）的研究结果表明，产业集聚能够通过借助技术溢出和基础设施共享来提升能源绩效。韩峰等（2014）通过基于2003～2011年城市面板数据的实证分析，发现经济活动的空间集聚对能源绩效具有正向的净集聚效应。

第二种观点认为产业集聚对能源绩效并非一直存在正向影响，还可能没有影响甚至存在一定的负向影响。彭等（Peng et al.，2015）通过对中国化纤行业能源绩效的影响因素进行定量分析，结果显示，产业集聚对能源绩效没有显著影响。乔海曙等（2015）基于2000～2010年中国省域制造业20个行业面板数据，分别探究了专业化与多样化产业集聚对能源效率的作用机制，结果表明制造业专业化产业集聚相对多样化产业集聚更有利于促进能源绩效的提升，过度产业竞争下专业化产业集聚将不利于能源绩效的提升。李伟娜（2016）通过基于美国制造业数据的实证分析，发现产业集聚程度的降低能够极大地促进能源绩效的提升。程中华等（2017）通过基于中国 2004～2013 年 285 个地级及以上城市面板数据的实证分析，发现从全国总体来看，制造业集聚对能源绩效的影响为负。

第三种观点则认为产业集聚与能源绩效之间存在某种非线性关系。杨礼琼和李伟娜（2011）通过基于 2001～2008 年中国制造业面板数据的实证分析，发现产业集聚外部性（MAR 外部性和 Jacobs 外部性）与环境技术效率呈倒 "U" 型曲线关系。范丹和王维国（2013）基于 2000～2010 年我国 36 个工业行业面板数据，对工业能源绩效的驱动因素进行了实证分析，结果显示，产业集聚与工业行业能源绩效之间存在 "U" 型关系。师博和沈坤荣（2013）的研究结果表明市场机制主导的企业集聚能够显著提高能源绩效，但由于政府干预和环境治理的 "搭便车" 倾向导致产业集聚与能源绩效呈 "U" 型变动特征。李伟娜和徐勇（2013）基于 2001～2010 年中国制造业面板数据，实证检验了制造业集聚与环境技术效率之间的关系，结果显示，制造业集聚与环境技术效率之间呈倒 "U" 型曲线关系。汪丽娟和孔群喜（2014）基于 2003～2011 年中国 31 省市面板数据分析了贸易开放条件下产业集聚对能源绩效的影响，研究结果显示，产业集聚对能源绩效的影响存在贸易开放三门槛效应，当贸易开放水平处于较低水平时其影响不显著，只有在贸易水平超过一定门槛值后该影响效果才会显著。沈能（2014）基于我国 2003～2010 年 284 个地级市的数据，实证检验了工业集聚与环境效率之间的空间效应，结果显示，从全国总体来看，在不同工业集聚度下，集聚的规模负外部性（污染效应）、MAR 外部性和 Jacobs 外部性（自净效应）的均衡比较结果，导致了工业集聚和环境效率之间呈现出一定的 "U" 型轨迹关系。纪玉俊和赵娜（2016）基于 2002～2012 年中国制造业 20 个行业的面板数据，利用门槛回归方法研究了产业集聚与能源绩效之间的关系，结果显示，就全行业样本与非技术密集型行业样本而言，当产业集聚程度在低或较低区间内，产业集聚能够促进能源绩效提升，而当产业集聚程度在高区间内，产业集聚将会对能源绩效产生一定的负向影响。

2.3.4　研究述评

（1）首先，已有关于产业集聚对经济绩效的影响研究虽然取得了一些成果，并为我们正确认识产业集聚对制造业经济绩效的影响提供了一定的基础。但是，对于产业集聚是否能够促进制造业经济绩效水平的提高这一问题仍然存在明显的争议，尚未形成一致的研究结论。其次，已有研究相对缺乏深入探讨产业集聚程度的区域差异是否会导致其对制造业经济绩效影响的差异，即相对缺乏进一步分析产业集聚对制造业经济绩效的影响是否存在区域差异，而事实上，中国不同区域之间的产业集聚程度已呈现出较大的空间异质性，为此，很有必要进一步着重考察产业集聚对制造业经济绩效影响的区域差异。再次，已有研究还鲜有关注制造业内部各细分行业之间产业集聚程度的差异是否会导致其对制造业经济绩效影响的差异，即鲜有关注产业集聚对制造业经济绩效的影响是否存在行业差异，但实际上，中国不同制造业各细分行业之间产业集聚程度也已呈现出较大的行业异质性，因此，非常有必要进一步重点分析产业集聚对制造业经济绩效影响的行业差异。此外，已有的绝大多数研究多停留在静态分析层面，而忽视了制造业经济绩效水平的提高是一个连续的、长期积累的过程，上期的制造业经济产出绩效很可能会对当期的制造业经济产出绩效产生影响，即忽视了制造业经济绩效水平随时间变化的动态性规律。

本书的研究将弥补以上不足之处，本书将从区域和行业双重层面探究产业集聚对制造业经济绩效影响的差异性。同时，为了全面、科学、准确地分析产业集聚对制造业经济绩效的影响，本书将不仅采用静态面板数据模型来研究产业集聚对制造业经济绩效的影响，而且也将从动态面板数据模型着手，进一步建立动态实证模型，再次探究产业集聚对制造业经济绩效的影响，以此对静态分析的实证检验结果进行内生性检验。

（2）首先，上述已有关于产业集聚对创新绩效的影响的研究取得了一定的成果，但是通过文献的梳理分析，可以发现，关于产业集聚对创新绩效的影响研究，学者们也尚未形成一致的结论。其次，已有研究多从区域或行业单一层面分析产业集聚对创新绩效的影响，但对区域和行业双层面的研究也涉及较少，以及已有的绝大多数研究多停留在静态分析层面，而忽视了制造业创新绩效水平的提高也是一个连续的、长期积累的过程，即上期的制造业创新产出绩效也很可能会对当期的制造业创新产出绩效产生影响，也就是说，忽视了制造业创新绩效随时间变化的动态性规律。最后，已有研究主要集中于产业集聚对静态创新绩效（即创新能力）的影响研究，而鲜有关注产业集聚对动态创新绩效（研发创新全要素生产率）的影响研究。

本书的研究将弥补以上不足之处，本书不仅将从区域和行业双重层面研究产业集聚对制造业创新绩效影响的差异性，而且还将进一步探究产业集聚对动态创新绩效（研发创新全要素生产率）及其分解指标（技术效率变动和技术进步）的影响及其区域差异与行业差异，从而深入探讨产业集聚是通过提高技术效率还是通过促进技术进步或者两者兼具，进而促进动态创新绩效水平的提升，以期能够更加全面、科学、准确地分析产业集聚与静态创新绩效和动态创新绩效之间的内在联系。同时，本书还将采用动态面板数据和选取合适的工具变量，解决产业集聚对制造业静态和创新绩效影响所存在的内生性问题，以期使得产业集聚对制造业创新绩效的影响研究结果更具准确性和稳健性。

（3）上述已有关于产业集聚对能源绩效（或环境绩效）的影响研究为我们正确认识产业集聚对能源绩效的影响提供了一定的借鉴，但是仍存在需要进一步深化的空间：第一，学术界关于产业集聚对能源绩效的作用机制和效果的分析尚未达成一致的共识，不利于从产业集聚的视角深入挖掘影响能源绩效提升的潜在因素，从而无法提出有针对性的节能减排与环境保护的对策措施；第二，现有文献在测度能源绩效时，大部分没有考虑能源使用对环境污染的影响或能源使用所导致的污染物排放问题，忽视了对非期望产出——污染物的考察，即缺乏对环境约束下的能源绩效进行研究，从而无法全面科学地反映能源使用所带来的"期望产出"和"非期望产出"的两面性，进而使得能源绩效的度量结果出现一定的偏差；第三，已有文献主要集中在分析产业集聚对既定时期能源绩效的影响，却忽视了跨期的能源技术变动及由此带来的跨期能源技术边界移动，即缺乏深入探究产业集聚对能源绩效变动率的影响，从而无法为追溯产业集聚是通过能源技术效率跨期提高（或降低）还是通过能源技术跨期进步（或退步）进而影响能源绩效演化（跨期增长或下降）的深层次源泉提供必要的依据；第四，现有大多数文献还忽视了对由于模型设定偏误（由遗漏变量引起）和产业集聚与能源绩效之间可能存在的逆向因果所导致的内生性问题的考察，从而使得研究结论的稳健性或可靠性尚待进一步验证；第五，已有文献大多从区域或行业单一层面分析产业集聚对能源绩效的影响，而鲜有对区域和行业双层面的研究。

鉴于此，本书尝试在以下五个方面做出努力：第一，从中国工业化进程的实际出发，将产业集聚作为主要变量纳入影响制造业能源绩效的分析框架中，同时深入剖析产业集聚对制造业能源绩效影响的内在机理，并在此基础上构建更加合理的产业集聚对制造业能源绩效影响的理论模型，以期从产业集聚的角度为提升制造业能源绩效寻求新的可行选择，也为促进节能减排寻求新的政策着力点；第二，基于"全要素"框架，将能源使用所导致的污染物排放纳入制造业能源绩效的测度体系之中，解决"环境污染内生化"问题，并运用 SEDEA（超效率 DEA）模型测度考虑环境约束下的能源绩效，以期全面兼顾能源消耗所带来的"期望产出"和"非期望产出"的两面性，同时还与产业集聚对不考虑污染物排放（无环境约束下）的传统能源绩效的影响进行对比分析，以期为符合当前中央政府提出的实现经济增长和控制温室气体排放的可持续发展目标政策制定和实施提供一定的理论与实践依据；第三，不仅立足于"静态"视角，考察产业集聚对制造业能源绩效的影响，而且还将进一步立足于"动态"视角，全面分析产业集聚对制造业能源绩效变化率及其分解指标（能源技术效率变动和能源技术进步）的影响，以期准确识别出产业集聚对制造业能源绩效动态演进影响的深层次原因及其他变量的作用途径，从而使得改善制造业能源绩效具有更加丰富的政策内涵；第四，选取合适的工具变量，解决产业集聚对制造业能源绩效影响所存在的内生性问题，并采用

2SLS 方法，对得出的回归分析结果进行内生性检验，以期使得模型的估计结果更具准确性和稳健性；第五，在总体分析的基础上，既进一步分析东中西分区域产业集聚对制造业能源绩效的影响，又着重分析轻度污染行业、中度污染行业和重度污染行业的产业集聚对制造业能源绩效的影响，以期为各区域和各行业结合自身的比较优势与产业基础，实施合理的制造业绿色发展战略和节能减排方案提供新的视角和思路。

2.4 本章小结

首先，本章分别对产业集聚理论中产业区理论、集聚经济理论和产业集群理论等进行了简单回顾、分析与评述，并在此基础上进一步界定了所要研究的产业集聚的内涵，即产业集聚是指一个产业或几个不同但相关产业在地理空间上高度集中的现象，其不仅可以表现为同一产业或相关产业的生产活动和为这种生产所服务的经济活动在一定区域内的集中，而且也可以表现为同一产业内部细分行业或相关产业内部细分行业的生产活动和为这种生产所服务的经济活动在某一国家或区域内的高度集中。

其次，对制造业"新型化"理论和绩效的内涵研究等也进行了简单回顾、分析与评述，同时在此基础上进一步界定了所要研究的制造业发展绩效的内涵，即制造业发展绩效主要包括制造业经济绩效、制造业创新绩效、无环境约束下的制造业能源绩效（制造业能源绩效）、环境约束下的制造业能源绩效（制造业环境绩效）这四个方面。其中，制造业经济绩效的内涵为制造业经济效率；制造业静态创新绩效的内涵为制造业创新能力，制造业动态创新绩效的内涵为制造业研发创新全要素生产效率；无环境约束下的制造业能源绩效（制造业能源绩效）的内涵为无环境约束下的制造业能源效率；环境约束下的制造业能源绩效（制造业环境绩效）的内涵为环境约束下的制造业能源效率。

再次，简要分析了制造业发展绩效的度量指标。即本书主要采用能力或效率指标来度量制造业发展绩效。其中，制造业经济绩效采用制造业企业劳动生产效率来度量；制造业静态创新绩效采用制造业创新能力来度量，制造业动态创新绩效采用制造业研发创新全要素生产效率来度量；无环境约束下的制造业能源绩效（制造业能源绩效）和环境约束下的制造业能源绩效（制造业环境绩效）均采用数据包络分析法（DEA）所计算出的全要素效率来度量。

最后，在借鉴产业集聚的内涵和制造业发展绩效的内涵及其度量指标的基础上，分别从产业集聚与经济绩效、产业集聚与创新绩效、产业集聚与能源绩效（或环境绩效）等角度对国内外产业集聚与制造业发展绩效的相关研究进行了较为系统的回顾、分析与评述。

第3章

理论分析与研究假说

在具体分析产业集聚对制造业发展绩效的现实影响作用关系之前，首先很有必要从理论层面上把握两者之间的内在联系，其也是本书进行下一步实证研究的前提。因此，为了更加全面、科学、准确地探究产业集聚对制造业发展绩效的影响，本章首先分别从理论层面上论述产业集聚对制造业经济绩效、产业集聚对制造业创新绩效、产业集聚对制造业能源绩效（或制造业环境绩效）的影响机制，然后在已有理论分析的基础上，进一步提出相关的研究假说。

3.1 产业集聚对制造业经济绩效影响的理论分析及研究假说

本书首先从理论层面上阐述产业集聚对制造业经济绩效的正向影响机制，然后，进一步探讨产业集聚导致制造业经济绩效差异的内在机理，此外，还将进一步深入分析产业集聚对制造业经济绩效的负向影响机制，最后在已有理论分析的基础上，提出本书的研究假说。

3.1.1 产业集聚对制造业经济绩效的正向影响机制

概括起来，产业集聚主要通过深化劳动分工和专业化生产、获取竞争效应和协作效应，以及产生知识和技术溢出等三种方式来促进制造业经济绩效的提升。

1. 产业集聚有利于深化劳动分工和专业化生产，从而推动制造业经济绩效提升

产业集聚过程伴随着生产要素的集聚过程，随着制造业产业集聚程度的加深，越来越多的劳动力、资本等生产要素进入产业集聚区，主导产业规模将迅速扩大。同时，与主导产业配套的大量企业和服务性企业相伴产生，集聚区内的企业数量不断增加，产业链不断向上下游拓展。随着配套企业的产生与产业链的延伸，产业集聚区企业内部和企业之间的劳动分工不断深化，各企业结合自身的资源禀赋，选择最能发挥比较优势的环节或产品进行专业化生产。劳动分工和专业化生产，可以使得制造业企业集中精力熟练地完成某些产品的生产或制造环节的操作，从而有利于提高制造业企业的劳动熟练程度，节约劳动转换时间和人员的培训成本以及减少监督程度，进而降低制造业企业的搜寻成本和生产成本，提高制造业企业的经济绩效。然而，从交易成本的角度来看，劳动分工的深化将会导致交易成本的增加，交易成本逐渐成为阻碍劳动分工进一步深化的障碍，基于此，人们将会逐渐减少交易行为，这是分工与交易成本之间的两难冲突问题（Yang and Wills，1990）。但是，产业集聚可以在一定程度上解决这一两难冲突问题。杨小凯和张永胜（2003）研究表明，分工网络在地域上的集中可以降低交易成本，提高交易效率，使得分工进一步深化。刘日星等（2006）也提出产业集聚的出现，有利于简化区域内企业的交易过程，降低企业交易成本，提高交易效率，从而推动专业化生产。也就是说，产业集聚可以降低交易成本，有利于深化劳动分工和专业化生产。亚当·斯密（Adam Smith，1776）在《国富论》中明确指出，专业分工是国民财富增长的重要源泉，劳动分工（包括企业内部分工和企业之间社会分工）能够极大地提高经济绩效，为国民创造更多的财富。马库森（Markusen，1989）也提出随着厂商数量和生产规模的扩大以及市场的扩张，会促使劳动分工进一步深化，从而提升经济绩效。刘维刚等（2017）也证实了亚当·斯密提出的劳动分工能够提高经济绩效这一观点。因此，随着制造业产业集聚区劳动分工的不断深化，制造业企业经济绩效将会逐渐提高。

2. 产业集聚有利于获取竞争效应和协作效应，从而带动制造业经济绩效提升

产业集聚，一方面可以使同类型的制造业企业相互集中在一起，另一方面也可以使不同类型的制造业企业，特别是上下游企业，通过前向拉伸和后向推进等作用，形成在地理上的集聚。大量的同类型制造业企业集中在一起，分享同一市场，由于土地、劳动力等资源的稀缺性和市场需求能力所限，随着产业集聚的进一步扩大，很多制造业企业之间为了生存，保持或提高自己的市场份额，会进行激烈的竞争。竞争不仅可以促使制造业企业加快技术创新，改进和完善生产工艺、生产技术以及生产流程，从而推进制造业企业经济绩效提升（杨浩昌等，2017）；竞争也可以促使制造业企业通过内部成本控制、技术效率的改进来降低产品的生产成本和销售成本，刺激市场需求，从而提高市场占有率，扩大市场规模，产生规模经济效应，进而提高集聚地区制造业企业的经济绩效。波特（Porter，1998）也提出竞争能够促使集聚地区企业获取竞争效应，从而获取更高的经济绩效。不同类型的制造业企业集聚在一起，通过彼此相互依赖、相互协作、相互补充，细化分工，资源共享等机制实现协同合作（刘军等，2015；杨浩昌等，2016），这一方面有利于集聚地区制造业企业建立长期稳定的合作关系，从而降低交易的搜寻时间和成本，简化交易过程，提高交易效率，进而带动制造业经济绩效提升（Pandit et al.，2001）。阿尔弗雷德·韦伯（Alfred Weber，1909）也指出多个厂商集聚在一起能够给集聚地区带来更多的收益或节省更多的成本；另一方面也有利于促进集聚区内制造业企业相互之间取长补短，推动创新资源的有效整合和配置，推进技术交流与合作，协同开发新产品，开展合作创新，从而加快新技术研发的进程（Teece，1986），进而带动制造业经济绩效提升。孟丁和钟祖昌（2013）也提出产业集聚能够形成一种既有竞争又有合作的合作竞争机制，实现高效的网络化互动和合作，从而有利于产业集聚区获取竞争效应和协作效应，进而带动制造业经济绩效提升。

3. 产业集聚有利于产生知识和技术溢出，从而促进制造业经济绩效提升

一般而言，制造业产业在特定地区的大量集聚，会形成较大的的市场规模，带来市场需求的增加，从而扩大集聚地区制造业企业的生产规模①，进而形成规模经济。这一方面会带动诸多同类型制造业企业为节约生产成本和共享基础设施以及熟练的劳动力，集聚在一个部门或企业内生产，从而进一步提升集聚地区的专业化水平，进而促使该集聚地区制造业企业产生知识和技术的溢出。马歇尔（1890）提出，产业在特定地区的集聚有利于新主意、新思想、新知识和新技术在企业之间的传播和应用。阿罗（1962）和罗默（1986）与马歇尔一致，也提出同一产业内相邻企业的集聚有助于企业间的知识和技术溢出。另一方面，制造业产业集聚也会吸引不同产业或上下游产业厂商为减少交易费用②、接近市场和便利的交通以及完善的商业服务，在该地区协同集聚，从而使得其他地区的资本、劳动力和技术等生产要素进一步集聚在该地区，进而促进集聚地区制造业产业间知识和技术溢出的产生（杨浩昌等，2015）。雅各布斯（Jacobs，1969）也提出，知识和技术溢出除了产生于同一产业内的相邻企业集聚外，不同产业在同一区域的集聚也会产生知识和技术溢出。随着制造业产业集聚程度的进一步提高，区域中制造业企业数量也会随之急剧增多，许多制造业企业面临着随时被淘汰的危险，这使得相关制造业企业之间为了生存，保持或提高自己的市场份额，从而进行激烈的竞争。波特（1998）提出集聚区内企业之间竞争也有利于产生知识和技术溢出，即产生 Porter 溢出。陈建军等（2009）的研究表明，产业集聚为地理临近的企业提供了面对面的交流机会，并通过人力资源的广泛流动促进了前沿技术中隐性知识或技术的溢出与共享。知识和技术溢出，一方面会使得产业集聚区制造业企业创新速度和创新效率得到较大的提高，从而加快制

---

① 克鲁格曼（1980）明确提出，在存在规模报酬递增和贸易成本的基础上，当两个国家进行不同产品贸易时，拥有相对较大国内市场需求的国家会产生大规模生产和高效率。

② 伍德和帕尔（Wood and Parr，2005）提出，厂商集聚于某一地区可以减少交易费用。

造业企业的技术进步和技术变革，进而促进制造业经济绩效提升；另一方面也为其他制造业企业提供了"干中学"和"做中学"的机会，从而有助于提高集聚区制造业企业的技术进步和技术效率，进而促进制造业经济绩效提升。内生增长理论也指出，知识和技术溢出能够有效促进经济绩效水平提升。

3.1.2　产业集聚导致制造业经济绩效差异的内在机理

上一节的理论分析表明，产业集聚能够有效促进制造业经济绩效提升。而由中国制造业的发展现状及其集聚趋势可知，制造业产业集聚程度已呈现出明显的异质性，产业集聚程度的差异是否会导致其对制造业经济绩效影响的差异性，本书我们将进一步从理论层面探讨产业集聚导致制造业经济绩效差异的内在机理。概括起来，产业集聚导致制造业经济绩效差异的内在机理主要在于以下四个方面。

1. 产业集聚的外部规模经济导致制造业经济绩效差异

产业集聚区可以通过提供劳动力市场共享、中间产品投入共享、本地市场需求和前后向产业关联等来获得接近丰富的劳动力和市场，共享便利的交通基础设施以及完善的商业服务等优势，从而不仅有利于降低制造业企业生产要素的获取成本，产品的生产成本、运输成本和库存成本（Ellison et al.，2010），而且也有利于降低制造业企业之间的信息不对称性，节约交易的搜寻时间和成本，简化交易过程，提高交易效率（Pandit et al.，2001），从而使得集聚地区制造业企业大规模生产成为可能，进而为集聚区制造业企业带来规模报酬递增效应，形成外部规模经济，而产业非集聚区由于生产过程分散则无法形成外部规模经济。克鲁格曼（1991）也指出产业集聚能为集聚地区带来规模经济效应。产业集聚带来的规模经济在一定程度上会导致产业集聚地区与产业非集聚区制造业企业经济绩效之间的差异。范剑勇（2006）分析了产业集聚与区域间经济绩效的差异，研究结果也表明，产业集聚区运输成本和生产成本的降低会带来规模报酬递增，从而有利于提高该区域经济绩效，并会扩大与产业非集聚区之间经济绩效的差距。

2. 产业集聚的技术外部性导致制造业经济绩效差异

产业集聚区可以通过知识或技术外溢所产生的技术外部性（Marshall，1890；Arrow，1962；Romer，1986；Jacobs，1969）来提升集聚区制造业企业的技术创新能力（刘军等，2015；杨浩昌等，2016），从而为集聚区带来知识、技术、人力资本的共享，继而加快集聚区制造业企业技术进步和技术改造以及研发效率的提升，使得集聚区制造业企业获得更多更广泛的技术上的领先优势，进而更有能力地专业化从事某些复杂先进而又尖端和处于价值链中高端的资本密集型与技术密集型行业产品的设计和研发，而相比较而言，产业非集聚区由于受知识、技术和人力资本等所限，只能更多地从事某些科技含量水平要求低和附加值较低的劳动密集型行业产品的生产、制造、加工以及装配，继而造成产业集聚区和产业非集聚区制造业产业结构的较大差异与生产力水平的不均衡，最终导致产业集聚区和产业非集聚区之间经济绩效的显著差异。刘军（2009）也提出制造业产业集聚能够通过知识或技术外溢所产生的技术外部性来促进知识和技术的交流与改进，从而使得产业集聚区企业的技术创新能力往往高于产业非集聚区的企业，进而导致其经济发展水平普遍高于其他地区，这在一定程度上会造成区域间制造业经济绩效的差异。

3. 产业集聚的竞争外部性导致制造业经济绩效差异

产业集聚区还可以通过相同类型或不同类型之间企业相互竞争所产生的竞争外部性（也称 Porter 外部性，Porter，1998）来发挥企业的自我选择效应，从而促使集聚区内劳动力、资本等生产要素，人力、技术等资源，以及市场份额在区域内的重新组合和分配，继而导致生产率水平较高的制造业企业自主集聚在中心区域，而生产率水平较低的制造业企业逐渐扩散到外围地区，进而造成区域间制造业企业经济绩效的明显差异（Baldwin and Okubo，2006；Felbermayr and Jung，2012）。制造业产业集聚可以提高地区生产率水平，反过来，生产率水平越高的地区，也越能吸引更多的制造业企业自主选择进入该地区，从而造成该地区制造业集聚程度的进一步提升。文玫（2004）的研究结果也表明，产业集聚于市场大的地区，产业集聚区的生产率水平也往往高于边缘地区。这种"正反馈"作用会使得区域内制造业企业分布逐渐演化成新经济地理学中的"中心—外围"结构，进而导致制造业产业集聚区与制造业产业非集聚区之间生产率水平差异出现显著的扩大趋势（Wang and Xu，2015）。藤田和胡（Fujita and Hu，2001）以及范剑勇（2004）的研究结果也表明，随着市场一体化和地区专业化的不断推进，产业的自我选择效应不断加强，制造业产业布局逐步呈现出新经济地理学上的"中心—外围"特征，从而造成了经济发展的极不平衡，进而推动了产业集聚区和产业非集聚区之间经济绩效差距不断增大。

4. 产业集聚程度本身的差异导致制造业经济绩效差异

一般而言，当一个地区的制造业产业在空间分布或行业分布上处于均匀状态时，从理论上说，各地区或行业制造业企业的经济绩效水平将基本一致，基本上不存在空间差异或行业差异。但当该地区的制造业产业在空间分布或行业分布上的这一均匀状态被打破时，即当地区或行业的制造业产业集聚形成时，其对经济绩效的影响作用将产生显著的差异。刘军和徐康宁（2010）的研究结果表明，当一个地区的制造业产业集聚程度越高时，制造业产业集聚所带来的净收益（集聚力量所带来的收益与分散力量所产生的成本之差）越大，其对制造业企业经济绩效的促进作用也就越大，从而在一定程度上造成了制造业经济绩效之间的差异。也就是说，制造业产业集聚程度本身的差异也会导致制造业经济绩效的差异。文玫（2004）也提出产业分散有利于降低区域间的贸易壁垒，从而对降低区域间的收入差异可能有所不同，即制造业产业分散在一定程度上能够减少区域间企业经济绩效的差异。陈钊和陆铭（2009）同样提出，制造业向东部和城市地区的集聚是加大区域间经济绩效差距的关键因素。

3.1.3　产业集聚对制造业经济绩效的负向影响机制

根据上文中产业集聚对制造业经济绩效的正向影响机制和产业集聚导致制造业经济绩效差异的内在机理，可以发现，产业集聚在提升制造业经济绩效的同时，也会导致产业集聚区（中心区）与产业非集聚区（外围区）之间制造业经济绩效差距的扩大：产业集聚程度越高，其对制造业经济绩效的促进作用也越强。结合产业集聚区（中心区）的制造业产业集聚程度和经济绩效水平显著高于产业非集聚区（外围区）的事实，可以推导出区域间制造业经济绩效的差异将进一步增大：产业集聚区（中心区）的制造业经济绩效水平将一直高于产业非集聚区（外围区）。但是，从理论上讲，制造业经济绩效的这种区域差异不会无限地延续下去。其主要的原因在于：产业集聚对制造业经济绩效存在显著的正向影响和负向影响，即产业集聚不仅有利于促进集聚区内的制造业经济绩效水平提升，而且也会对集聚区内的制造业经济绩效水平产生一定的抑制作用。

产业集聚对制造经济绩效的负向影响机制主要表现在：当一个区域的制造业产业集聚形成时，会同时产生集聚效应和拥挤效应。其中，集聚效应是指制造业产业集聚过程中，由劳动力市场共享、中间产品投入共享、交易成本降低、本地市场需求和前后向产业关联等所产生的外部规模经济，由知识或技术外溢所产生的技术外部性，以及由相互竞争所产生的竞争外部性等。拥挤效应则是指制造业产业集聚过程中，大量制造业企业集聚于同一区域或行业，很可能产生一种产业盲目过度集聚现象，当区域的经济发展水平超过了一定的临界值时，区域内制造业企业数量急剧增加，并超过当地经济的最佳承载能力，从而造成了争夺原材料、劳动、资本和基础设施，过度竞争以及企业利润率下降等一连串不利于区域经济绩效水平提高的严重后果（孙浦阳等，2013；刘修岩，2014）。李君华（2009）也提出产业集聚带来的拥挤效应的存在使得产业不能够无限集聚，从而可能对区域经济发展产生一定的负向影响作用。

制造业产业集聚所产生的集聚效应和拥挤效应在不同的时期可能会形成不同的均衡状态：在经济发展的初期，区域的经济发展水平较低，没有超过一定的临界值时，此时集聚效应占主导地位，制造业产业集聚将表现为显著促进其经济绩效水平提升；而随着区域经济的不断发展，区域经济水平也在逐渐提高，当区域的经济发展水平超过了一定的临界值后，此时拥挤效应占主导地位，制造业产业集聚对其经济绩效的促进作用将越来越小甚至可能抑制其经济绩效水平的继续提升。即制造业产业集聚对其经济绩效的影响与区域经济发展水平相关，且与区域经济发展水平之间的关系会呈现出明显的倒"U"型曲线。也就是说，当区域经济发展水平处于某一范围内，制造业产业集聚对其经济绩效的影响将表现为显著的促进作用，并随着区域经济发展水平的提高而不断增强；但是，当区域的经济发展水平超过了某一临界值后，制造业产业集聚对其经济绩效的影响则表现为一定的挤出作用，从而不利于其经济绩效水平的继续提升。威廉姆森（1965）提出了著名的"威廉姆森假说"，即在经济发展的初期，由于交通和通信基础设施比较匮乏，资本市场进入受到一定的限制，生产在地理上的集中能够显著促进劳动生产率的提升，但当经济发展水平达到一定的临界值后，基础设施不断改善，企业数量急剧增加，拥挤外部性的存在使得产业集聚对劳动生产率的影响变小，甚至不利于劳动生产率的提升。

3.1.4 产业集聚对制造业经济绩效影响的研究假说

基于上述的理论分析，本书提出以下产业集聚对制造业经济绩效影响的研究假说：

H1：产业集聚对制造业经济绩效的影响与区域经济发展水平之间的关系会呈现出明显的倒"U"型曲线，即当区域经济发展水平较低时，产业集聚将表现为促进制造业经济绩效水平提升；而当区域经济发展水平超过了一定的临界值时，产业集聚对制造业经济绩效的促进作用将越来越小甚至可能抑制制造业经济绩效水平的继续提升。也就是说，产业集聚对制造业经济绩效的影响，显著存在"威廉姆森假说"。

H2：在中国经济发展的当前阶段，制造业产业集聚所带来的正外部性（集聚效应）还明显超过其负外部性（拥挤效应），即中国制造业由产业过度集聚向产业扩散的转移阶段尚未到来，也就是说，当前产业集聚仍然能够显著提升制造业经济绩效水平。

H3：产业集聚对制造业经济绩效的影响存在显著的区域差异。并且现阶段，制造业产业集聚也会导致产业集聚区（中心区）与产业非集聚区（外围区）之间经济绩效水平差距的不断扩大：制造业产业集聚程度越高的区域，其对制造业经济绩效的促进作用也相对越强。

H4：不同制造业各细分行业之间产业集聚对制造业经济绩效的影响作用也不同，即制造业产业集聚对其经济绩效的影响还存在明显的行业差异。

3.2 产业集聚对制造业创新绩效影响的理论分析及研究假说

本书首先从理论层面上阐述产业集聚对制造业静态创新绩效（即创新能力）的正向影响机制，并进一步探讨产业集聚对制造业动态创新绩效（即研发创新全要素生产率）的正向影响机制，然后，还将进一步深入分析产业集聚对制造业创新绩效的负向影响机制，最后在已有理论分析的基础上，提出本书的研究假说。

3.2.1 产业集聚对制造业静态创新绩效的正向影响机制

下面，我们将主要从产业集聚的专业化和多样化等方面的优势，有利于促进科技创新成果的产生，和产业集聚形成的知识、技术和信息交流网络，有利于推进科技创新成果的扩散这两个方面来阐述产业集聚对制造业静态创新绩效的正向影响机制。

1. 产业集聚的专业化和多样化等方面的优势，有利于促进科技创新成果的产生

制造业产业集聚区内各种人才、企业和产业集聚在一起，通过彼此相互依赖、相互协作、相互补充，细化分工，信息共享和资源整合等机制共同作用，形成 MAR 外部性[①]和 Jacobs 外部性[②]，有利于知识和技术的溢出，从而促进制造业企业科技创新成果的产生，进而推进

---

① 以马歇尔、阿罗和罗默为代表提出的产业内集聚所带来的知识或技术溢出等外部性被称为 MAR 外部性（Glaeser et al. , 1991）。

② 雅各布斯（1969）提出不同产业在同一地区的集聚也会产生知识或技术溢出，从而促进科技创新。这种产业间集聚所带来的外部性被称为 Jacobs 外部性。

产业集聚区内制造业企业静态创新绩效不断提升；制造业产业集聚区内激烈的竞争也使得人们专业化从事自己所擅长的领域，更有效率地进行科技创新，从而也有利于知识和技术的溢出，即有利于产生 Porter 溢出[①]，进而也促进制造业企业科技创新成果的产生，并最终提升该制造业产业集聚区的静态创新绩效水平。

2. 产业集聚形成的知识、技术和信息交流网络，有利于推进科技创新成果的扩散

制造业产业集聚区内知识、人才、信息的大量集聚和流动，有利于知识、技术和信息交流网络的形成。这一方面，有利于降低产业集聚区内制造业企业间科技创新成果扩散的交易成本（杨小凯和张永生，2003），从而加速科技创新成果在制造业企业间的扩散，进而推进产业集聚区的制造业静态创新绩效不断提升；另一方面，产业集聚区内完善的知识、技术和信息交流网络不仅可以为不同制造业企业之间提供更多相互交流的平台，而且也可以为制造业企业间科技创新成果的扩散提供更多、良好的传播渠道，从而有利于加快科技创新成果在制造业企业间的扩散，进而提升该产业集聚区的制造业静态创新绩效水平（程开明和李金昌，2008；刘浩，2011）。

综上所述，产业集聚对制造业静态创新绩效（即创新能力）的正向影响机制可简要地用图 3 - 1 予以描述。

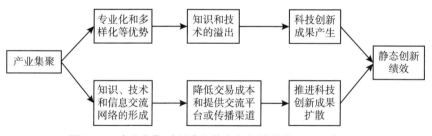

图 3 - 1　产业集聚对制造业静态创新绩效的正向影响机制

---

① 波特（1998）提出产业集聚中的竞争而不是垄断更能促进科技创新。这种由产业集聚区内竞争带来的知识或技术溢出也被称为 Porter 溢出。

3.2.2　产业集聚对制造业动态创新绩效的正向影响机制

接下来，本书将从理论层面上对产业集聚对制造业动态创新绩效（即研发创新全要素生产率）的正向影响机制进行简要的说明。

关于产业集聚，马歇尔在《经济学原理》中提出了著名的"外部规模经济"理论，即"产业在特定地区的集聚可以形成外部规模经济，而外部规模经济来源于劳动力市场共享、中间产品投入和技术溢出三个方面"。这句话所揭示出的产业集聚与外部规模经济之间相互促进的关系被称为"集聚经济"（蔡宁和杨闩柱，2004）。在集聚经济的作用下，某一地区制造业产业的大量集聚，会形成较大的市场规模，从而扩大集聚地区制造业企业的生产规模，形成规模经济效应。这一方面会带动诸多同类型制造业企业为节约生产成本在该地区的集聚，从而进一步提升该集聚地区的专业化水平，使集聚地区制造业企业获得MAR外部性收益，继而促进集聚地区制造业产业内知识或技术溢出，以及生产要素，特别是人力资本要素的不断积累，进而推动集聚地区制造业企业技术进步和技术效率提高，促进集聚地区制造业动态创新绩效水平的提升；另一方面也会吸引不同产业或上下游制造业产业厂商为减少交易费用在该地区的协同集聚，使集聚地区制造业企业获得Jacobs外部性收益，从而促进集聚地区制造业产业间知识或技术溢出，以及制造业企业彼此之间互为市场，继而使得集聚地区制造业企业能够获得丰富的原材料、高质量的中间产品和熟练的劳动力，降低制造业产业间原材料搜寻和运输成本以及产品的生产成本和销售成本，细化集聚地区的市场分工，促进集聚地区劳动力、资本和技术等资源的整合和配置，进而提高集聚地区制造业企业间的协作效率和技术效率。这些机制的共同作用有利于减少制造业产业集聚区内创新投入并有效增加创新产出，进而提升该集聚地区制造业企业的动态创新绩效水平。

然而，由于土地、劳动力等资源的稀缺性和地区市场需求能力所限，随着制造业产业集聚的进一步扩大，很多制造业企业之前获得的MAR外部性收益与Jacobs外部性收益将逐渐消失，取而代之的是制造业企业之间为了生存，保持或提高自己的市场份额，而进行激烈的竞争。为了争夺更大的市场份额和更多的利润，许多制造业企业会不断地进行技术创新，改进和完善生产工艺、生产技术以及生产流程，从而使集聚地区制造业企业获得 Porter 外部性收益，继而促进集聚地区知识或技术溢出，以及发挥集聚地区技术创新的活力与潜能，进而推动集聚地区制造业企业技术进步和技术变革，最终推进该集聚地区制造业动态创新绩效水平的不断提升。

与此同时，相同产业集聚和不同产业但相关产业协同集聚也会带来人才、资金、知识、信息以及技术等在一定范围内的集聚，这样不仅有利于集聚地区制造业企业之间进行广泛而频繁的交流，从而提高集聚地区制造业企业对新技术的认知能力和消化吸收能力，继而加快地区制造业企业技术创新成果的扩散（周明和李宗值，2011），而且有利于集聚地区制造业企业技术创新扩散网络的形成，从而加速地区制造业技术创新成果的扩散，推进集聚地区制造业企业共享区域内已有的知识或技术，进而促进集聚地区制造业企业技术进步和技术效率的提高，继而共同推动创新投入的不断减少和创新产出的有效增加，最终提升集聚地区制造业动态创新绩效水平。

综上所述，产业集聚对制造业动态创新绩效（即研发创新全要素生产率）的正向作用机制具体可如图 3 – 2 所示。

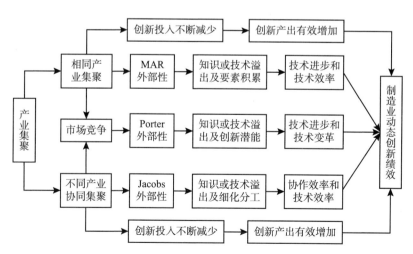

图 3 – 2　产业集聚对制造业动态创新绩效的正向作用机制

3.2.3 产业集聚对制造业创新绩效的负向影响机制

产业集聚对制造业创新绩效也存在显著的正向影响和负向影响，即产业集聚不仅有利于促进集聚区内的制造业创新绩效水平提升，而且也会对集聚区内的制造业创新绩效水平产生一定的抑制作用。产业集聚对制造业创新绩效的负向影响机制主要表现在：制造业产业集聚可能也会不利于知识或技术溢出效应的发挥。一般而言，在制造业产业集聚程度较高的区域，其竞争程度通常也较强，相同类型或同一制造业产业在空间的大量集聚，往往会导致制造业企业之间进行激烈的同质化恶性竞争，再加上知识产权保护意识不强，技术模仿和复制现象时有发生，这些现象都将对制造业企业创新的积极性产生消极影响，从而不利于甚至可能抑制知识和技术溢出效应的发挥，进而对制造业静态创新绩效和动态创新绩效均会产生一定的负向影响。

3.2.4 产业集聚对制造业创新绩效影响的研究假说

基于上述的理论分析，本书提出以下产业集聚对制造业创新绩效影响的研究假说：

H5：在中国经济发展的当前阶段，产业集聚对制造业创新绩效的正向影响（促进作用）仍明显超过其所带来的负向影响（抑制作用），即现阶段产业集聚仍然有助于促进制造业静态创新绩效水平和动态创新绩效水平的提升。

另外，由中国不同区域制造业的发展现状可知，中国东部地区与中西部地区制造业产业集聚程度存在明显的空间差异，这种差异可能会导致其对制造业创新绩效影响的区域差异。因此，本书进一步提出理论假说 H6：

H6：产业集聚对制造业静态创新绩效和动态创新绩效的影响作用也存在明显的区域差异。

此外，由中国制造业各细分行业的发展现状可知，中国制造业不同细分行业之间产业集聚程度同样存在较大差异，这种差异也可能会导致其对制造业创新绩效影响的行业差异。因此，本书继续进一步提出理论假说 H7：

H7：产业集聚对制造业静态创新绩效和动态创新绩效的影响作用还存在显著的行业差异。

3.3 产业集聚对制造业能源绩效影响的理论分析及研究假说

本书首先从理论层面上阐述产业集聚对制造业能源绩效（或环境绩效）的正向影响机制，然后，进一步深入分析产业集聚对制造业能源绩效（或环境绩效）的负向影响机制，最后在已有理论分析的基础上，提出本书的研究假说。

3.3.1 产业集聚对制造业能源绩效的正向影响机制

马歇尔（Marshall，1890）在《经济学原理》中提出了著名的"外部规模经济"理论，即"产业在特定的地域范围内集聚可以形成外部规模经济。根据集聚理论，由产业集聚引起的外部经济效应主要来源于劳动力市场共享，中间投入品规模经济，知识与技术溢出三个方面。已有研究表明，产业集聚通过所产生的外部性对劳动要素生产率具有显著的正向影响作用（Ciccone，2002；Brülhart and Mathys，2008；Graham，2009；Rizov et al.，2012；Hu et al.，2015；赵伟和张萃，2008；陈柳，2010；张公嵬等，2013；范剑勇等，2014）。能源作为一种特殊的要素投入，其生产率（能源绩效）也很可能受产业集聚的影响。因此，本书主要从劳动力、基础设施和信息共享，规模经济效应，知识和技术溢出等外部性出发阐述产业集聚对制造业能源绩效的正向影响机制。

1. 劳动力、基础设施和信息共享

一方面，同行业或同类型的制造业企业对劳动力、市场网络和公共基础设施的需求相同或相似，产业集聚将众多同行业或同类型的制造业企业集聚在特定地区内进行生产，可实现对劳动力、基础设施和

信息的共享。首先，这有利于该产业集聚区内制造业企业获得稳定的劳动力供给，减少劳动力需求和供给双方的搜寻成本；其次，也有利于该产业集聚区内制造业企业及时雇佣到熟练的劳动力，节约相关的培训成本（李思慧，2011）；再次，还有利于避免产业集聚区内相关公共基础设施的重复建设，并使得公共基础设施的成规模制造和共同使用成为可能，从而降低集聚区内制造业企业生产的平均成本和能源消耗（纪玉俊和赵娜，2016）；此外，也有助于减少消费者的相关信息不对称性，促使制造业企业在产品价格和质量竞争中降低成本，倒逼或诱发制造业企业进行技术创新，从而加快产业集聚区内制造业企业生产技术变革的速度，提高制造业企业的生产效率，进而降低制造业企业的能源消耗水平；同时，还有助于减少制造业企业之间的交易成本，形成专业化分工。亚当·斯密（1776）在《国富论》中明确指出，专业化分工有利于提高劳动生产率。刘维刚等（2017）也证实了这一观点。劳动生产率的提高可以有效降低制造业企业单位产出的能源消耗量。在上述机制的共同作用下，这使得集聚区内制造业企业在维持一定产出的条件下，可以有效减少劳动力、资本和能源等的相关投入，从而也使得产业集聚区内制造业企业的能源绩效提升成为可能。

另一方面，不同类型或上下游具有前后关联的制造业企业集聚在一起，首先，不仅能够有效减少制造业企业劳动力和中间投入品的搜寻时间与成本，而且还可以缩短制造业企业间的运输距离，降低中间投入品的在途损耗，从而减少运输成本和使用成本，降低中间投入品的价格，进而减少能源消耗，提高制造业企业的能源利用效率。其次，不同类型的制造业企业集聚在一起，通过彼此相互依赖、相互协作、相互补充，细化分工，资源共享等机制实现协同合作，这不仅有利于集聚区制造业企业建立长期稳定的合作关系，从而降低制造业企业之间交易的搜寻时间和成本，简化交易过程，提高交易效率（Pandit et al.，2001），进而带动制造业企业生产效率持续提升；而且也有利于促进集聚区内制造业企业相互之间取长补短，推动制造业企业内外部相关资源的有效整合和配置，推进技术交流与合作，协同开发新产品，开展合作创新，从而加快新技术研发的进程（Teece，1986），提高资源的利用效率，进而增加制造业企业单位能源消耗的产出量，最终促进产业集聚区内制造业企业能源绩效水平不断提升。

2. 规模经济效应

规模经济效应是产业集聚形成过程中最重要的因素。产业集聚通过形成规模经济效应，能够有效减少单位产出的资本、劳动和能源等投入，从而降低平均生产成本，减少能源消耗，进而提高能源的利用效率。

一方面，随着产业集聚的形成和发展壮大，制造业企业的生产规模将不断扩大，制造业企业的总产量也会持续增加，规模经济效应开始逐渐显现。这不仅可以使得产业集聚区内制造业企业大规模生产成为可能，从而为集聚区制造业企业带来规模报酬递增效应，规模报酬递增效应有助于降低制造业企业的平均生产成本，从而使得伴随着产业集聚程度的提高，包括能源在内的各类要素的单位产出消耗量将显著下降（师博和沈坤荣，2013），进而促进制造业企业能源绩效的提升；而且也会使得制造业企业生产初期的资本、劳动和能源等投入得到较大程度的分摊，从而有利于促进制造业企业生产产品的单位成本的大幅度下降。也就是说，在规模经济效应下，生产相同数量的产品，制造业企业在资本、劳动和能源等资源方面的投入将显著降低，从而有利于减少能源消耗，提高能源的利用效率，或投入相同的资本、劳动和能源等资源，制造业企业将生产出更多数量的产品，从而有利于提高能源的产出效率，进而推动产业集聚区内制造业企业能源效率不断提高。

另一方面，在产业集聚形成的规模经济效应的作用下，也使得大规模集中处理制造业企业产生的污染物成为了可能，从而有助于降低制造业企业单位污染物的治理成本和能源投入，进而减少污染物的排放量和能源消耗，最终促进制造业企业能源绩效水平不断提升。

3. 知识和技术溢出等外部性

知识和技术溢出效应是产业集聚形成过程中产生的重要机制。产业集聚通过产生知识和技术溢出等外部性，有利于加快技术进步和技术扩散，从而提高技术效率，进而促进能源绩效的提升。

一方面，知识和技术溢出推动着产业集聚的不断发展，产业集聚也为制造业企业产生知识和技术溢出提供了可能，而能源效率（能源绩效）的有效提高则主要来源于技术进步和技术溢出等外部性（Garbaccio et al.，1999；Birol and Keppler，2000；李廉水和周勇，2006；史丹等，2008；徐士元，2009）。因此，产业集聚在促进知识和技术溢出等外部性产生的同时也使得能源绩效的提升成为可能。

另一方面，一种制造业新产品经研发、设计和营销等多个环节进入市场，会消耗过多的能源（纪玉俊和赵娜，2016）。而大量产业在某一地区的集聚，有利于加强制造业企业之间的相互学习与交流，从而使得一种新技术或新工艺一旦被使用，很容易通过知识和技术溢出被相邻的制造业企业学习、模仿和借鉴，进而加快技术扩散和知识外溢，提高制造业企业的技术效率，减少能源消耗，最终使得制造业企业获得较高的能源利用绩效。

3.3.2 产业集聚对制造业能源绩效的负向影响机制

从上述理论分析来看，产业集聚很明显有助于提升制造业能源绩效。但是，不容忽视的是，产业集聚对制造业能源绩效也存在着一定的负向影响作用，即产业集聚也存在影响制造业能源绩效的负外部性。归纳起来，可以发现产业集聚主要通过以下三个方面对制造业能源绩效产生负向影响作用：

（1）产业集聚的形成，虽然一方面会带来制造业企业生产规模的扩张，但是另一方面也会造成制造业企业能源消耗量的增加，并引起污染物排放的大幅提升（Verhoef and Nijkamp，2002），从而抑制制造业能源绩效水平的提升。此外，产业集聚还会造成资源的垄断，从而导致资源配置扭曲和能源低效利用（范丹和王维国，2013），进而抑制制造业能源绩效的进一步提升。

（2）中国产业集聚区的形成，大多数并不是市场自发形成的，而是通过政府引导的。一方面，由于缺乏对集聚区内制造业企业进行科学合理的布局规划，企业之间难以产生结构优化效应和技术知识溢出效应，从而不仅会导致资源等浪费，而且还极容易造成跨区域污染物的叠加；另一方面，在"唯 GDP 论英雄"的干部考核机制下，地方政府不惜以支付昂贵的资源和环境为代价（朱平辉等，2010），并在政策制定上"向环境标准底线赛跑"，以此来大量引进发达国家淘汰的"高能耗、高排放、高污染、低效率"的低端制造业企业，从而成为"污染避难企业的天堂"，造成能源损耗巨大和环境破坏严重，进而导致了制造业能源绩效水平的降低。

（3）产业在特定地区的空间集聚还可能会造成部分制造业企业"免费搭便车"行为的频繁发生，导致政府政策失灵，从而造成其在享受政府优惠政策的同时并不愿意为节约能源使用和改善环境作出努力，使得集聚区能源集约利用和环境集中治理难以达到应有的水平，进而导致了制造业整体能源绩效水平的降低。师博和沈坤荣（2013）也提出，为了提升政绩地方政府向投资本地的企业提供融资、土地以及税收等各种优惠，通过主动诱导形成了表面的产业集聚——"企业扎堆"。但是，由于并未遵循市场规律，以追逐"政策租"为目标的产业集聚不仅难以产生技术外溢，还会在低水平竞争的恶性循环中导致重复建设和严重的资源浪费，从而使得产业集聚应有的能源绩效降低。

此外，更为重要的是，由于劳动力、基础设施和信息共享所带来的成本束约，知识与技术的外溢所带来的技术进步和技术扩散，需要企业之间在长期的竞争和合作中相互频繁交流和人员流动作为前提，而这些交流和流动均需要一定时间才能对企业的能源绩效产生明显影响，即产业集聚对能源绩效的各种正向影响在发挥作用时具有明显的滞后性（Henderson，2003；孙浦阳等，2013）。因此，在产业集聚的初期阶段，其对制造业能源绩效（或环境绩效）的负向影响作用占主导地位。而随着产业集聚效应的逐渐增强，产业集聚所带来的劳动力、基础设施和信息共享，规模经济效应，知识和技术溢出等正外部性将越来越显著，从而使得产业集聚对制造业能源绩效的促进作用开始上升，并逐渐占主导地位。范丹和王维国（2013）的研究结果也显示，产业集聚效应在小于临界值时对能源绩效提升存在着负向作用，而随着产业集聚效应的增强，马歇尔外部性对资源、环境与产业的协调发展起到了促进作用，从而也推进了制造业能源绩效的提高。

3.3.3 产业集聚对制造业能源绩效影响的研究假说

基于上述的理论分析，本书提出以下产业集聚对制造业能源绩效（或环境绩效）影响的研究假说：

H8：产业集聚与制造业能源绩效（或环境绩效）之间呈现出明显的"U"型关系。

另外，由中国不同地区制造业的发展现状可知，中国东、中、西部地区之间制造业产业集聚程度存在明显的空间差异，这种差异可能会导致其对制造业能源绩效影响的区域差异。因此，本书进一步提出研究假说 H9：

H9：产业集聚对制造业能源绩效（或环境绩效）的影响作用在中国东、中、西部地区之间存在明显的差异，即产业集聚对制造业能源绩效的影响作用存在明显的区域差异。

此外，由中国制造业分行业的发展现状可知，轻度污染行业、中度污染行业和重度污染行业①的产业集聚程度也存在较大差异，这种差异也可能会导致其对制造业能源绩效（或环境绩效）影响的行业差异。因此，本书进一步提出研究假说 H10：

H10：产业集聚对制造业能源绩效（或环境绩效）的影响作用在轻度污染行业、中度污染行业和重度污染行业之间也存在显著的差异，即产业集聚对制造业能源绩效（或环境绩效）的影响作用也存在显著的行业差异。

3.4　本章小结

本章分别从理论层面上阐述了产业集聚对制造业经济绩效、产业集聚对制造业创新绩效、产业集聚对制造业能源绩效（或制造业环境绩效）的影响机制，然后在此基础上进一步提出了相关的研究假说。

---

① 具体行业划分参见第 7 章。

理论分析表明，产业集聚对制造业经济绩效、制造业创新绩效、制造业能源绩效（或制造业环境绩效）均存在显著的正向影响和负向影响。也就是说，产业集聚不仅有利于促进制造业发展绩效（包括经济绩效、创新绩效、能源绩效或环境绩效）水平的提升，而且也会对制造业发展绩效水平产生一定的抑制作用。

（1）产业集聚主要通过深化劳动分工和专业化生产，获取竞争效应和协作效应，以及产生知识和技术溢出等三种方式来促进制造业经济绩效水平的提升。并且，产业集聚的外部规模经济、技术外部性、竞争外部性以及产业集聚程度本身的差异均会导致区域间制造业经济绩效水平的差异。同时，产业集聚带来的拥挤效应会导致制造业企业彼此之间产生争夺原材料、劳动、资本和基础设施，过度竞争以及企业利润率下降等一连串不利于区域经济绩效水平提升的严重后果。此外，当区域经济发展水平处于某一范围内，产业集聚对制造业经济绩效的影响将表现为显著的促进作用，并随着区域经济发展水平的提高而不断增强；但是，当区域的经济发展水平超过了某一临界值后，产业集聚对制造业经济绩效的影响则表现为一定的挤出作用，从而不利于其经济绩效水平的继续提升，即产业集聚对制造业经济绩效的影响与区域经济发展水平之间的关系会呈现出明显的倒"U"型曲线。

（2）产业集聚主要通过带来专业化和多样化等方面的优势，从而促进科技创新成果的产生，和形成知识、技术和信息交流网络，从而推进科技创新成果的扩散等方式提升制造业静态创新绩效水平。并且，产业集聚通过产生 MAR 外部性收益、Jacobs 外部性收益以及 Porter 外部性收益等方式促进知识或技术溢出，形成要素积累、创新潜能或细化分工等方式促进技术进步或技术效率提高，从而减少制造业创新投入并有效增加制造业创新产出，进而提升制造业动态创新绩效水平。同时，产业集聚所带来的相同类型或同一制造业产业在空间的大量集聚，也会导致制造业企业之间进行激烈的同质化恶性竞争，再加上知识产权保护意识不强，技术模仿和复制现象时有发生，从而对制造业企业创新的积极性产生消极影响，不利于甚至可能抑制知识或技术溢出效应的发挥，进而对制造业静态创新绩效和动态创新绩效会产生一定的负向影响作用。

（3）产业集聚主要通过带来劳动力、基础设施和信息共享，规模经济效应，以及知识和技术溢出等外部性有利于提升制造业能源绩效水平。同时，产业集聚的形成，首先，不仅会造成制造业企业能源消耗量的增加，并引起污染物排放的大幅提升，还会造成资源的垄断，从而导致资源配置扭曲和能源低效利用。其次，一方面由于缺乏对集聚区内制造业企业进行科学合理的布局规划，企业之间难以产生结构优化效应和技术知识溢出效应，从而不仅会导致资源等浪费，而且还极容易造成跨区域内污染物的叠加；另一方面在"唯 GDP 论英雄"的干部考核机制下，地方政府不惜以支付昂贵的资源和环境为代价，从而在政策制定上"向环境标准底线赛跑"，以此来大量引进发达国家淘汰的"高能耗、高排放、高污染、低效率"的低端制造业企业，进而成为"污染避难企业的天堂"，造成能源损耗巨大和环境破坏严重。再次，产业在特定地区的空间集聚还可能会造成部分制造业企业"免费搭便车"行为的频繁发生，导致政府政策失灵，从而造成其在享受政府优惠政策的同时并不愿意为能源高效率使用和改善环境作出努力，使得集聚区能源集约利用和环境集中治理难以达到应有的水平，进而导致制造业整体能源绩效水平和环境绩效水平的降低。此外，在产业集聚的初期阶段，其对制造业能源绩效（或环境绩效）的负向影响作用占主导地位；而随着产业集聚效应的逐渐增强，产业集聚所带来的劳动力、基础设施和信息共享，规模经济效应，知识和技术溢出等正外部性将越来越显著，从而使得产业集聚对制造业能源绩效的促进作用开始上升，并逐渐占主导地位，即产业集聚与制造业能源绩效（或环境绩效）之间会呈现出明显的"U"型关系。

第4章

产业集聚和制造业发展绩效的
测算及其结果分析

产业集聚程度和制造业发展绩效水平的测算是分析产业集聚对制造业发展绩效影响的前提条件，为此，在具体分析产业集聚对制造业发展绩效的影响之前，很有必要对产业集聚程度和制造业发展绩效水平进行有效测算。因此，本章首先对产业集聚的常用测算方法进行简单介绍和比较分析，从中选择出合适的方法测算近年来中国各地区（各细分行业）制造业产业集聚的程度和变化趋势，并对其测算结果进行一定的分析。其次，简要介绍制造业发展绩效水平的常用测算方法，并分析其优劣，进而选择出合适的计算方法来测算中国各地区制造业经济绩效、创新绩效和能源绩效（包括无环境约束下的能源绩效和环境约束下的能源绩效）水平及其变化趋势，同时也对其测算结果进行相关分析。最后，在上述研究的基础上得出一些结论。

4.1　产业集聚的测算及其结果分析

产业集聚程度的测算一直是学术界关注的重要课题。自从 20 世纪 90 年以来，随着产业集聚理论的发展和不断完善，关于产业集聚程度的测算方法也在不断涌现（乔彬等，2007）。归纳起来看，常用的测算方法主要有集中度（戚聿东，1998；罗勇和曹丽莉，2005；王秋红和陈曦，2012）、赫希曼－赫芬达尔指数（HHI）（Duranton and Puga，

2000；Fan and Scott，2003；任英华和邱碧槐，2010；迟景明和任祺，2016）、空间基尼系数（Krugman，1991；Audretsch and Feldman，1996；Henderson，2003；梁琦，2003；张同升等，2005；张清正和李国平，2015）、E - G 指数（Ellison and Glaeser，1997；Rosenthal and Strange，2001；Braunerhjelm and Johansson，2003；Barrios and Strobl，2004；Barrios et al.，2005；杨洪焦等，2008；吴安波等，2012；安士伟等，2013）、区位熵（刘军和徐康宁，2010；周素萍，2012；刘军和杨浩昌，2015；杨浩昌等，2017；杨浩昌等，2018）以及就业（产值）密度（Ciccone and Hall，1996；Dekle and Eaton，1999；Brülhart and Mathys，2008；范剑勇，2006；刘修岩和殷醒民，2008；刘修岩，2009；杨晶和石敏俊，2012；杨浩昌等，2016a；杨浩昌等，2016b）等。下面我们将对上述几种常用的测算方法进行简单介绍。

4.1.1 产业集聚的常用测算方法介绍

1. 集中度

集中度是用规模最大的几个地区有关数值（如销售额、生产总值、就业人数）占整个行业的份额来测算的，类似于市场份额。其具体的计算公式为：

$$CR_n = \frac{\sum_{i=1}^{n} X_i}{\sum_{i=1}^{N} X_i} \qquad (4-1)$$

其中，CR_n 表示行业集中度，X_i 表示该产业中排名第 i 位企业的销售额或生产总值、就业人数等，n 表示样本个数，N 表示该产业中所有企业的个数。集中度越大，说明产业集聚程度就越高。

2. 赫希曼 - 赫芬达尔指数（HHI）

赫希曼 - 赫芬达尔指数（Hirschman - Herfindalh Index，HHI）是测算产业集聚程度的重要指标之一，它表示产业内所有企业的市场占有率的平方和。其具体的计算公式为：

$$HHI = \sum_{i=1}^{N} s_i^2 = \sum_{i=1}^{N} (x_i/x)^2 \qquad (4-2)$$

其中，x_i 表示 i 企业的规模（就业或产值），x 表示产业的总规模，$s_i = x_i/x$ 表示第 i 个企业的市场占有率，N 表示该产业内的企业个数。HHI 越大，说明产业集聚程度越高。

3. 空间基尼系数

克鲁格曼（1991）在研究美国制造业的产业集聚程度测算时，利用洛伦茨（Lorenz）曲线和基尼（Gini）系数的原理和方法，提出了运用空间基尼系数来测算产业在空间分布的均衡程度。其具体的计算公式为：

$$GINI = \sum_i (s_i - x_i)^2 \qquad (4-3)$$

其中，GINI 表示空间基尼系数，s_i 表示 i 地区某产业占全国该产业就业人数的比重，x_i 表示该地区就业人数占全国总就业人数的比重。当 GINI = 0 时，表明产业在空间分布是均匀的。GINI（最大值为 1）越大，说明地区产业的集聚程度越高。

4. E – G 指数

艾里森和格莱泽（Ellison and Glaeser，1997）提出采用新的集聚指数来测算产业空间集聚程度，这种新的集聚指数也被称为 E – G 指数。假定某一经济体（国家或地区）的某一产业内有 N 个企业，并且该经济体细分为 M 个地理区域，这 N 个企业分布在 M 个区域之中。则 E – G 指数具体的计算公式为：

$$r = \frac{G - (1 - \sum_{i=1}^{M} x_i^2)H}{(1 - \sum_{i=1}^{M} x_i^2)(1 - H)} = \frac{\sum_{i=1}^{M}(s_i - x_i)^2 - (1 - \sum_{i=1}^{M} x_i^2)\sum_{j=1}^{N} z_j^2}{(1 - \sum_{i=1}^{M} x_i^2)(1 - \sum_{j=1}^{N} z_j^2)}$$

$$(4-4)$$

其中，s_i 表示 i 区域某产业就业人数占该产业全部就业人数的比重，x_i 表示 i 区域全部就业人数占经济体总就业人数的比重。赫芬达尔系数 $H = \sum_{j=1}^{N} z_j^2$ 表示该产业内的企业分布，z_j 表示企业 j 的就业人数占所在产业全部就业人数的比重。

艾里森和格莱泽提出 E – G 指数可细分为三个区间：当 r < 0.02

时，说明区域内产业是分散的；当 $0.02 < r < 0.05$ 时，说明区域内产业分布比较均匀；当 $r > 0.05$ 时，说明区域内产业集聚程度较高。

5. 区位熵

区位熵（Location Quotient，LQ）是用来测算某一区域内产业在空间分布情况的常用方法之一，反映某一产业部门在该区域的专业化程度和产业集中程度。其具体的计算公式为：

$$LQ_i = \frac{m_i/m}{M_i/M} \tag{4-5}$$

其中，m_i 表示某一区域内 i 产业的就业人数（产值），m 表示该区域内所有产业的就业人数（产值），M_i 表示全国 i 产业的就业人数（产值），M 表示全国所有产业的总就业人数（总产值）。由定义可知，区位熵指数反映的是某产业的就业人数（产值）占区域内所有产业的就业人数（产值）的份额与全国该产业就业人数（产值）占全国所有产业的总就业人数（总产值）之比。LQ 的值越小，说明区域内该产业的集聚程度越低，LQ 的值越大，说明区域内该产业的集聚程度越高。当 $LQ = 1$ 时，说明该产业分布均匀。

6. 就业（产值）密度

就业（产值）密度是产业集聚研究中使用较为广泛且结果较为稳定的代表产业集聚的指标，能够有效地反映出某一产业的专业化集聚效应。其具体的计算公式为：

$$ED_i = M_i/S_i \tag{4-6}$$

其中，M_i 表示区域内某产业的就业人数（总产值），S_i 表示该区域的总面积。一般而言，这一指标的数值越大，说明产业在该区域的集聚程度越高。

4.1.2 产业集聚的测算方法选择

不同的测算方法所反映的经济含义不同，优缺性也各不相同。下面我们将对上述产业集聚的常用测算方法进行比较分析，并说明其优缺点，从中选择出合适的方法，以期能够较为全面、准确地反映中国各地区（各细分行业）制造业产业集聚的程度及其变化趋势。

（1）集中度的优点是：在产业集聚程度的各种测算方法中，该指标的计算方法最简单，并能够较为形象地反映产业的市场集中情况。其缺点是：1）该指标只说明了规模最大几个地区内某产业在总体中的集聚程度，而忽略了该产业在其余地区的分布情况；2）该指标存在因 n 取值不同而带来产业集聚程度测算结果不同的问题，从而影响了数据之间的对比分析。因此，集中度这一指标通常只是作为一个测算产业集聚程度的辅助性指标（乔彬等，2007）。

（2）赫希曼－赫芬达尔指数（Hirschman – Herfindalh Index，HHI）的优点是：1）该指标考虑了企业数量和规模分布的影响，能够较为准确地反映产业的市场集中程度；2）该指标用市场相对规模的平方和来测算产业集聚程度，能够较为及时地反映出市场集聚程度与竞争程度的变化。其缺点是：1）该指标没有考虑区域之间的空间联系和相互依赖，是一个绝对集中度指标，从而导致如果用赫希曼－赫芬达尔指数比较不同产业之间的集聚程度会出现失真的结果，因此不具有可比性。2）该指标没有考虑不同区域之间的面积差异，与现实情况不符。

（3）空间基尼系数的优点是：1）该指标将区域内某产业的就业人数占整个区域的就业人数的比重作为变量纳入计算公式中，充分考虑了面积大小对产业集聚程度的影响，弥补了赫希曼－赫芬达尔指数（HHI）的部分不足，比 HHI 的测算结果更准确、应用更广泛；2）该指标也将全国所有产业的地理分布作为比较基准，从而使得不同产业集聚程度的测算结果可以相比较。其缺点是：该指标没有考虑企业规模的影响，艾里森和格莱泽（1997）也指出空间基尼系数大于零并不表示有产业集聚现象存在，因为它没有考虑到企业的规模差异。为此，在运用空间基尼系数比较不同产业的集聚程度时，存在由于各产业中企业规模或地理区域大小的差异而造成跨产业比较上的误差。因此，当利用空间基尼系数测算产业集聚程度时，往往会由于含有一定的虚假成分而使得计算结果存在比较上的误差（乔彬等，2007）。

（4）E－G 指数的优点是：1）考虑了企业的规模差异，一定程度上弥补了空间基尼系数的不足；2）该指标在进行比较分析时，不受产业大小和地理分布区域大小的影响，可以对产业集聚程度进行较为方便的跨产业，甚至跨时间比较。其缺点是：该指标的计算过程复杂，且对数据的要求也较高，需要搜寻较为全面的资料。

（5）区位商的优点是：计算过程简单方便，并能够较好地从区域的角度分析产业集聚程度（刘军和徐康宁，2010）。其缺点是：无法有效地反映具体产业集聚程度的区域差异。

（6）就业（产值）密度的优点是：计算过程简单方便，并且测算结果也较为稳定，能够有效地反映出某一产业的专业化集聚效应。该指标是产业集聚研究中使用较为广泛的测算产业集聚程度的指标之一。

鉴于以上常用的产业集聚测算方法的优劣性，我们将主要采用就业（产值）密度这一计算产业集聚程度的通用方法来测算中国制造业各地区（各细分行业）的产业集聚程度。

4.1.3 产业集聚的测算结果分析

本章我们将采用就业（产值）密度这一种方法来测算 1999～2015 年中国各地区[①]制造业产业集聚程度和 2003～2015 年中国 24 个地区[②]分组的 21 个制造业细分行业[③]的产业集聚程度，并对测算结果进行相关统计分析。

1. 分地区制造业产业集聚程度的测算结果分析

近年来，随着区域经济一体化进程的加快以及地区间专业化水平和市场化水平的逐渐提高，我国制造业逐渐形成了以东部沿海地区为

---

① 西藏、中国香港、中国澳门、中国台湾等地区没有包含在研究样本内。

② 由于山西、广西、海南、贵州、西藏、青海、宁夏等省级地区制造业细分行业部分年份数据缺失，因此，上述地区没有包括在本章的研究范围内（下文同）。

③ 根据数据的可得性和数据的一致性等原则，我们仅考虑以下 21 个制造业细分行业：C1. 农副食品加工业；C2. 食品制造业；C3. 饮料制造业；C4. 烟草制品业；C5. 纺织业；C6. 纺织服装、鞋、帽制造业；C7. 造纸及纸制品业；C8. 石油加工、炼焦及核燃料加工业；C9. 化学原料及化学制品制造业；C10. 医药制造业；C11. 化学纤维制造业；C12. 非金属矿物制品业；C13. 黑色金属冶炼及压延加工业；C14. 有色金属冶炼及压延加工业；C15. 金属制品业；C16. 通用设备制造业；C17. 专用设备制造业；C18. 交通运输设备制造业；C19. 电气机械及器材制造业；C20. 通信设备、计算机及其他电子设备制造业；C21. 仪器仪表及文化、办公用机械制造业。其中，2012～2015 年中的汽车制造业，铁路、船舶、航空航天和其他运输设备制造业合并为交通运输设备制造业（下文同）。

中心、中西部地区为外围的产业集聚模式（范剑勇，2004），即中国各地区制造业产业集聚程度之间存在明显的差异性。为了精确地反映这种区域差异及其变化趋势，我们采用制造业就业密度（人/平方公里）方法来测算 1999 ~ 2015 年中国 30 个省份的制造业产业集聚程度。假设采用就业密度方法测算的 t 时刻地区 i 的制造业产业集聚程度为 $agglo_{it}$，则有：

$$agglo_{it} = M_{it}/S_{it} \qquad (4-7)$$

其中，M_{it} 表示地区 i 在 t 时刻的制造业就业人数[①]，S_{it} 表示地区 i 在 t 时刻的总面积。

此外，按照传统区域划分，并结合西部大开发、振兴东北老工业基地、中部崛起等国家重大发展战略，我们又将中国 30 个省份分为东部地区、东北地区、中部地区和西部地区[②]。具体测算结果见表 4 - 1。

表 4 - 1　　　1999 ~ 2015 年分地区制造业产业集聚程度的测算结果

单位：人/平方公里

地区	1999 年	2001 年	2003 年	2005 年	2007 年	2009 年	2011 年	2013 年	2015 年
北京	82.92	77.56	114.52	91.14	88.04	85.99	91.29	86.80	87.74
天津	121.27	114.91	96.36	104.77	107.18	102.28	140.22	148.05	139.73
河北	30.85	29.96	15.42	15.16	16.48	14.54	15.26	15.56	16.73
上海	417.14	396.35	353.17	367.59	413.97	430.00	506.50	544.27	528.10
江苏	75.64	74.64	55.15	77.98	97.80	109.36	123.35	153.35	157.08
浙江	62.76	71.78	51.82	63.40	86.55	90.30	106.83	119.67	127.12
福建	23.12	25.25	17.96	22.10	26.91	28.11	34.38	33.69	35.75

---

　　① 本章制造业就业人数是指制造业城镇单位就业人数与制造业私营和个体企业就业人数之和。

　　② 东部地区包括北京、天津、河北、上海、江苏、浙江、福建、山东、广东、海南 10 个省级地区；东北地区包括辽宁、吉林、黑龙江 3 个省级地区；中部地区包括山西、安徽、江西、河南、湖北、湖南 6 个省级地区；西部地区包括内蒙古、广西、重庆、四川、贵州、云南、陕西、甘肃、青海、宁夏、新疆 11 个省级地区。

续表

地区	1999 年	2001 年	2003 年	2005 年	2007 年	2009 年	2011 年	2013 年	2015 年
山东	46.09	46.55	36.09	41.44	44.48	43.10	47.32	52.76	54.57
广东	39.17	44.31	27.22	34.57	44.86	48.84	53.12	83.54	87.15
海南	4.56	4.68	3.00	3.46	3.41	3.80	4.31	6.88	4.88
东部均值	90.35	88.60	77.07	82.16	92.97	95.63	112.26	124.46	123.88
辽宁	22.23	20.43	17.39	18.18	18.28	19.24	21.50	21.61	21.89
吉林	7.50	6.40	5.01	5.34	5.01	5.43	6.45	7.99	8.28
黑龙江	4.36	3.95	3.49	3.16	3.17	2.89	2.67	2.79	1.75
东北均值	11.36	10.26	8.63	8.89	8.82	9.19	10.21	10.80	10.64
山西	14.67	14.05	7.09	7.23	8.09	7.26	7.69	9.19	8.73
安徽	22.42	23.05	12.72	13.16	14.75	11.86	15.78	21.07	22.38
江西	12.03	10.98	7.84	9.28	10.80	11.72	14.25	16.26	18.74
河南	33.88	36.13	14.57	15.37	17.17	18.22	22.54	28.61	32.32
湖北	18.49	15.86	12.29	12.45	11.42	12.85	16.60	20.62	21.16
湖南	15.80	14.80	6.65	7.59	7.79	7.99	10.27	11.16	11.36
中部均值	19.55	19.14	10.19	10.85	11.67	11.65	14.52	17.82	19.11
内蒙古	0.86	0.79	0.63	0.63	0.63	0.61	0.66	0.89	0.78
广西	6.30	6.20	3.94	4.34	4.83	5.34	5.85	6.31	6.19
重庆	16.74	15.35	11.58	11.43	11.65	12.84	17.33	20.08	22.49
四川	7.14	6.79	4.10	4.45	4.91	5.38	5.60	6.88	6.09
贵州	7.09	7.09	3.46	3.55	3.81	3.57	3.97	4.95	5.01
云南	3.18	3.06	2.11	2.25	2.74	3.19	3.48	3.82	3.69
陕西	9.45	8.85	7.05	7.36	7.36	7.08	6.85	8.20	7.67
甘肃	2.49	2.22	1.66	1.57	1.50	1.51	1.47	1.71	1.76
青海	0.26	0.23	0.19	0.22	0.28	0.27	0.32	0.31	0.25
宁夏	3.64	3.80	2.86	2.82	4.64	3.03	3.11	3.43	3.74
新疆	0.32	0.30	0.28	0.28	0.29	0.31	0.35	0.42	0.43
西部均值	5.22	4.97	3.44	3.54	3.88	3.92	4.45	5.18	5.28
总体均值	37.08	36.21	29.85	31.74	35.63	36.56	42.98	48.03	48.12

资料来源:《中国统计年鉴》和《中国劳动统计年鉴》(2000～2016)、《新中国60年统计资料汇编》,个别年份省级地区制造业就业人数数据缺失的,采用插值法补充。

为了更加直观地反映中国东部地区、东北地区、中部地区和西部地区四大区域制造业产业集聚程度的差异，我们分别计算了 1999～2015 年这四大区域的产业集聚程度的年均值，并绘制了相应的变化趋势图，具体如图 4－1 所示。

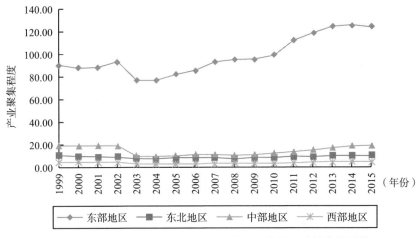

图 4－1　1999～2015 年中国四大区域产业集聚程度的变化趋势

由表 4－1 和图 4－1 可以看出：（1）从全国总体来看，我国制造业产业集聚程度呈现出不断提高的发展趋势，制造业就业密度总体均值由 1999 年的 37.08 人/平方公里增加至 2015 年的 48.12 人/平方公里，这表明 1999～2015 年，我国制造业产业集聚程度总体上不断提升。（2）中国制造业产业集聚程度已呈现出明显的区域差异：东部沿海地区制造业产业集聚程度最高，其次是中部地区和东北地区，最后是西部地区。以 2015 年为例，在东部地区所属的 10 个省级地区中，有 8 个地区的制造业产业集聚程度超过 35 人/平方公里（河北和海南除外）。其中，上海市的制造业产业集聚程度最高，达到 528.10 人/平方公里，其次是江苏、天津和浙江三个省级地区，它们的制造业产业集聚程度均超过 125 人/平方公里，分别为 157.08 人/平方公里、139.73 人/平方公里和 127.12 人/平方公里。在中部地区所属的 6 个省级地区中，河南省的制造业产业集聚程度最高，为 32.32 人/平方公里，最低的是山西，为 8.73 人/平方公里。在东北所属的 3 个省级地区中，辽宁省的制造业产业集聚程度相对最高，为 21.89 人/平方公里，相对最低的是黑龙江，仅为 1.75 人/平方公里。西部地区则处于非常低的水平，制造业产业集聚程度低于 8 人/平方公里的 12 个省级地区中，西部地区占 10 个，其中内蒙古、新疆和青海 3 个省级地区的制造业产业集聚程度更是低于 1 人/平方公里，分别只为 0.78 人/平方公里、0.43 人/平方公里和 0.25 人/平方公里。(3) 从四大区域产业集聚程度的变化趋势来看，中国东部地区的制造业产业集聚程度几乎均在 80 人/平方公里以上，呈现出先下降后上升的变化态势，变动幅度较大；中部地区和东北地区的制造业产业集聚程度几乎均在 10 ~ 20 人/平方公里之间波动。其中，中部地区呈现出先下降后平缓再上扬的变化态势，变动幅度较小，东北地区则呈现出平缓的波动性变化态势；西部地区的制造业产业集聚程度几乎均在 3 ~ 5 人/平方公里之间波动，也呈现出平缓的波动性变化态势。

2. 制造业细分行业产业集聚程度的测算结果分析

随着中国制造业的不断发展，中国制造业各细分行业之间的产业集聚程度也表现出一定的差异性。为了精确地反映这种行业差异及其变化趋势，借鉴王燕飞 (2014) 和杨浩昌等 (2016) 的做法，我们采用制造业产值密度 (万元/平方公里) 方法来测算 2003 ~ 2015 年中国 24 个地区分组的 21 个制造业细分行业的产业集聚程度。假设采用产值密度方法测度的 t 时刻地区 i 的第 j 个制造业细分行业的产业集聚程度为 $agglo_{ijt}$，则有：

$$agglo_{ijt} = V_{ijt} / S_{it} \qquad (4-8)$$

其中，V_{ijt} 表示 t 时刻地区 i 的第 j 个制造业细分行业的工业产值，S_{it} 表示 t 时刻地区 i 的总面积。各制造业细分行业产业集聚程度的具体测算结果见表 4-2 (以 2015 年为例)。

为了更加直观地反映中国制造业各细分行业之间产业集聚程度的差异，根据表 4-2 的测算结果，以东部地区的北京、东北地区的辽宁、中部地区的河南、西部地区的重庆为例，我们进一步绘制了 21 个制造业细分行业的产业集聚程度分布图，如图 4-2 所示。

表 4 - 2　　2015 年中国 24 个地区分组的 21 个制造业细分行业的产业集聚程度的测算结果　　单位：万元/平方公里

地区	C1	C2	C3	C4	C5	C6	C7	C8	C9	C10	C11	C12	C13	C14	C15	C16	C17	C18	C19	C20	C21
北京	211	168	109	30	8	69	37	352	183	410	0	233	61	38	176	286	322	2529	457	1216	152
天津	873	1225	145	47	106	332	209	1196	1212	442	17	364	3778	812	1190	1057	969	3223	1017	2307	70
河北	115	54	26	9	87	22	26	92	141	41	5	104	533	26	144	72	78	142	107	27	6
内蒙古	15	6	3	0	4	1	1	5	12	3	0	7	13	13	4	2	2	2	3	1	0
辽宁	191	29	23	6	15	24	14	218	135	40	3	148	212	53	75	153	101	252	87	38	11
吉林	182	26	30	8	9	7	8	10	85	98	3	91	40	10	19	27	35	324	21	5	3
黑龙江	59	14	7	2	2	1	2	21	11	7	0	11	3	1	4	7	6	9	5	0	1
上海	532	950	173	1590	349	545	389	1821	3969	990	49	863	1878	602	1412	3956	1650	9521	3408	8468	525
江苏	461	95	108	55	698	435	156	215	1657	345	260	472	915	403	610	868	585	1071	1601	1839	336
浙江	102	53	45	47	583	244	126	135	513	116	244	194	213	244	237	414	158	485	609	279	79
安徽	228	51	50	27	75	79	28	35	170	55	7	179	147	160	97	162	111	210	356	153	15
福建	221	105	71	21	192	147	75	87	128	23	80	237	130	118	87	81	64	122	142	263	16
江西	123	34	19	12	71	85	21	30	143	70	5	168	67	290	44	46	32	78	163	80	8
山东	832	176	97	30	609	162	168	473	1119	279	17	529	304	440	378	545	413	571	432	362	58
河南	365	175	96	29	161	75	63	64	248	126	6	549	218	307	124	198	223	233	191	229	25

续表

地区	C1	C2	C3	C4	C5	C6	C7	C8	C9	C10	C11	C12	C13	C14	C15	C16	C17	C18	C19	C20	C21
湖北	261	65	94	34	123	54	30	41	227	59	4	174	114	47	80	72	61	360	101	107	10
湖南	143	49	32	42	31	15	32	32	139	45	1	131	67	133	53	75	128	117	80	87	11
广东	167	97	62	31	143	220	106	129	338	78	7	268	125	173	314	195	133	394	659	1652	47
重庆	108	28	23	19	23	15	33	8	107	64	1	136	84	90	70	80	48	726	133	396	20
四川	57	20	54	5	19	5	9	16	52	25	4	58	44	13	22	40	26	61	27	81	2
云南	16	5	7	43	1	0	2	4	22	7	0	12	17	34	3	1	3	6	3	1	1
陕西	57	26	28	11	14	3	7	76	54	28	1	61	48	68	16	28	30	88	41	29	8
甘肃	10	2	4	4	1	0	1	21	7	3	0	9	18	38	3	2	3	1	3	2	0
新疆	3	1	1	0	1	0	0	8	4	0	0	2	2	5	0	0	0	0	3	0	0

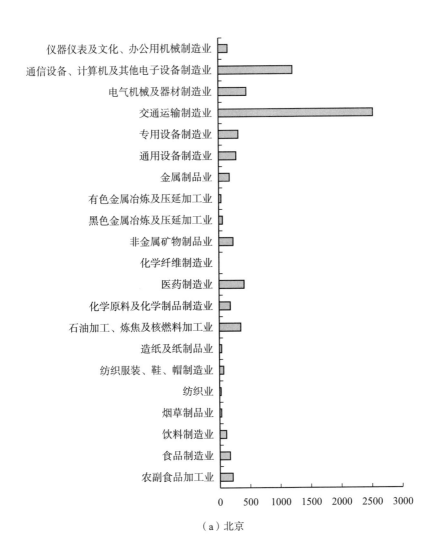

（a）北京

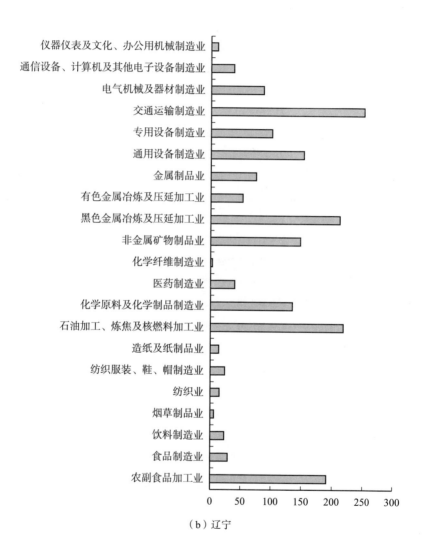

（b）辽宁

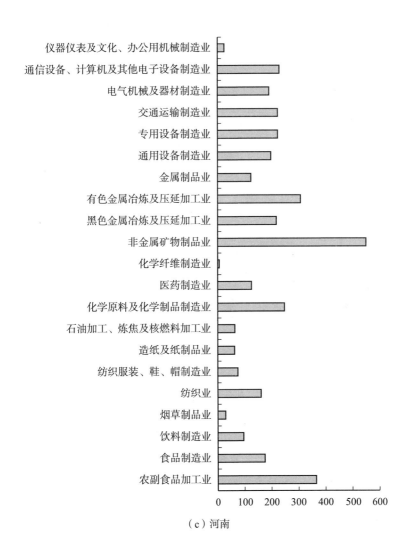

（c）河南

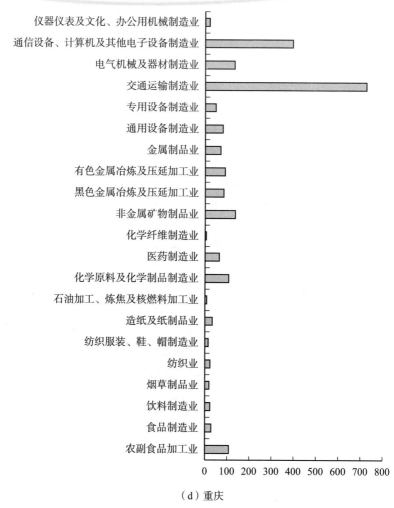

（d）重庆

图 4 – 2 2015 年 21 个制造业细分行业的产业集聚程度分布

由表 4 – 2 和图 4 – 2 可以看出，制造业各细分行业之间的产业集聚程度也存在较大的差异。其中，在北京市的 21 个制造业细分行业中，交通运输设备制造业和通信设备、计算机及其他电子设备制造业的产业集聚程度最高，分别为 2529 万元/平方公里和 1216 万元/平方公里，纺织业和化学纤维制造业的产业集聚程度最低，均不足 10 万元/平方公里；在辽宁省的 21 个制造业细分行业中，石油加工、炼焦及核燃料加工业，黑色金属冶炼及压延加工业和交通运输设备制造业的产业集聚程度均超过 200 万元/平方公里，显著高于其他制造业细分行业；在河南省的 21 个制造业细分行业中，非金属矿物制品业的产业集聚程度相对较高，达到 549 万元/平方公里，而化学纤维制造业的产业集聚程度最低，为 6 万元/平方公里；在重庆市的 21 个制造业细分行业中，产业集聚程度排列在前 2 位的行业依次为交通运输设备制造业和通信设备、计算机及其他电子设备制造业，其产业集聚程度之和占 21 个制造业细分行业产业集聚程度总和的比例高达 50.72%，而烟草制品业，纺织服装、鞋、帽制造业，石油加工、炼焦及核燃料加工业，化学纤维制造业，仪器仪表及文化、办公用机械制造业等 5 个制造业细分行业产业集聚程度之和占比仅为 2.85%，差距何其之大。由此，中国制造业产业集聚程度的行业差异可见一斑。

制造业发展绩效水平的测算也一直是学者们关注的重要问题。以往研究中在关于制造业发展绩效的内涵界定和测算方法等方面是"仁者见仁，智者见智"，尚未达成共识。根据第 2 章中界定的制造业发展绩效内涵和选定的制造业发展绩效度量指标，下面我们将从制造业经济绩效、创新绩效和能源绩效（包括无环境约束下的能源绩效和环境约束下的能源绩效）等三个方面对制造业发展绩效水平进行测算，并对其测算结果进行一定的分析。

4.2　制造业经济绩效的测算及其结果分析

根据第 2 章中界定的制造业经济绩效的内涵和其度量指标，可以发现，制造业经济绩效实质上是指制造业经济效率，采用制造业劳动生产率来度量。制造业劳动生产率是反映制造业经济活动中投入与产出之间数量关系的一个重要变量。选择不同的投入作为研究对象，制造业劳动生产率相应地就具有不同的测算方法。下面我们将对制造业劳动生产率（制造业经济绩效水平）的几种常用的测算方法进行简单介绍。

4.2.1　制造业经济绩效的常用测算方法介绍

目前，关于制造业经济绩效水平（制造业劳动生产率）的常用测算方法，主要有以制造业经济活动中的劳动要素作为投入测算出的单要素劳动生产率和以制造业经济活动中的劳动和资本复合要素作为投入测算出的全要素劳动生产率。

1. 制造业单要素劳动生产率

制造业单要素劳动生产率（single factor productivity）是仅以制造业经济活动中的劳动要素作为投入要素和以经济产出作为产出要素测算出来的制造业劳动生产率，类似于制造业人均劳动产出。其具体的计算公式为：

$$SFP = \frac{Y}{L} \qquad (4-9)$$

其中，SFP 表示制造业单要素劳动生产率，Y 表示根据工业生产者出厂价格指数，按基期进行平减后的制造业经济产出（制造业总产值），L 表示制造业劳动力投入（制造业就业人数）。

2. 制造业全要素劳动生产率

制造业全要素劳动生产率（total factor productivity）是以制造业经济活动中的劳动和资本复合要素作为投入要素和以经济产出作为产出要素测算出来的制造业劳动生产率。其具体的计算公式为：

$$TFP = \frac{Y}{F(K, L)} \qquad (4-10)$$

其中，TFP 表示制造业全要素劳动生产率，Y 表示根据工业生产者出厂价格指数，按基期进行平减后的制造业经济产出（制造业总产值），K 表示制造业资本投入（制造业固定资产投资额），L 表示制造业劳动力投入（制造业就业人数），F(·) 表示某种函数形式，一般假设为规模报酬不变。

4.2.2　制造业经济绩效的测算方法选择

不同的测算方法所反映的经济含义不同，优劣性也各不相同。一般而言，制造业全要素劳动生产率虽然能够较为全面地考虑制造业经济活动中资本和劳动等因素的影响，但是其主要反映的是制造业企业技术进步水平，可通过"索洛残差法"得到，这与我们界定的制造业经济绩效的内涵并不相符合。反之，人均劳动产出这一单要素劳动生产率却能够有效地反映出制造业经济活动中的人均实际产出状况，可以较好地体现制造业经济活动中投入产出的绩效水平。因此，借鉴仲为国等（2008）的研究，本书选取人均劳动产出这一单要素劳动生产率作为制造业经济绩效水平的测算方法，以期能够较全面、准确地反映中国各地区制造业经济绩效水平及其变化趋势。制造业单要素劳动生产率越大，说明制造业经济绩效水平就越高。

4.2.3　制造业经济绩效的测算结果分析

根据上文的比较分析，本章我们将采用制造业单要素劳动生产率（制造业总产值与制造业就业人数的比值）这一方法来测算2001~2015年中国30个省份的制造业经济绩效水平，其具体测算结果见表4-3。

表4-3　2001~2015年分地区制造业经济绩效水平的测算结果

单位：万元/人

地区	年份								地区均值
	2001	2003	2005	2007	2009	2011	2013	2015	
北京	22.32	19.39	44.51	65.04	80.46	91.95	120.28	120.29	70.68
天津	23.26	35.74	56.31	80.74	120.56	124.97	157.92	189.74	98.58
河北	6.62	18.18	36.57	50.90	97.67	127.03	158.33	160.17	81.45
山西	6.63	20.51	40.74	59.99	92.66	129.60	133.05	109.84	73.44
内蒙古	9.58	18.84	41.27	79.55	166.47	228.69	212.21	232.39	123.14
辽宁	14.62	22.31	37.20	62.86	102.31	119.91	158.98	105.26	80.46
吉林	16.29	28.91	37.92	70.28	107.06	138.72	153.18	159.03	90.40
黑龙江	13.03	15.54	26.68	38.32	60.31	80.24	102.14	159.18	58.81
上海	28.05	44.33	64.71	81.56	91.68	95.55	91.73	94.43	74.98

续表

地区	年份								地区均值
	2001	2003	2005	2007	2009	2011	2013	2015	
江苏	15.74	31.68	40.52	52.66	69.68	81.46	87.53	97.53	59.82
浙江	10.98	24.26	35.02	40.01	47.07	49.43	51.28	51.57	39.30
安徽	6.09	15.03	25.50	39.45	91.75	114.83	120.71	139.99	68.96
福建	9.72	22.39	30.03	37.73	51.04	62.82	81.42	94.80	48.19
江西	5.79	11.07	18.09	33.11	55.05	69.38	94.19	106.83	48.20
山东	13.43	27.20	46.91	71.71	116.00	131.07	163.51	183.47	93.23
河南	6.65	22.03	40.41	71.09	100.67	121.80	131.00	149.55	79.64
湖北	11.35	17.42	25.64	44.52	69.71	87.25	102.50	118.61	59.17
湖南	5.83	18.18	28.12	48.69	85.24	112.50	138.98	157.44	73.23
广东	17.60	43.55	56.05	66.54	79.86	94.23	70.86	78.52	65.46
广西	7.42	16.38	25.86	41.96	63.65	93.49	130.17	164.80	66.36
海南	13.81	32.17	39.58	82.41	88.55	98.27	73.48	120.41	69.53
重庆	8.49	16.25	25.57	43.12	65.86	78.50	93.79	114.24	55.62
四川	7.08	17.20	27.94	45.25	72.77	106.19	106.46	139.74	63.82
贵州	5.78	16.41	26.73	37.86	60.72	79.23	95.48	122.72	53.89
云南	9.94	19.18	29.04	38.99	46.85	56.17	69.49	72.61	42.47
陕西	7.96	13.32	22.08	39.73	65.83	102.73	120.12	153.65	63.89
甘肃	10.98	15.88	29.27	51.57	69.39	95.60	113.95	114.39	62.91
青海	11.91	15.73	25.68	36.99	57.08	71.04	100.50	133.34	55.53
宁夏	10.71	18.02	34.05	33.84	77.99	111.08	158.11	156.13	74.36
新疆	18.42	20.98	38.20	63.95	89.48	99.67	126.58	134.16	73.72
总体均值	11.87	21.94	35.21	53.68	81.45	101.78	117.26	131.16	

资料来源:《中国统计年鉴》和《中国劳动统计年鉴》(2002~2016)、《新中国60年统计资料汇编》,个别年份数据缺失的,采用插值法补充。其中,制造业总产值为以2001年为基期,根据工业生产者出厂价格指数,进行平减后的数值。并且,2001~2012年制造业总产值的统计口径为"规模以上工业企业总产值",2013~2015年制造业总产值的统计口径为"规模以上工业企业销售产值"。

由表4-3可以看出：（1）从全国总体来看，我国制造业经济绩效水平呈现出不断上升的发展趋势，其总体均值由2001年的11.87万元/人增长至2015年的131.16万元/人。这说明2001~2015年，我国制造业经济绩效水平持续提高，经济活动中单位劳动的产出逐渐增加，也在一定程度上表明，自2001年以来，我国制造业经济创造能力得到了大幅提升。（2）分地区来看，我国各省级地区制造业经济绩效水平虽表现出一定的上下波动性，但是各地区总体上仍呈现出逐渐上升的发展态势。这表明我国各省级地区制造业经济活动中单位劳动的产出也在不断增加，一定程度上也表明我国各地区制造业经济创造能力同样呈现出良好的发展态势。

4.3　制造业创新绩效的测算及其结果分析

根据第2章中界定的制造业创新绩效的内涵和其度量指标，可以发现，制造业静态创新绩效实质上是指制造业创新能力，制造业动态创新绩效实质上是指制造业研发创新全要素生产率。制造业创新能力是指制造业在各种创新实践活动中不断提供具有经济价值、社会价值、生态价值的新思想、新理论、新方法和新发明的能力。制造业研发创新全要素生产率是指制造业创新活动中多种投入与多种产出之间的数量关系，并随时间动态变化。选择不同的创新产出指标，制造业静态创新绩效就有不同的测算结果。选择不同的创新投入与产出指标以及计算方法，制造业动态创新绩效相应地也具有不同的测算结果。下面我们将对制造业静态创新绩效和制造业动态创新绩效的几种常用的测算方法进行简单介绍。

4.3.1　制造业创新绩效的常用测算方法介绍

1. 制造业静态创新绩效的常用测算方法介绍

根据前文所述，制造业静态创新绩效实质上是指制造业创新能力。对制造业创新能力的测算大致可分为对制造业创新投入的测算和对制造业创新产出的测算（黄解宇等，2013）。

（1）关于制造业创新投入的测算方法，主要有制造业创新人员投入和制造业创新资本投入等。制造业创新人员投入一般主要采用制造业 R&D 人员全时当量来计算，制造业创新资本投入一般主要采用制造业 R&D 资本存量来计算。其中，对于制造业 R&D 资本存量的具体测算，可以借鉴吴延兵（2006）的做法，采用"永续盘存法"来计算，其具体的计算方法为：

$$K_{i,t} = K_{i,t-1}(1-\delta) + \frac{E_{i,t}}{P_{i,t}} \qquad (4-11)$$

其中，$K_{i,t}$ 表示地区 i 第 t 年的制造业 R&D 资本存量，$K_{i,t-1}$ 表示地区 i 第 t−1 年的制造业 R&D 资本存量，δ 表示折旧率，$E_{i,t}$ 表示地区 i 第 t 年的制造业 R&D 经费支出，$P_{i,t}$ 表示地区 i 第 t 年的制造业 R&D 经费支出价格指数。

关于制造业 R&D 经费支出价格指数，可以借鉴朱平芳和徐伟民（2003）的研究，采用 0.55 × 消费价格指数 + 0.45 × 制造业固定资产投资价格指数来计算。此外，借鉴白俊红和蒋伏心（2015）的做法，我们对基期的各地区制造业 R&D 资本存量进行测算。其具体的计算方法为：

$$K_{i,0} = \frac{E_{i,0}}{P_{i,0}(g+\delta)} \qquad (4-12)$$

其中，$K_{i,0}$ 为基期制造业 R&D 资本存量，$E_{i,0}$ 为基期的制造业 R&D 经费支出，$P_{i,0}$ 为基期制造业 R&D 经费支出价格指数，g 为制造业 R&D 经费支出的几何平均增长率，δ 为折旧率。

（2）关于制造业创新产出的测算方法，目前主要有制造业科研成果产出和制造业产品产出。其中，制造业科研成果产出通常用制造业专利数等指标来计算，主要体现为"非市场导向的制造业创新绩效"；制造业产品产出通常用制造业新产品产值（销售收入）等指标来计算，是已经被市场所接受的制造业技术创新成果，主要体现为"市场化导向的制造业创新绩效"（肖文和林高榜，2014）。

2. 制造业动态创新绩效的常用测算方法介绍

根据前文所述，制造业动态创新绩效实质上是指制造业研发创新全要素生产率。关于研发创新全要素生产率的测算方法，目前主要有基于参数估计的索洛余值法和随机前沿分析方法（Stochastic Frontier Analysis，SFA），以及基于非参数估计的数据包络分析方法（Data Envelopment Analysis，DEA）的 Malmquist 指数法，即 DEA – Malmquist 方法。

（1）索洛余值法。

索洛余值法最早是由索洛（Solow，1957）提出的，其基本思想主要是通过产出增长率扣除劳动和资本贡献之后的余值来测算全要素生产率。假设生产函数形式为 C – D 函数，即：

$$Y = AK^{\alpha}L^{\beta} \qquad (4-13)$$

其中，Y 表示总产出，K 表示资本投入，L 表示劳动投入，α 和 β 分别表示资本和劳动的产出弹性。

假定规模收益不变（$\alpha + \beta = 1$）和希克斯技术中性，则全要素生产率的计算公式为：

$$\frac{\Delta A}{A} = \frac{\Delta Y}{Y} - \alpha \frac{\Delta K}{K} - (1 - \alpha)\frac{\Delta L}{L} \qquad (4-14)$$

其中，$\frac{\Delta A}{A}$ 表示全要素生产率的增长率，$\frac{\Delta Y}{Y}$ 表示产出增长率，$\frac{\Delta K}{K}$ 表示资本增长率，$\frac{\Delta L}{L}$ 表示劳动增长率。

（2）随机前沿分析方法（SFA）。

随机前沿分析方法（SFA）起源于法雷尔（Farrell，1957）提出的确定性生产前沿和艾格纳等（Aigner et al.，1977）提出的随机生产前沿估计法。其基本思想主要是假设随机前沿生产函数满足 Cobb – Douglas 函数形式，然后通过极大似然估计法来确定生产前沿面，并将实际生产单元与前沿面的偏离进一步分解为随机误差项和技术无效率两部分，最后采用计量分析方法对前沿生产函数进行估计（戚湧和郭逸，2015；雷玉桃和黄丽萍，2015）。其具体的计算公式为：

$$\begin{cases} Y_{it} = F(X_{it}, \ \beta)\exp(\nu_{it} - \mu_{it}) \\ TE_{it} = \exp(-\mu_{it}) \end{cases} \qquad (4-15)$$

其中，Y_{it}表示地区 i 在 t 时刻的研发创新产出，F 表示生产函数形式（这里假定为 Cobb – Douglas 函数），X_{it}表示地区 i 在 t 时刻的研发创新投入，β 表示待估计的参数向量，ν_{it}表示随机扰动因素，μ_{it}（非负）表示技术无效率因素。TE_{it}表示地区 i 在 t 时刻的技术效率，是指实际研发创新产出期望与生产前沿面期望的比值。当 $\mu_{it}=0$，则$TE_{it}=1$ 时，表示处于技术效率前沿面，即此时地区 i 在 t 时刻的研发创新产出位于前沿线上；反之，当 $\mu_{it}>0$，则 $0<TE_{it}<1$ 时，表示处于技术无效率状态，即此时地区 i 在 t 时刻的研发创新产出位于前沿线之下。

（3）基于数据包络分析方法的 Malmquist 指数法（DEA – Malmquist）。

基于数据包络分析方法的 Malmquist 指数法（DEA – Malmquist）起源于查恩斯等（Charnes et al.，1978）提出的数据包络分析方法（DEA）和卡夫等（Caves et al.，1982）提出的 Malmquist 指数法。它是目前广泛使用的全要素生产率动态测算方法之一，表示前后两期生产效率的变化情况。其基本思想主要是选择基于投入导向型测度的 DEA 方法，把每个地区均看作是一个基本决策单元，来构造各个时期的投入产出最佳生产前沿面，然后通过引入距离函数，将各观测单元的投入产出与最佳生产前沿面进行比较，并可进一步将其分解为相对技术效率的变化和技术进步的变化（孙晓华等，2012）。根据 Fare 等（1994）的研究，基于 t 期和 t + 1 期参照技术的 Malmquist 生产率指数分别为：

$$M_t(x^t,\ y^t;\ x^{t+1},\ y^{t+1})=\frac{D_i^t(x^{t+1},\ y^{t+1})}{D_i^t(x^t,\ y^t)} \quad (4-16)$$

$$M_{t+1}(x^t,\ y^t;\ x^{t+1},\ y^{t+1})=\frac{D_i^{t+1}(x^{t+1},\ y^{t+1})}{D_i^{t+1}(x^t,\ y^t)} \quad (4-17)$$

其中，$D_i^t(x^t,\ y^t)$ 表示以 t 期生产前沿面为参照的当期技术效率，$D_i^{t+1}(x^{t+1},\ y^{t+1})$ 表示以 t + 1 期生产前沿面为参照的当期技术效率，$\frac{D_i^{t+1}(x^{t+1},\ y^{t+1})}{D_i^t(x^t,\ y^t)}$则表示 t 期到 t + 1 期的技术效率变动指数。

由于基于 t 期和 t + 1 期参照技术的 Malmquist 生产率指数是对称的，因此，定义它们的几何平均数为综合 Malmquist 生产率指数，即：

$$M(x^t,\ y^t;\ x^{t+1},\ y^{t+1}) = \left[\frac{D_i^t(x^{t+1},\ y^{t+1})}{D_i^t(x^t,\ y^t)} \times \frac{D_i^{t+1}(x^{t+1},\ y^{t+1})}{D_i^{t+1}(x^t,\ y^t)} \right]^{\frac{1}{2}}$$

$$(4-18)$$

由式（4-18）可知，Malmquist 生产率指数反映了基于 t 期和 t+1 期参照技术的产出变化率，即 t 期到 t+1 期的全要素生产率变动指数。当其值大于 1 时，表示 t+1 期的全要素生产率较 t 期有所提高；当其值等于 1 时，则表示没有变化；当其值小于 1 时，表示 t+1 期的全要素生产率较 t 期有所下降。

在式（4-18）的基础上，我们分离出 $\dfrac{D_i^{t+1}(x^{t+1},\ y^{t+1})}{D_i^t(x^t,\ y^t)}$，可得：

$$M(x^t,\ y^t;\ x^{t+1},\ y^{t+1}) = \frac{D_i^{t+1}(x^{t+1},\ y^{t+1})}{D_i^t(x^t,\ y^t)}$$
$$\times \left[\frac{D_i^t(x^{t+1},\ y^{t+1})}{D_i^{t+1}(x^{t+1},\ y^{t+1})} \times \frac{D_i^t(x^t,\ y^t)}{D_i^{t+1}(x^t,\ y^t)} \right]^{\frac{1}{2}}$$

$$(4-19)$$

其中，$\left[\dfrac{D_i^t(x^{t+1},\ y^{t+1})}{D_i^{t+1}(x^{t+1},\ y^{t+1})} \times \dfrac{D_i^t(x^t,\ y^t)}{D_i^{t+1}(x^t,\ y^t)} \right]^{\frac{1}{2}}$ 表示 t 期到 t+1 期的技术进步指数。这表明 Malmquist 生产率指数可以进一步分解为技术效率变动指数和技术进步指数。

因此，根据式（4-19），我们进一步可得出：

$$TFPCH = EFFCH \times TECH \qquad (4-20)$$

其中，TFPCH 表示全要素生产率变动指数，EFFCH 表示技术效率变动指数，测度的是每个决策单元向最佳生产前沿面的追赶程度。若 EFFCH > 1，表示技术效率改善，反之则表示技术效率降低。TECH 表示技术进步指数，测度的是前后两期最佳生产前沿面边界的移动程度。若 TECH > 1，表示技术进步，反之则表示技术退步。

4.3.2　制造业创新绩效的测算方法选择

不同的测算方法所反映的经济含义不同，优缺性也各不相同。下面我们将对上述制造业静态创新绩效和动态创新绩效的常用测算方法进行比较分析，并说明其优缺点，从中选择合适的方法，以期能够较全面、准确地反映中国各地区制造业创新绩效水平及其变化趋势。

1. 制造业静态创新绩效的测算方法选择

由于本书中制造业创新投入这一变量与其他控制变量可能存在多重共线性，并且制造业创新产出也能够有效体现出制造业技术创新的科研成果产出和被市场所接受的制造业技术创新的产品产出，较好地说明了制造业技术创新的本质，以及充分反映了"非市场导向的制造业创新绩效"和"市场化导向的制造业创新绩效"。因此，本书主要采用制造业创新产出来测算制造业静态创新绩效。

制造业创新产出主要有制造业科研成果产出和制造业产品产出。其中，制造业科研成果产出通常用制造业专利数等指标来衡量，制造业产品产出通常用制造业新产品产值（销售额）等指标来衡量。因此，本书将采用以下两种指标来测度制造业静态创新绩效：第一种指标是制造业有效发明专利数；第二种指标是制造业新产品产值（销售额）。此外，由于地区分组的制造业各细分行业的新产品产值（销售额）部分年份数据缺失，为此，本书仅用有效发明专利数这一指标来测度中国制造业各细分行业的静态创新绩效。

2. 制造业动态创新绩效的测算方法选择

（1）索洛余值法的优点是：计算方法简便、直观，模型实用性也较强；能有效避开生产函数具体形式的讨论，具有广泛的适用性。但是，索洛余值法也存在明显的缺点：该方法计算的全要素生产率只是产出增长率扣除劳动和资本贡献之后的余值，而实际上并非劳动和资本两种因素以外其他任何导致产出增加的因素都体现为全要素生产率，因此该方法不能真实反映出全要素生产率水平，会导致测算结果与真实值之间出现一定的偏差（赵志耘和杨朝峰，2011）。

（2）随机前沿分析方法（SFA）的优点是：该方法能有效分离出技术无效率项和随机误差项，从而可以确保被测全要素生产率的有效性及一致性，并且也考虑了随机误差项对个体决策单元效率的影响，是测算全要素生产率及其分解指标的较好方法（戚湧和郭逸，2015）。

但是，随机前沿分析方法（SFA）也存在明显的缺点：该方法需要事先设定生产函数，并且由于其建立在产出缺口估算基础上，从而使得无论采用何种方法来估算产出缺口，都会或多或少存在估算误差，进而导致测算结果产生误差（郭庆旺和贾俊雪，2005；刘光岭和卢宁，2008）。

（3）基于数据包络分析方法的 Malmquist 指数法（DEA – Malmquist）的优点是：该方法不需要事先设定生产函数，从而可以较好地避免由于主观因素产生的计算偏误，并且也可以有效地对各决策单元的投入产出效率进行跨期比较，从而能够对决策单元的投入产出效率的历史演化进行更深入的分析（刘秉镰和李清彬，2009），以及还可以大大减轻数据质量对测算结果的影响，从而使得在统计数据质量不高的情况下具有较大的现实意义（黄金川等，2017），是目前广泛使用的测算动态全要素生产率的一种方法。

鉴于以上常用的制造业动态创新绩效的测算方法的优劣性，本书将采用基于数据包络分析方法的 Malmquist 指数法（DEA – Malmquist）来测算中国制造业各地区（制造业各细分行业）的动态创新绩效水平。

4.3.3　制造业创新绩效的测算结果分析

1. 制造业静态创新绩效的测算结果分析

根据上文的比较分析，本章我们将以制造业专利授权数这一指标为例来计算 2001～2015 年中国 30 个省份的制造业静态创新绩效水平，其具体测算结果见表 4 – 4。

表 4 – 4　　2001～2015 年分地区制造业静态创新绩效水平的测算结果

单位：万项

地区	2001 年	2003 年	2005 年	2007 年	2009 年	2011 年	2013 年	2015 年
北京	0.62	0.82	1.01	1.50	2.29	4.09	6.27	9.40
天津	0.18	0.25	0.30	0.56	0.74	1.40	2.49	3.73
河北	0.28	0.36	0.36	0.54	0.68	1.11	1.82	3.01

续表

地区	2001 年	2003 年	2005 年	2007 年	2009 年	2011 年	2013 年	2015 年
上海	0.54	1.67	1.26	2.45	3.49	4.80	4.87	6.06
江苏	0.62	0.98	1.36	3.18	8.73	19.98	23.96	25.03
浙江	0.83	1.44	1.91	4.21	7.99	13.02	20.24	23.50
福建	0.33	0.54	0.51	0.78	1.13	2.19	3.75	6.16
山东	0.67	0.91	1.07	2.28	3.45	5.88	7.70	9.81
广东	1.83	2.92	3.69	5.65	8.36	12.84	17.04	24.12
海南	0.03	0.03	0.02	0.03	0.06	0.08	0.13	0.21
东部均值	0.59	0.99	1.15	2.12	3.69	6.54	8.83	11.10
辽宁	0.44	0.57	0.62	0.96	1.22	1.92	2.17	2.52
吉林	0.14	0.17	0.20	0.29	0.33	0.49	0.62	0.89
黑龙江	0.19	0.28	0.29	0.43	0.51	1.22	1.98	1.89
东北均值	0.26	0.34	0.37	0.56	0.69	1.21	1.59	1.77
山西	0.10	0.12	0.12	0.20	0.32	0.50	0.86	1.00
安徽	0.13	0.16	0.19	0.34	0.86	3.27	4.88	5.90
江西	0.10	0.12	0.14	0.21	0.29	0.56	1.00	2.42
河南	0.26	0.30	0.37	0.70	1.14	1.93	2.95	4.78
湖北	0.22	0.29	0.39	0.66	1.14	1.90	2.88	3.88
湖南	0.24	0.32	0.37	0.57	0.83	1.61	2.44	3.41
中部均值	0.18	0.22	0.26	0.45	0.76	1.63	2.50	3.56
内蒙古	0.07	0.08	0.08	0.13	0.15	0.23	0.38	0.55
广西	0.11	0.13	0.12	0.19	0.27	0.44	0.79	1.36
重庆	0.12	0.29	0.36	0.50	0.75	1.55	2.48	3.89
四川	0.34	0.41	0.46	0.99	2.01	2.84	4.62	6.50
贵州	0.06	0.07	0.09	0.17	0.21	0.34	0.79	1.41
云南	0.13	0.12	0.14	0.21	0.29	0.42	0.68	1.17
陕西	0.14	0.16	0.19	0.35	0.61	1.17	2.08	3.34
甘肃	0.05	0.05	0.05	0.10	0.13	0.24	0.47	0.69
青海	0.01	0.01	0.01	0.02	0.04	0.05	0.05	0.12

续表

地区	2001 年	2003 年	2005 年	2007 年	2009 年	2011 年	2013 年	2015 年
宁夏	0.02	0.03	0.02	0.03	0.09	0.06	0.12	0.19
新疆	0.08	0.08	0.09	0.15	0.19	0.26	0.50	0.88
西部均值	0.10	0.13	0.15	0.26	0.43	0.69	1.18	1.83
总体均值	0.30	0.46	0.53	0.95	1.61	2.88	4.03	5.26

资料来源：《中国科技统计年鉴》（2002～2016），个别年份省级地区数据缺失的，采用插值法补充。

为了更加直观地反映东部地区、东北地区、中部地区和西部地区等四大区域制造业静态创新绩效水平的差异，我们分别计算了2001～2015 年这四大区域的制造业静态创新绩效水平的年均值，并绘制了相应的变化趋势图，具体如图4-3 所示。

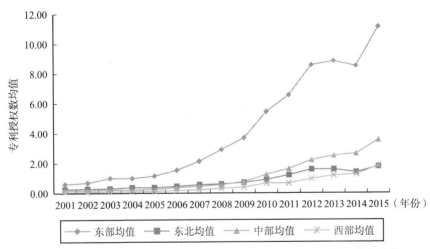

图 4-3 2001～2015 年中国四大区域制造业静态创新绩效水平变化趋势

由表4-4 和图4-3 可以看出：（1）从全国总体来看，我国制造业静态创新绩效水平呈现出不断提升的发展趋势，专利授权数总体均值由 2001 年的 0.30 万项增长至 2015 年的 5.26 万项，年均增长22.70%。这表明2001～2015 年，我国制造业静态创新绩效水平得到了大幅提高。（2）分地区来看，我国各地区制造业静态创新绩效水平虽均呈现出逐渐上升的发展态势，但存在明显的地区差异：东部地区远高于东北、中部和西部地区。以 2015 年为例，专利授权数超过 5 万项的 9 个地区中，东部地区占 7 个。其中江苏省的专利授权数最高，达到 25.03 万项，其次是广东省和浙江省，分别为 24.12 万项和 23.5 万项。山东省和北京市的专利授权数均在 9 万项以上，福建省和上海市的专利授权数也均在 6 万项以上。而专利授权数低于 2 万项的 12 个地区中，有 11 个分布在东北、中部和西部地区，其与东部地区的差距可见一斑。

2. 制造业动态创新绩效的测算结果分析

根据上文的比较分析，本章我们将按照基于数据包络分析方法的 Malmquist 指数法的计算原理，并借鉴师萍等（2011）、冯志军和陈伟（2013）的研究，以专利授权数和新产品销售产值[①]作为研发创新产出变量，以 R&D 人员全时当量和 R&D 资本存量[②]作为研发创新投入变量，利用 DEAP 2.1 软件来测算 2003 ~ 2015 年中国 30 个省份的制造业动态创新绩效水平（研发创新全要素生产率）及其分解指标（技术效率指数和技术进步指数），其具体测算结果见表 4 - 5。

表 4 - 5　　2003 ~ 2015 年分地区制造业动态创新绩效水平的测算结果

地区	2003 年			2009 年			2015 年			地区均值		
	动态创新绩效	技术效率	技术进步	动态创新绩效	技术效率	技术进步	动态创新绩效	技术效率	技术进步	动态创新绩效	技术效率	技术进步
北京	1.063	1.127	0.943	1.090	1.452	0.751	1.190	1.000	1.190	1.021	1.029	1.011
天津	1.174	0.985	1.192	1.042	1.021	1.021	1.027	0.903	1.136	0.985	1.075	1.037
河北	0.799	0.961	0.831	0.890	1.230	0.723	1.035	0.969	1.069	0.978	1.026	0.968

① 为了消除不同年份间的价格差异，我们以 2001 年为基期，利用工业生产者出厂价格指数，对各期的新产品销售产值进行平减，最终调整为以 2001 年不变价格计算的数值。

② 以 2001 年为基期按不变价格来计算各年份、各地区制造业的 R&D 资本存量，其中参考吴延兵（2006）的研究，δ 设定为 15%。

续表

地区	2003 年			2009 年			2015 年			地区均值		
	动态创新绩效	技术效率	技术进步	动态创新绩效	技术效率	技术进步	动态创新绩效	技术效率	技术进步	动态创新绩效	技术效率	技术进步
山西	1.086	1.181	0.920	0.961	1.461	0.657	1.119	1.086	1.030	0.987	1.039	0.973
内蒙古	0.986	1.005	0.981	1.262	1.432	0.881	1.108	1.012	1.094	0.891	0.945	0.955
辽宁	1.130	1.193	0.948	1.221	1.611	0.758	1.170	1.115	1.049	1.079	1.106	0.999
吉林	0.693	0.753	0.920	1.190	1.000	1.190	1.006	0.930	1.083	0.970	1.113	0.925
黑龙江	1.063	1.279	0.831	1.078	1.269	0.849	1.154	1.048	1.102	1.078	1.106	0.990
上海	0.990	1.000	0.990	0.752	0.991	0.759	0.923	0.899	1.027	0.998	1.048	1.045
江苏	0.863	0.593	1.455	1.035	1.304	0.794	0.960	0.909	1.057	1.060	1.054	1.029
浙江	0.832	1.000	0.832	1.118	1.294	0.864	1.000	1.000	1.000	0.976	1.005	0.978
安徽	0.793	0.720	1.101	1.264	1.822	0.694	0.994	0.976	1.018	1.066	1.108	0.989
福建	1.238	1.308	0.946	0.961	1.241	0.774	1.082	1.053	1.028	0.972	1.020	0.966
江西	0.820	0.814	1.008	0.836	1.100	0.760	1.243	1.199	1.037	1.034	1.073	0.973
山东	1.040	0.961	1.082	1.248	1.576	0.792	0.995	0.928	1.072	1.037	1.052	0.999
河南	0.921	0.947	0.973	0.931	1.377	0.676	1.016	0.986	1.030	1.013	1.066	0.980
湖北	1.124	0.996	1.129	0.849	1.215	0.699	0.991	0.899	1.102	1.035	1.070	0.986
湖南	1.031	1.186	0.869	1.161	1.601	0.725	0.975	0.926	1.053	1.021	1.086	0.974
广东	1.086	1.301	0.835	1.042	1.390	0.749	1.051	0.959	1.096	1.021	1.023	1.024
广西	1.104	1.055	1.047	1.046	1.239	0.844	1.300	1.188	1.094	0.997	1.060	0.948
海南	1.262	1.000	1.262	0.819	1.000	0.819	0.923	0.911	1.014	1.006	0.977	1.027
重庆	1.063	0.878	1.210	1.032	1.172	0.881	1.112	1.000	1.112	0.980	1.039	0.961
四川	0.908	0.891	1.018	1.138	1.585	0.718	1.137	1.039	1.094	1.063	1.085	0.999
贵州	1.058	1.259	0.841	0.930	1.087	0.855	1.194	1.083	1.102	1.076	1.149	0.953
云南	0.838	1.008	0.831	0.978	1.248	0.784	1.147	1.056	1.086	0.986	1.028	0.982
陕西	0.809	0.935	0.866	1.272	1.615	0.788	1.254	1.138	1.102	1.097	1.144	0.987
甘肃	0.921	1.109	0.831	0.807	1.179	0.685	1.017	0.975	1.043	1.026	1.101	0.952
青海	0.821	1.049	0.783	0.692	0.948	0.730	2.758	2.195	1.256	1.238	1.238	0.979

地区	2003 年			2009 年			2015 年			地区均值		
	动态创新绩效	技术效率	技术进步	动态创新绩效	技术效率	技术进步	动态创新绩效	技术效率	技术进步	动态创新绩效	技术效率	技术进步
宁夏	1.221	1.544	0.791	1.372	1.807	0.759	1.353	1.240	1.090	1.043	1.093	0.969
新疆	1.167	1.485	0.786	1.056	1.132	0.933	1.504	1.201	1.252	1.060	1.058	1.028
总体均值	0.997	1.051	0.968	1.036	1.313	0.797	1.158	1.061	1.084			

资料来源:《中国统计年鉴》和《中国科技统计年鉴》(2002~2016),个别年份省级地区数据缺失的,采用插值法进行补充。

由表4-5可以看出:(1)从全国总体来看,我国制造业动态创新绩效水平(研发创新全要素生产率)及其分解指标(技术效率指数和技术进步指数)均呈现出不断上升的发展趋势,其总体均值分别由2003年的0.997、1.051和0.968增长至2015年的1.158、1.061和1.084。这表明2003~2015年,我国制造业研发创新活动中的投入产出综合绩效水平逐渐提升,技术效率逐渐改善,以及技术不断取得进步。分年度分析发现,我国制造业技术效率指数一直大于1,即技术效率增长率一直大于0;而我国制造业技术进步指数逐渐由小于1向大于1转变,即技术进步增长率逐渐由小于0转向大于0,这表明我国制造业逐渐由主要依赖技术效率改善来推动其动态创新绩效水平(研发创新全要素生产率)提升逐渐转变为技术效率改善和技术进步共同对其动态创新绩效水平提高做出贡献,也就是说,我国制造业动态创新绩效水平(研发创新全要素生产率)实现不断提升的主要驱动力,逐渐由主要来源于技术效率的提升向来源于技术效率和技术进步水平的共同提升转变。(2)从各地区制造业动态创新绩效水平(研发创新全要素生产率)的变化趋势来看,在中国30个省份中,北京、天津、山西、内蒙古、辽宁、黑龙江、福建、湖北、广东、广西、海南、重庆、贵州等13个地区在2003~2015年间的制造业动态创新绩效水平呈现先下降再上升的发展趋势,而河北、江西、河南、四川、云南、陕西、甘肃、青海、宁夏、新疆等 10 个地区则呈现出不断上升趋势，吉林、上海、江苏、浙江、安徽、山东、湖南等 7 个地区制造业动态创新绩效水平先上升后下降。并且，除青海和新疆外，其余所有地区制造业动态创新绩效水平均呈现出不断收敛的趋势。此外，在研究期间内，制造业动态创新绩效水平处于生产前沿面上的地区逐渐增多，从 2003 年的 16 个增加至 2015 年的 23 个，这表明我国各地区制造业动态创新绩效水平也呈现出良好的发展态势，研发创新活动中的投入产出绩效水平得到了提升。其中，北京、辽宁、广东、宁夏、新疆这 5 个地区制造业动态创新绩效水平始终处于生产前沿面上。(3) 我国各地区制造业动态创新绩效水平存在一定的差异，并且从各地区制造业动态创新绩效水平变化的成因分解来看，也存在显著的差异。其中，北京、山西、内蒙古、辽宁、黑龙江、福建、广西、重庆、云南、陕西、青海、宁夏、新疆等 13 个地区的制造业动态创新绩效水平提升的主要驱动力由主要来源于技术效率提升逐渐向来源于技术效率提高和技术进步转变；而天津、江西、四川、贵州等 4 个地区制造业动态创新绩效水平提升的主要驱动力则由主要来源于技术进步转变为来源于技术效率提高和技术进步；为河北、河南、湖北、广东、海南、甘肃等 6 个地区制造业动态创新绩效水平提升做出主要贡献主要是由技术效率提高转变为技术进步；吉林、上海、江苏、安徽、山东、湖南等 6 个地区制造业动态创新绩效水平下降的主要原因在于技术效率下降；而浙江省制造业动态创新绩效水平下降的主要原因则在于技术退步。

4.4　制造业能源绩效的测算及其结果分析

根据第 2 章中界定的制造业能源绩效的内涵和其度量指标，可以发现，制造业能源绩效实质上是指制造业能源效率。制造业能源效率是反映制造业能源消费活动中投入与产出之间数量关系的一个重要变量。制造业能源绩效包括无环境约束下的制造业能源绩效和环境约束下的制造业能源绩效。其中，无环境约束下的制造业能源绩效反映的是仅选择制造业资本、劳动力和能源等生产要素的投入，以及制造业生产总值等经济产出，而不考虑环境约束（污染物排放）的制造业能源效率；环境约束下的制造业能源绩效反映的是不仅选择制造业生产总值作为期望产出要素，而且也选择污染物排放量作为非期望产出要素的制造业能源效率。选择不同的测算方法，制造业能源绩效就有不同的测算结果。下面我们将对几种常用的制造业能源绩效的测算方法进行简单介绍。

4.4.1 制造业能源绩效的常用测算方法介绍

制造业能源绩效实质上是指制造业能源效率，制造业能源效率反映的是制造业能源等要素投入与经济产出之比。对制造业能源效率的测算主要涵盖"单要素（偏要素）和全要素"两种框架，因此相应地其测算方法也主要有以下三种：第一种是制造业单要素（偏要素）能源效率；第二种是无环境约束下的制造业全要素能源效率；第三种是环境约束下的制造业全要素能源效率。

1. 制造业单要素（偏要素）能源效率

制造业单要素（偏要素）能源效率（single factor energy efficiency）是仅以制造业能源消费活动中能源消耗作为投入要素和以经济产出作为产出要素测算出来的制造业能源效率，其具体的计算公式为：

$$\text{SFEE} = \frac{Y}{E} \qquad (4-21)$$

其中，SFEE 表示制造业单要素（偏要素）能源效率，Y 表示根据工业生产者出厂价格指数，按基期进行平减后的制造业经济产出（制造业总产值），E 表示制造业能源消费量。式（4-21）的值越大，表示单位能耗的制造业产值越大，即制造业单要素（偏要素）能源效率就越高。

2. 无环境约束下的制造业全要素能源效率

无环境约束下的制造业全要素能源效率（total factor energy efficiency without environmental constraint）是以制造业能源消费活动中资本、劳动力和能源等作为投入要素和以期望经济产出作为产出要素测算出来的制造业能源效率，借鉴胡和王（Hu and Wang，2006）的研究，其具体的计算公式为：

$$NECTFEE = \frac{Y}{F(K, L, E)} \qquad (4-22)$$

其中，NECTFEE 表示无环境约束下的制造业全要素能源效率，Y 表示制造业期望经济产出（制造业总产值），K 表示制造业资本投入（制造业固定资产投资额），L 表示制造业劳动力投入（制造业就业人数），E 表示制造业能源消费量，F（·）表示某种函数形式，一般假设为规模报酬不变。

3. 环境约束下的制造业全要素能源效率

环境约束下的制造业全要素能源效率（total factor energy efficiency under environmental constraint）是以制造业能源消费活动中资本、劳动力和能源等作为投入要素，以及不仅选择制造业生产总值作为期望产出要素，而且也选择污染物排放量作为非期望产出要素测算出来的制造业能源效率，借鉴法勒等（Färe et al.，2007）的研究，其具体的计算公式为：

$$ECTFEE = \frac{G(Y, Z)}{F(K, L, E)} \qquad (4-23)$$

其中，ECTFEE 表示环境约束下的制造业全要素能源效率，Z 表示制造业非期望产出要素（选择污染物排放量），G（·）表示环境方向性产出距离函数，其余符号同式（4－22）。

4.4.2　制造业能源绩效的测算方法选择

首先，不同的测算方法所反映的经济含义不同，优劣性也各不相同。一般而言，在人类的实际生产活动中，能源作为一种生产要素必须和资本、劳动等其他生产要素相结合才能生产出产品（张伟和吴文元，2011）。而一方面，由于制造业单要素（偏要素）能源效率测度方法只能考察能源投入与期望经济产出之间的一对一关系，制造业中多投入与多产出的生产关系使得单要素（偏要素）能源效率测度方法变得复杂甚至不可行；另一方面，在考察能源与期望经济产出关系的同时，也会不可避免地忽略了其他投入要素的影响，从而使得制造业能源绩效的测算结果出现一定的偏差（李兰冰，2015）。因此，本章我们基于"全要素"框架，来计算制造业能源绩效。

其次，值得注意的是，无环境约束下的制造业全要素能源效率仅考虑了资本、劳动和能源等生产要素的投入约束以及以期望经济产出作为产出要素约束，并没有考虑环境的约束，即仅仅考虑了期望经济产出（好产出）而忽视了对使用能源产生的非期望产出（坏产出，如污染物或温室气体排放）的考察，这会扭曲对制造业使用能源带来的社会绩效的评价，从而误导制造业能源政策的制定，导致制造业企业过度低效地使用能源，加剧污染，进而对环境造成破坏（张伟和吴文元，2011），这与制造业能源绩效的内涵是背道而驰的。为此，考虑到制造业能源使用对环境污染的影响或能源使用所导致的污染物排放问题，即制造业能源消费活动中不仅会带来期望产出——生产总值，还会导致非期望产出——污染物排放量的增加。因此，为了更加科学和准确地研究制造业能源绩效，并体现出可持续发展的思想，本章我们不仅采用无环境约束下的制造业全要素能源效率测算方法来计算不考虑环境约束下的制造业能源绩效，而且也进一步将能源使用所导致的污染物排放纳入制造业能源绩效的测度体系之中，采用环境约束下的制造业全要素能源效率测算方法来计算考虑环境约束下的制造业能源绩效。

最后，不可忽视的是，上述无环境约束下的制造业全要素能源效率和环境约束下的制造业全要素能源效率这两种方法测度的制造业能源绩效反映的是既定时期制造业企业与生产边界的相对关系，它是一种静态分析，而无法考察跨期的制造业能源技术变动及由此带来的制造业跨期能源技术边界移动。因此，为了更加全面、科学、系统地测度制造业能源绩效，本章我们不仅立足于"静态"视角，同时测度不考虑环境约束下的制造业能源绩效和考虑环境约束下的制造业能源绩效，而且还将立足于"动态"视角，进一步同时测度不考虑环境约束下和考虑环境约束下的制造业能源绩效变化率（动态能源绩效）及其分解指标（能源技术效率变动和能源技术进步）。

因此，本章的制造业能源绩效主要可分为以下两种：一是无环境约束下的制造业静态或动态能源绩效。在这种情况下，我们将不考虑制造业能源使用对环境污染的影响或制造业能源使用所导致的污染物排放问题，即仅选择制造业资本、劳动力和能源作为投入要素，以及制造业生产总值作为产出要素，但不考虑非期望产出——污染物排放量。二是环境约束下的制造业静态或动态能源绩效。在这种情况下，我们还要进一步考虑环境污染对制造业能源绩效的影响，即不仅选择制造业生产总值作为期望产出要素，而且也选择污染物排放量作为非期望产出要素。其中，（1）关于制造业静态能源绩效测算方法，本章我们主要借鉴张伟和吴文元（2011）的做法，采用基于超效率 DEA（Super Efficiency Data Envelopment Analysis，SEDEA）方法，来同时测度无环境约束下和环境约束下的两种制造业静态能源绩效[①]，运用 EMS 1.3 软件进行计算；（2）关于制造业动态能源绩效测算方法，本章我们主要借鉴薛静静等（2014）的做法，采用基于 DEA - Malmquist 方法，来同时测度无环境约束下和环境约束下的制造业能源绩效变化率（动态能源绩效）及其分解指标（能源技术效率变动和能源技术进步），运用 DEAP 2.1 软件进行计算。

4.4.3   指标选取和数据处理

接下来，我们将对制造业能源绩效的具体测度中相关投入产出指标的选取及数据处理进行简要说明。

1. 资本投入

借鉴法勒等（2004）的研究，本章采用"资本存量"这一指标来衡量制造业资本投入。关于"资本存量"的具体测度，我们参考张军等（2004）的做法，采用"永续盘存法"，以 2001 年为基期按不变价格计算各年份、各地区制造业的资本存量。其具体的计算方法为：

[①]   其中，由于 DEA 方法计算效率中并不需要对数据进行无量纲化处理（Wang et al.，2013），因此参考薛静静等（2014）的做法，我们对非期望产出指标——污染物排放量的数据取倒数值转换为期望产出处理。

$$K_{i,t} = K_{i,t-1}(1-\delta) + \frac{I_{i,t}}{P_{i,t}} \qquad (4-24)$$

其中，$K_{i,t}$ 表示地区 i 第 t 年的制造业资本存量，$K_{i,t-1}$ 表示地区 i 第 t - 1 年的制造业资本存量，δ 表示制造业固定资产折旧率 [参考李兰冰（2015）的研究，设定为 9.6%]，$I_{i,t}$ 表示地区 i 第 t 年的制造业固定资产投资额，$P_{i,t}$ 表示地区 i 第 t 年的制造业固定资产投资价格指数。此外，借鉴张伟和吴文元（2011）、李兰冰（2015）的做法，初始年份（2001 年）的制造业资本存量数据由初始年份制造业固定资产投资额除以 10% 获取。

2. 劳动力投入

从理论上来说，劳动力投入可由劳动力的投入数量、劳动人员素质和劳动时间来反映。但是由于在制造业层面上，劳动人员素质和劳动时间这方面的详尽数据难以获得，因此本章选用各地区制造业全部从业人员年平均人数来表示制造业劳动力投入。

3. 能源投入

能源也是制造业企业生产过程中的一种重要投入要素，借鉴陈晓红和周智玉（2014）的研究，本章选取各地区制造业历年的能源消费总量来表示制造业能源投入。其中，能源消费总量的计算方法采用的是根据能源标准煤折算系数①，将各种类能源的消费量折算成万吨标准煤并进行加总而成。

4. 期望产出

借鉴范丹和王维国（2013）的研究，本章选取各地区制造业生产总值作为期望产出指标，并根据工业品出厂价格指数转换为以 2001 年为基期的不变价格，单位为亿元。

5. 非期望产出

关于非期望产出的选择，根据评价对象的不同，非期望产出指标

---

① 各种能源的标准煤折算系数为：1 吨煤炭 = 0.7143 吨标准煤，1 吨焦炭 = 0.9714 吨标准煤，1 吨原油 = 1.4286 吨标准煤，1 吨汽油 = 1.4714 吨标准煤，1 吨煤油 = 1.4714 吨标准煤，1 吨柴油 = 1.4571 吨标准煤，1 吨燃料油 = 1.4286 吨标准煤，1 万立方米天然气 = 13.3 吨标准煤。

通常从二氧化碳、二氧化硫、氮氧化物排放量等指标中的一种或多种中选取。本章我们主要研究的是能源利用与碳减排之间的关系，因此，参考罗等（Lo et al.，2005）、王兵等（2008）、汪克亮等（2013）、范丹和王维国（2013）、李兰冰（2015）等的做法，选取占整个温室气体排放量的80%左右、与能源消费紧密关联的二氧化碳排放量作为非期望产出指标。其中，二氧化碳排放量的具体测算方法为：

$$二氧化碳排放量 = \sum 含碳能源消费量 \times 标准煤折算系数$$

$$\times 碳排放系数 \times \frac{44}{12} \qquad (4-25)$$

各种能源的碳排放系数如表4-6所示。

表4-6　　　　　　　　　各种能源的碳排放系数

能源种类	煤炭	焦炭	原油	汽油	煤油	柴油	燃料油	天然气	水电	核电
碳排放系数	0.7559	0.855	0.5857	0.5538	0.5714	0.5921	0.6185	0.4483	0	0

4.4.4 制造业能源绩效的测算结果分析

1. 制造业静态能源绩效的测算结果分析

根据上文的比较分析，本章我们将以安徒生和皮特森（Andersen and Petersen，1993）建立的超效率DEA模型为基础，并主要借鉴张伟和吴文元（2011）的做法，按照基于超效率DEA方法的计算原理，运用EMS 1.3软件来同时测算2003~2015年中国30个省份的无环境约束和环境约束两种情形下的制造业静态能源绩效，其具体测算结果见表4-7。

表4-7　　　2003~2015年分地区制造业静态能源绩效水平的测算结果

地区	无环境约束下						环境约束下					
	2003年	2006年	2009年	2012年	2015年	地区均值	2003年	2006年	2009年	2012年	2015年	地区均值
北京	0.699	0.879	0.986	0.959	0.993	0.916	0.743	0.888	0.988	0.959	0.993	0.923
天津	0.620	0.665	0.864	0.915	1.040	0.807	0.650	0.674	0.866	0.915	1.044	0.814

续表

地区	无环境约束下						环境约束下					
	2003年	2006年	2009年	2012年	2015年	地区均值	2003年	2006年	2009年	2012年	2015年	地区均值
河北	0.508	0.350	0.617	0.777	0.801	0.587	0.510	0.350	0.617	0.777	0.801	0.587
山西	0.453	0.430	0.661	0.841	0.581	0.599	0.458	0.430	0.661	0.841	0.581	0.600
内蒙古	0.332	0.430	0.899	1.060	0.991	0.726	0.353	0.432	0.899	1.060	0.991	0.728
辽宁	0.576	0.396	0.674	0.790	0.545	0.605	0.578	0.396	0.674	0.790	0.545	0.605
吉林	0.493	0.391	0.599	0.852	0.837	0.605	0.515	0.395	0.602	0.852	0.837	0.610
黑龙江	0.457	0.423	0.470	0.569	0.739	0.497	0.472	0.425	0.470	0.569	0.741	0.499
上海	0.547	0.685	0.797	0.866	0.866	0.766	0.548	0.685	0.797	0.866	0.866	0.766
江苏	1.289	0.674	0.807	0.991	1.071	0.872	1.289	0.674	0.807	0.991	1.071	0.872
浙江	0.814	0.657	0.691	0.787	0.749	0.720	0.817	0.657	0.692	0.788	0.750	0.720
安徽	0.478	0.321	0.606	0.749	0.819	0.562	0.506	0.324	0.606	0.749	0.821	0.566
福建	0.668	0.554	0.588	0.715	0.799	0.650	0.702	0.558	0.589	0.718	0.801	0.657
江西	0.538	0.292	0.480	0.686	0.850	0.518	0.652	0.306	0.488	0.691	0.854	0.536
山东	0.655	0.487	0.797	0.940	1.038	0.745	0.655	0.487	0.797	0.940	1.038	0.745
河南	0.528	0.410	0.653	0.762	0.838	0.621	0.532	0.410	0.653	0.762	0.838	0.622
湖北	0.455	0.326	0.521	0.675	0.694	0.520	0.464	0.326	0.521	0.675	0.695	0.521
湖南	0.998	0.370	0.608	0.820	0.817	0.643	1.087	0.371	0.608	0.820	0.817	0.651
广东	0.777	0.769	0.904	1.036	1.019	0.894	0.777	0.769	0.904	1.036	1.019	0.894
广西	0.491	0.315	0.464	0.703	0.851	0.530	0.607	0.329	0.469	0.704	0.852	0.547
海南	0.264	0.374	0.623	0.688	0.749	0.538	1.102	0.817	0.819	0.800	0.837	0.856
重庆	0.430	0.328	0.473	0.578	0.677	0.482	0.507	0.346	0.478	0.579	0.680	0.497
四川	0.402	0.337	0.542	0.765	0.792	0.540	0.412	0.338	0.542	0.765	0.792	0.541
贵州	0.563	0.451	0.488	0.599	0.743	0.538	0.673	0.466	0.494	0.601	0.744	0.556
云南	0.654	0.505	0.431	0.484	0.488	0.490	0.747	0.516	0.433	0.484	0.490	0.503
陕西	0.306	0.362	0.504	0.771	0.820	0.540	0.330	0.367	0.504	0.771	0.820	0.544
甘肃	0.438	0.390	0.538	0.750	0.639	0.545	0.514	0.411	0.549	0.755	0.643	0.563
青海	0.191	0.247	0.412	0.518	0.562	0.386	0.416	0.562	0.570	0.594	0.706	0.603

续表

地区	无环境约束下						环境约束下					
	2003年	2006年	2009年	2012年	2015年	地区均值	2003年	2006年	2009年	2012年	2015年	地区均值
宁夏	0.308	0.337	0.507	0.707	0.668	0.488	0.554	0.431	0.557	0.727	0.690	0.561
新疆	0.336	0.416	0.644	0.720	0.609	0.539	0.391	0.432	0.650	0.722	0.610	0.553
总体均值	0.542	0.452	0.628	0.769	0.789		0.619	0.486	0.644	0.777	0.799	

资料来源:《中国统计年鉴》《中国工业经济统计年鉴》《中国劳动统计年鉴》《中国价格统计年鉴》(2004~2016)、《新中国60年统计资料汇编》、国研网宏观经济数据库和国研网工业统计数据库,以及各省(自治区、直辖市)的统计年鉴。其中,2003~2012年制造业总产值的统计口径为"规模以上工业企业总产值",2013~2015年制造业总产值的统计口径为"规模以上工业企业销售产值"。个别年份缺失的数据,采用插值法进行补充。

由表4-7可以看出:(1)从全国总体来看,无论在无环境约束下还是在环境约束下,我国制造业静态能源绩效水平均呈现出不断上升的发展趋势,其总体均值分别由2003年的0.542和0.619增长至2015年的0.789和0.799。这表明2003~2015年,我国制造业能源消费活动中的投入产出综合绩效水平逐渐提升,也在一定程度上表明,自2003年以来,我国制造业能源节约能力和环境保护能力得到了大幅提升。并且,在无环境约束和环境约束两种情形下,制造业静态能源绩效水平总体均值都远小于1,这表明我国制造业在能源消费活动中的投入产出综合绩效水平总体上离生产前沿面尚有较大的差距,即总体而言我国在能源消费活动中的投入产出综合绩效水平仍有较大的提升空间。此外,从无环境约束和环境约束两种情形下的制造业静态能源绩效水平相比较来看,环境约束下的制造业静态能源绩效水平总体均值更高,这表明不考虑环境约束下的我国制造业静态能源绩效水平存在被低估,即表明近年来我国在环境保护政策和环境污染治理等方面取得了一定的成效。(2)从各地区制造业静态能源绩效水平的变化趋势来看,在中国的30个省份中,北京、天津、河北、吉林、黑龙江、上海、广东、海南、陕西、青海等10个地区在2003~2015年间制造业静态能源绩效水平呈现不断上升的发展趋势,而山西、内蒙古、辽宁、宁夏、新疆等 5 个地区则呈现出先上升后下降的趋势，江苏、浙江、安徽、福建、江西、山东、河南、湖北、湖南、广西、重庆、四川、贵州、云南、甘肃等 15 个地区制造业静态能源绩效水平先下降后上升。并且，除黑龙江、河南、广西、贵州、陕西外，其余地区制造业静态能源绩效水平均呈现出不断收敛的趋势。此外，在无环境约束和环境约束两种情形下，在研究期间内，制造业静态能源绩效水平处于生产前沿面上的地区均逐渐增多，这表明我国各地区制造业能源消费活动中的投入产出综合绩效水平也逐渐提升，制造业能源节约能力和环境保护能力都呈现出良好的发展态势。（3）我国各地区之间制造业静态能源绩效水平存在一定的差异，具有一定的节能潜力。对于较多年份处于前沿面的江苏来说，其静态能源绩效水平从 2003 年的 1.289 下降至 2015 年的 1.071，提升空间不大；而对于制造业静态能源绩效水平初始值较低的北京、天津、内蒙古、上海、安徽、江西、山东、河南、广东、广西、海南、四川、陕西、青海、宁夏、新疆，其静态能源绩效水平基本上均提高了 0.3 以上；对于所有的地区来讲，2003 ~ 2015 年，无论在无环境约束下还是在环境约束下，制造业静态能源绩效水平的标准差均在 0.193 以上，地区年均静态能源绩效水平相差最大值超过 0.426，波动幅度较大，这表明我国各地区制造业静态能源绩效水平存在较大的个体差异，即我国制造业静态能源绩效水平具有一定的提升空间。因此，要想实现我国制造业静态能源绩效水平的提升，其关键在于那些制造业静态能源绩效水平较低的地区，并且它们的提升空间较大。

2. 制造业动态能源绩效的测算结果分析

根据上文的比较分析，本章我们将主要借鉴薛静静等（2014）的做法，采用基于 DEA - Malmquist 方法，并运用 DEAP 2.1 软件来同时测算 2004 ~ 2015 年中国 30 个省份的无环境约束和环境约束两种情形下的制造业动态能源绩效（能源绩效变化率）及其分解指标（能源技术效率变动和能源技术进步），其具体测算结果见表 4 - 8。

表 4 - 8   2004～2015 年分地区制造业动态能源绩效的测算结果

无环境约束下

地区	2004 年			2009 年			2015 年			地区均值		
	动态能源绩效	能源技术效率	能源技术进步	动态能源绩效	能源技术效率	能源技术进步	动态能源绩效	能源技术效率	能源技术进步	动态能源绩效	能源技术效率	能源技术进步
北京	1.081	1.429	0.756	1.100	1.000	1.100	0.971	1.000	0.971	1.038	1.036	1.011
天津	1.154	1.086	1.062	1.094	1.000	1.094	1.043	1.000	1.043	1.086	1.017	1.068
河北	0.942	1.073	0.878	1.390	1.177	1.182	0.976	0.914	1.067	1.117	1.036	1.078
山西	1.095	1.053	1.040	1.243	1.170	1.063	0.843	0.821	1.027	1.075	1.018	1.056
内蒙古	1.465	1.356	1.080	1.329	1.000	1.329	1.064	1.000	1.064	1.200	1.078	1.114
辽宁	0.927	1.016	0.913	1.243	1.041	1.194	0.706	0.661	1.068	1.086	0.996	1.090
吉林	1.113	1.031	1.080	1.234	1.017	1.213	0.999	0.934	1.069	1.144	1.025	1.117
黑龙江	1.041	1.304	0.798	1.141	1.075	1.062	1.312	1.238	1.060	1.072	1.044	1.032
上海	1.199	1.000	1.199	1.034	0.984	1.050	0.984	0.994	0.990	1.058	0.992	1.066
江苏	0.809	1.000	0.809	1.095	1.000	1.095	1.044	1.000	1.044	1.054	1.000	1.053
浙江	0.878	1.031	0.851	1.047	0.978	1.070	0.955	0.938	1.018	1.037	0.992	1.046
安徽	0.834	1.089	0.766	1.384	1.204	1.150	1.071	1.036	1.034	1.122	1.052	1.067
福建	0.978	1.152	0.849	1.060	1.013	1.046	1.027	1.025	1.002	1.024	1.010	1.016
江西	0.582	0.798	0.729	1.243	1.164	1.068	1.058	1.006	1.051	1.102	1.047	1.044
山东	1.023	1.018	1.005	1.251	1.101	1.136	1.012	1.000	1.012	1.115	1.026	1.087
河南	1.041	1.087	0.958	1.184	0.997	1.188	1.091	1.055	1.034	1.125	1.032	1.095
湖北	0.895	1.025	0.873	1.118	1.058	1.056	1.017	1.017	0.999	1.071	1.029	1.041
湖南	0.480	0.628	0.765	1.177	1.098	1.073	1.063	1.008	1.055	1.038	0.994	1.035
广东	1.042	1.000	1.042	1.039	1.000	1.039	0.994	1.000	0.994	1.036	1.000	1.036
广西	0.865	1.092	0.792	1.176	1.089	1.080	1.111	1.040	1.068	1.092	1.048	1.044
海南	1.095	0.898	1.219	1.035	0.924	1.120	1.041	1.019	1.023	1.119	1.021	1.103
重庆	0.944	1.086	0.869	1.153	1.067	1.081	1.045	1.040	1.005	1.075	1.032	1.043
四川	1.019	1.056	0.964	1.259	1.187	1.060	1.123	1.096	1.025	1.094	1.049	1.043
贵州	0.819	1.091	0.751	1.195	1.117	1.070	1.111	1.087	1.023	1.055	1.029	1.028

续表

	无环境约束下											
地区	2004 年			2009 年			2015 年			地区均值		
	动态能源绩效	能源技术效率	能源技术进步	动态能源绩效	能源技术效率	能源技术进步	动态能源绩效	能源技术效率	能源技术进步	动态能源绩效	能源技术效率	能源技术进步
云南	0.785	1.040	0.755	1.025	0.932	1.099	0.995	0.975	1.021	1.013	0.980	1.036
陕西	1.205	1.303	0.925	1.108	1.057	1.048	1.074	1.039	1.034	1.123	1.078	1.044
甘肃	0.944	1.121	0.842	1.043	0.992	1.051	0.919	0.897	1.025	1.066	1.033	1.033
青海	1.291	1.088	1.186	1.039	0.979	1.062	1.029	0.982	1.048	1.125	1.052	1.068
宁夏	1.232	1.143	1.077	1.188	1.042	1.140	0.965	0.921	1.048	1.125	1.060	1.059
新疆	1.305	1.182	1.104	1.171	1.100	1.065	0.965	0.916	1.053	1.100	1.037	1.061
总体均值	1.003	1.076	0.931	1.160	1.052	1.103	1.020	0.989	1.033			

	环境约束下											
地区	2004 年			2009 年			2015 年			地区均值		
	动态能源绩效	能源技术效率	能源技术进步	动态能源绩效	能源技术效率	能源技术进步	动态能源绩效	能源技术效率	能源技术进步	动态能源绩效	能源技术效率	能源技术进步
北京	1.043	1.345	0.776	1.091	1.000	1.091	0.972	1.000	0.972	1.032	1.029	1.009
天津	1.130	1.078	1.048	1.092	1.000	1.092	1.050	1.000	1.050	1.084	1.015	1.068
河北	0.941	1.070	0.879	1.390	1.177	1.182	0.976	0.914	1.067	1.117	1.036	1.078
山西	1.093	1.048	1.043	1.243	1.170	1.063	0.843	0.821	1.027	1.074	1.017	1.056
内蒙古	1.416	1.317	1.075	1.329	1.000	1.329	1.064	1.000	1.064	1.194	1.074	1.113
辽宁	0.926	1.013	0.914	1.243	1.041	1.194	0.707	0.660	1.070	1.086	0.996	1.090
吉林	1.095	1.021	1.072	1.231	1.017	1.211	0.999	0.922	1.083	1.140	1.024	1.115
黑龙江	1.034	1.280	0.807	1.141	1.075	1.062	1.318	1.235	1.067	1.074	1.043	1.034
上海	1.198	1.000	1.198	1.034	0.984	1.050	0.984	0.994	0.990	1.058	0.992	1.066
江苏	0.809	1.000	0.809	1.095	1.000	1.095	1.044	1.000	1.044	1.054	1.000	1.053
浙江	0.878	1.031	0.852	1.047	0.979	1.069	0.955	0.940	1.017	1.036	0.993	1.045
安徽	0.812	1.034	0.786	1.384	1.204	1.150	1.068	1.036	1.030	1.118	1.048	1.065

续表

| 地区 | 环境约束下 | | | | | | | | | | | |
| | 2004年 | | | 2009年 | | | 2015年 | | | 地区均值 | | |
	动态能源绩效	能源技术效率	能源技术进步	动态能源绩效	能源技术效率	能源技术进步	动态能源绩效	能源技术效率	能源技术进步	动态能源绩效	能源技术效率	能源技术进步
福建	0.973	1.140	0.853	1.053	1.009	1.044	1.029	1.025	1.003	1.020	1.008	1.013
江西	0.519	0.710	0.731	1.216	1.141	1.066	1.050	1.007	1.043	1.078	1.037	1.029
山东	1.023	1.018	1.005	1.251	1.101	1.136	1.012	1.000	1.012	1.115	1.026	1.087
河南	1.038	1.080	0.962	1.184	0.997	1.188	1.094	1.059	1.033	1.125	1.032	1.095
湖北	0.894	1.014	0.882	1.118	1.058	1.056	1.027	1.021	1.006	1.073	1.029	1.043
湖南	0.478	0.632	0.755	1.177	1.098	1.073	1.063	1.003	1.061	1.038	0.994	1.035
广东	1.042	1.000	1.042	1.039	1.000	1.039	0.994	1.000	0.994	1.036	1.000	1.036
广西	0.759	0.965	0.786	1.167	1.083	1.077	1.110	1.026	1.082	1.075	1.033	1.040
海南	0.953	1.000	0.953	0.933	1.000	0.933	0.928	1.000	0.928	0.908	1.000	0.908
重庆	0.880	1.072	0.821	1.143	1.061	1.078	1.047	1.059	0.989	1.059	1.027	1.033
四川	1.016	1.049	0.969	1.259	1.187	1.060	1.123	1.096	1.025	1.093	1.048	1.044
贵州	0.746	0.989	0.754	1.184	1.109	1.068	1.112	1.086	1.024	1.032	1.014	1.017
云南	0.730	0.953	0.766	1.021	0.931	1.097	0.999	0.977	1.022	0.998	0.969	1.030
陕西	1.172	1.277	0.918	1.108	1.057	1.048	1.076	1.039	1.036	1.118	1.074	1.044
甘肃	0.878	1.096	0.801	1.037	0.989	1.049	0.922	0.899	1.026	1.048	1.026	1.022
青海	0.766	1.000	0.766	0.781	0.860	0.908	1.115	1.000	1.115	0.866	1.003	0.865
宁夏	0.919	1.019	0.902	1.151	1.054	1.092	0.960	0.929	1.034	1.032	1.034	0.999
新疆	1.229	1.166	1.055	1.164	1.099	1.059	0.966	0.909	1.062	1.086	1.033	1.051
总体均值	0.946	1.047	0.899	1.144	1.049	1.089	1.020	0.989	1.033			

注：资料来源同表4-7。

　　由表4-8可以看出：（1）从全国总体来看，无论在无环境约束下还是在环境约束下，我国制造业动态能源绩效水平和能源技术进步指数均呈现出不断上升的发展趋势，并且均逐渐转变为大于1。这表明

2004~2015 年，我国制造业能源消费活动中的投入产出综合绩效水平增长率和能源技术进步增长率逐渐提升，即总体而言，我国制造业在能源消费活动中的投入产出综合绩效水平不断向生产前沿逼近，以及在能源技术上也不断取得进步。另外，在无环境约束和环境约束两种情形下，我国制造业能源技术效率变动率均呈现出下降趋势且逐渐由大于 1 转变为小于 1，这表明我国制造业能源技术效率不但没有明显改善的迹象，反而还在不断衰退和恶化，并逐渐对制造业能源绩效的提升产生了一定的阻碍作用。由此可见，能源技术进步已经逐渐成为我国制造业能源效率提升的主要驱动力，而能源技术效率并未出现明显的"追赶效应"，这与李兰冰（2015）和孙焱林等（2016）的研究结论一致。此外，从无环境约束和环境约束两种情形下的制造业动态能源绩效水平相比较来看，环境约束下的制造业动态能源绩效水平比无环境约束下的总体均值低，这表明不考虑非期望经济产出即污染物排放的制造业动态能源绩效水平存在被高估的可能，其主要的原因可能在于：我国部分地区制造业存在着能源的过度使用和污染物的过度排放的情况，从而使得环境约束下的制造业动态能源绩效水平较不考虑污染物排放约束下的均值低。这与王兵等（2010）、范丹和王维国（2013）的研究结论一致。（2）我国各地区之间制造业动态能源绩效水平的变化存在一定的差异。从各地区无环境约束下制造业动态能源绩效水平的变化趋势来看，在中国 30 个省份中，北京、山西、吉林、上海、广东、宁夏、新疆等 7 个地区在 2004~2015 年间的制造业动态能源绩效水平逐渐由大于 1 向小于 1 转变，即制造业能源绩效增长率逐渐由正转向负，表明这些地区的制造业能源绩效呈现出逐渐下降的变化趋势，而天津、内蒙古、黑龙江、山东、河南、海南、四川、陕西、青海等 9 个地区的制造业动态能源绩效水平始终大于 1，即这些地区的制造业能源绩效增长率始终为正，河北、辽宁、浙江、云南、甘肃等 5 个地区的制造业动态能源绩效水平逐渐由小于 1 转向大于 1 再转向小于 1，即这些地区的制造业能源绩效增长率逐渐由负转向正再转向负，表明这些地区的制造业能源绩效呈现出先上升后下降的变化趋势，江苏、安徽、福建、江西、湖北、湖南、广西、重庆、贵州 9 个地区的制造业动态能源绩效水平则由小于 1 转向大于 1，即制造业能源绩效增长率逐渐由负转向正，表明这些地区的制造业能源绩效呈现出逐渐上升的变化趋势。从 2004～2015 年环境约束下制造业动态能源绩效水平的变化趋势来看，海南省制造业动态能源绩效水平由无环境约束下的始终大于 1 转变为环境约束下的始终小于 1，青海省则由无环境约束下的始终大于 1 转变为先小于 1 后大于 1，宁夏由无环境约束下的先大于 1 后小于 1 转变为先小于 1 后大于 1 再小于 1，表明考虑非期望经济产出即污染物排放后这些地区的制造业能源绩效水平表现出明显的下降趋势，其主要的原因可能在于：这些地区制造业存在着能源的过度开发和使用以及污染物的过度排放，从而阻碍了其制造业能源绩效水平的提升，对制造业能源绩效增长率造成了一定的损失。

4.5　本章小结

本章首先对产业集聚的常用测算方法进行了简单介绍和比较分析，从中选择出采用就业（产值）密度这一方法来测算 1999～2015 年中国各地区制造业产业集聚程度和 2003～2015 年中国 24 个地区分组的 21 个制造业细分行业的产业集聚程度，并对测算结果进行了相关统计分析。其次，简要介绍了制造业经济绩效、创新绩效和能源绩效（包括无环境约束下的能源绩效和环境约束下的能源绩效）的常用测算方法，并分析了其优劣。最后，分别选择出采用制造业单要素劳动生产率（制造业总产值与制造业就业人数的比值）这一方法来测算 2001～2015 年中国 30 个省份的制造业经济绩效水平，采用以制造业专利授权数这一指标为例来计算 2001～2015 年中国 30 个省份的制造业静态创新绩效水平和基于数据包络分析方法的 Malmquist 指数法来测算 2003～2015 年中国 30 个省份的制造业动态创新绩效水平（研发创新全要素生产率）及其分解指标（技术效率指数和技术进步指数），以及采用基于超效率 DEA 方法来同时测算 2003～2015 年中国 30 个省份的无环境约束和环境约束两种情形下的制造业静态能源绩效和基于 DEA – Malmquist 方法来同时测算 2004 ~ 2015 年中国 30 个省份的无环境约束和环境约束两种情形下的制造业动态能源绩效（能源绩效变化率）及其分解指标（能源技术效率变动和能源技术进步），并对其测算结果进行了一定的分析。研究结果显示：

（1）首先，从全国总体来看，我国制造业产业集聚程度呈现出不断提高的发展趋势。其次，我国制造业产业集聚现象明显，逐渐形成了以东部沿海地区为中心，中部、东北、西部等地区为外围的制造业产业集聚模式；其中，东部沿海地区的制造业产业集聚程度明显高于其他地区，中部地区次之，东北地区再次之，西部地区最低；并且，东部、东北、中部和西部各区域内部制造业产业集聚程度的空间分布也呈现出明显的差异。再次，从四大区域产业集聚程度的变化趋势来看，中国东部地区的制造业产业集聚程度呈现出先下降后上升的变化态势，变动幅度较大；中部地区呈现出先下降后平缓再上扬的变化态势，变动幅度较小，东北地区则呈现出平缓的波动性变化态势；西部地区呈现出平缓的波动性变化态势。最后，中国制造业各细分行业之间的产业集聚程度也存在较大的差异。

（2）首先，从全国总体来看，我国制造业经济绩效水平呈现出不断上升的发展趋势，其总体均值由 2001 年的 11.87 万元/人增长至 2015 年的 131.16 万元/人。其次，分地区来看，我国各省级地区制造业经济绩效水平虽表现出一定的上下波动性，但是各地区总体上仍呈现出逐渐上升的发展态势。最后，我国制造业经济绩效水平也存在显著的地区差异。从 2001 ~ 2015 年中国各省级地区制造业经济绩效水平均值的空间分布来看，天津、河北、山东等属于高劳动投入—高经济产出的地区，内蒙古、辽宁、吉林等属于低劳动投入—较高经济产出的地区，而浙江和福建等属于高劳动投入—较低经济产出的地区，江西和云南等则属于低劳动投入—低经济产出的地区。

（3）首先，从全国总体来看，我国制造业静态创新绩效水平呈现出不断提升的发展趋势；我国制造业动态创新绩效水平（研发创新全要素生产率）及其分解指标（技术效率指数和技术进步指数）也均呈现出不断上升的发展趋势，且我国制造业动态创新绩效水平（研发创新全要素生产率）实现不断提升的主要驱动力，逐渐由主要来源于技术效率的提升转向来源于技术效率和技术进步水平的共同提升。其次，分地区来看，我国各地区制造业静态创新绩效水平虽均呈现出逐渐上升的发展态势，但存在明显的区域差异：东部地区远高于东北、中部和西部地区，并逐渐形成了主要以东部沿海地区为中心，东北、中部、西部等地区为外围的空间分布模式；我国各区域制造业动态创新绩效水平之间也存在一定的差异。并且，产业集聚程度较高的地区，其所对应的制造业静态创新绩效水平往往较高；产业集聚程度较低的地区，其所对应的制造业静态创新绩效水平一般也较低。此外，东部、东北、中部和西部各区域内部制造业静态创新绩效水平的空间分布也呈现出明显的差异，且从各地区制造业动态创新绩效水平变化的成因分解来看，也存在显著的差异。

（4）首先，从全国总体来看，无论在无环境约束下还是在环境约束下，我国制造业静态能源绩效水平均呈现出不断上升的发展趋势，我国制造业动态能源绩效水平和能源技术进步指数也均呈现出不断上升的发展趋势。其次，在无环境约束和环境约束两种情形下，制造业静态能源绩效水平总体均值都远小于1，而制造业动态能源绩效水平总体均值却逐渐转变为大于1，制造业能源技术效率变动率则呈现出下降趋势且逐渐由大于1转变为小于1，并且，能源技术进步已经逐渐成为我国制造业能源绩效水平提升的主要驱动力，而制造业能源技术效率并未出现明显的"追赶效应"。再次，从无环境约束和环境约束两种情形下的制造业静态和动态能源绩效水平相比较来看，环境约束下的制造业静态能源绩效水平总体均值更高，而环境约束下的制造业动态能源绩效水平比无环境约束下的总体均值低。最后，无论在无环境约束下还是在环境约束下，我国各区域之间制造业静态能源绩效水平存在一定的差异，且具有一定的节能潜力，以及我国制造业动态能源绩效水平也均存在显著的区域差异。

第5章

产业集聚对制造业经济绩效的影响研究

第4章从理论层面上阐述了产业集聚对制造业经济绩效的影响，分析结果表明，产业集聚对制造业经济绩效存在显著的正向影响和负向影响，即产业集聚不仅有利于促进制造业经济绩效水平的提升，而且也会对制造业经济绩效水平产生一定的抑制作用。也就是说，产业集聚对制造业经济绩效的影响取决于其促进作用和抑制作用的综合比较。有鉴于此，本章将深入分析产业集聚对中国制造业经济绩效水平的具体影响，并探究其中的内在机理。同时，重点考察不同区域之间产业集聚的空间异质性是否会导致其对中国制造业经济绩效影响的差异，以及不同制造业各细分行业之间产业集聚的行业异质性，是否也会导致其对中国制造业经济绩效影响的差异，以此对第4章中提出的产业集聚对制造业经济绩效影响的研究假说进行实证检验。

5.1 引　言

中国是世界制造业第一大国，改革开放以来，制造业作为中国经济增长的主导力量和人们赖以生存发展的基础性产业以及国家经济社会发展的重要依托，得到了迅猛的发展，大量产品远销全球，给中国经济创造了一个又一个奇迹（李廉水等，2012）。中国制造业之所以呈现出如此快速的发展势头，其在很大程度上得益于我国丰裕的廉价劳动力和原材料，丰富的土地、能源等自然资源，大量的人员和资金投

入，以及国家政策的大力支持。然而，随着中国经济发展逐渐步入
"新常态"，世界经济一体化进程的加快，以及原材料成本的不断上升，
生产资料的日益短缺，环境承载能力的逐渐削弱（李廉水等，2013）
和环境约束已逐步成为中国制造业发展所面临的主要瓶颈（李廉水等，
2015），以及人口红利的逐渐消失和刘易斯转折点的跨越（蔡昉，
2010）所导致的我国传统密集型制造业产业过去所依赖的劳动力优势
将逐渐消失（冯伟等，2014）等困境的交替出现，过去依靠廉价的劳
动力、原材料和丰富的资源，以高投入、高消耗、高排放为基本特征
的粗放式发展模式将难以为继，生产经济活动中的投入产出绩效不强，
即经济绩效水平不高已逐渐成为当前制约中国制造业由大变强所面临
的亟待解决的重要问题。

产业集聚通过获得由劳动力市场共享、中间产品投入共享、交易
成本降低、本地市场需求和前后向产业关联等所产生的外部规模经济，
由知识或技术外溢所产生的技术外部性，以及由相互竞争所产生的竞
争外部性等各种集聚效应，会对地区或行业的经济活动投入产出绩效
水平产生十分重要的影响。惠炜和韩先锋（2016）也提出经济新常态
下，推进产业集聚已逐渐成为推动中国产业结构优化调整、促进经济
提质增效升级的重要措施。因此，在中国经济发展步入"新常态"和
中国特色社会主义进入新时代，提质增效、转变发展方式、优化经济
结构、转换增长动力等逐渐成为当前中国经济发展新要求的背景下，
如何有效地促进中国制造业经济绩效水平的提升，产业集聚是一个值
得引起足够关注和重视的问题。因此，本章将基于中国制造业面板数
据，不仅着力于研究产业集聚对制造业经济绩效的影响，而且还将进
一步重点探究这种影响作用是否存在区域差异与行业差异。研究这些
问题，对于中国制造业提质增效、转变发展方式、优化产业结构、转
换增长动力，从而提升制造业经济绩效水平，加快制造业产业结构转
型升级，推进制造业由高速增长阶段转向高质量发展阶段，进而实现
中国制造业由大变强等具有十分重要的理论参考价值和实践指导意义。

本章余下部分的结构安排如下：第二部分构建实证模型，并对变
量的指标选取做出简要说明；第三部分基于 2001 ~ 2015 年中国 30 个省

级地区制造业总体面板数据和东中西部分区域制造业面板数据以及2003~2015 年中国 24 个地区分组的制造业各细分行业面板数据，对第3 章中提出的产业集聚对制造业经济绩效影响的研究假说进行实证分析；第四部分引入被解释变量（制造业经济绩效水平）一阶滞后项，并建立动态实证模型，对第三部分的实证分析结果进行内生性检验，从而再次验证第 3 章中提出的产业集聚对制造业经济绩效影响的研究假说；第五部分为本章小结。

5.2　模型构建与变量说明

5.2.1　实证模型构建

为对第 3 章中提出的产业集聚对制造业经济绩效影响的研究假说进行实证分析，首先必须建立一套科学、合理的实证模型。本章我们主要从制造业企业产出的生产函数出发，构建产业集聚对制造业经济绩效影响的实证模型。设区域或行业的生产函数为：

$$Y_{it} = A_{it}F(K_{it},\ L_{it},\ X_{it}) \qquad (5-1)$$

其中，Y 表示区域或行业的产出，A 表示技术水平，K 表示资本投入，L 表示劳动投入，X 表示其他要素投入，下标 i 表示区域或行业，t 表示年份。函数 F($\cdot$) 一般假设为规模报酬不变。

由于产业集聚能够显著促进知识或技术溢出，从而提高区域或行业的技术水平，因此，我们设定技术水平 A 是关于产业集聚的一个函数 G($\cdot$)，并将产业集聚这一变量引入式（5-1）中，从而得到：

$$Y_{it} = G(agglo_{it})F(K_{it},\ L_{it},\ X_{it}) \qquad (5-2)$$

其中，$agglo_{it}$ 表示区域或行业的产业集聚程度，函数 G($\cdot$) 是关于产业集聚的乘积形式，并以指数函数的形式进入生产函数中。其他符号含义同式（5-1）。

为了进一步求出产业集聚与制造业经济绩效关系的模型，我们在式（5-2）左右两边同时除以 L_{it}，得到：

$$\frac{Y_{it}}{L_{it}} = G(agglo_{it}) F\left(\frac{K_{it}}{L_{it}}, \frac{X_{it}}{L_{it}}\right) \quad\quad (5-3)$$

其中，$\dfrac{Y_{it}}{L_{it}}$ 表示制造业企业单位劳动的产出，即制造业劳动生产率（制造业经济绩效水平的代理变量），$\dfrac{K_{it}}{L_{it}}$ 表示人均资本投入，$\dfrac{X_{it}}{L_{it}}$ 表示人均其他要素投入。这表明制造业经济绩效水平不仅和制造业人均资本投入与人均其他要素投入相关，而且也受制造业产业集聚程度的影响。

根据上述推导，我们对式（5-3）左右两边同时取对数，从而得出产业集聚对制造业经济绩效影响的基本实证模型为：

$$lnecomance_{it} = \alpha_0 + \alpha_1 lnagglo_{it} + \alpha_2 lnk_{it} + \sum \beta lnx_{it} + \mu_i + \nu_t + \varepsilon_{it}$$

$$(5-4)$$

其中，ecomance 为被解释变量，表示制造业经济绩效水平；agglo 为解释变量，表示制造业产业集聚程度；k 为控制变量，表示制造业人均资本投入；x 为其他控制变量，除了产业集聚和人均资本投入会影响制造业经济绩效外，借鉴已有文献的研究，我们发现，人力资本水平（h）、对外开放制度（insti）、基础设施（infra）以及产业结构（struc）也会对制造业经济绩效产生一定的影响。因此，为了较为准确地探究产业集聚对制造业经济绩效的影响，避免变量遗漏所造成的估计偏误，本章将引入上述变量作为控制变量，并取其人均数值；下标 i 表示区域或行业，t 表示年份；μ_i 表示区域或行业虚拟变量，用以捕捉不随时间变化的固定效应；ν_t 表示时间虚拟变量，用以捕捉各省市共同的时间趋势；ε_{it} 表示随机误差项；其他字母则分别表示常数项、变量系数。其中，区域为中国的省级地理单元，行业为中国制造业的细分行业。

为了进一步检验中国制造业产业集聚对其经济绩效的影响，是否显著存在"威廉姆森假说"，根据第 4 章中产业集聚对制造业经济绩效的影响机制分析，以及借鉴亨德森（Henderson，2000）的研究，本章在基本实证模型（5-4）的基础上，分别引入制造业产业集聚与经济发展水平的交互项和制造业产业集聚与经济发展水平平方的交互项，则上文中构建的基本实证模型（5-4）将修改为：

$$\text{lnecomance}_{it} = \lambda_0 + \lambda_1 \text{lnagglo}_{it} + \lambda_2 \text{lnagglo}_{it} \text{lnpgdp}_{it}$$
$$+ \lambda_3 \text{lnagglo}_{it}(\text{lnpgdp}_{it})^2 + \lambda_4 \text{lnk}_{it} + \sum \varphi \text{lnx}_{it} + \mu_i + \nu_t + \varepsilon_{it} \quad (5-5)$$

并可进一步化简为：

$$\text{lnecomance}_{it} = \lambda_0 + \text{lnagglo}_{it}[\lambda_1 + \lambda_2 \text{lnpgdp}_{it} + \lambda_3(\text{lnpgdp}_{it})^2]$$
$$+ \lambda_4 \text{lnk}_{it} + \sum \varphi \text{lnx}_{it} + \mu_i + \nu_t + \varepsilon_{it} \quad (5-6)$$

其中，pgdp 表示区域经济发展水平。其他符号含义同式（5-4），这里不再赘述。若 $\lambda_2 > 0$，$\lambda_3 < 0$，且均通过了至少 10% 的显著性检验，则表明中国制造业产业集聚对其经济绩效的影响与经济发展水平之间的关系符合明显的倒"U"型曲线，即中国制造业产业集聚对其经济绩效的影响，显著存在"威廉姆森假说"；反之，则表明中国制造业产业集聚对其经济绩效的影响，不存在所谓的"威廉姆森假说"。

5.2.2 变量选择和指标说明

接下来，我们对上述实证模型中各变量的理论基础和指标进行简要说明。

1. 被解释变量（ecomance）

本章的被解释变量为制造业经济绩效水平。根据第 2 章中界定的制造业经济绩效的内涵和其度量指标，可以发现，制造业经济绩效实质上是指制造业经济效率，采用制造业劳动生产率来度量。制造业劳动生产率是反映制造业经济活动中投入与产出之间数量关系的一个重要变量。根据第 4 章的分析研究，本章选取人均劳动产出这一单要素劳动生产率作为制造业劳动生产率的测算方法，其具体的测算方法为制造业总产值与制造业就业人数的比值①。采用这一测算方法主要基于以下两方面的原因：一是根据上文中实证模型的推导，制造业劳动生产率采用制造业企业产出与劳动投入的比值来测算；二是全要素劳动

---

① 地区分组的制造业各细分行业经济绩效水平的测算方法为该行业的工业产值与就业人数的比值。

生产率是通过"索洛残差法"得到的，一般而言，其主要反映的是技术进步水平，这与我们界定的制造业经济绩效的内涵不相符合，而人均劳动产出这一单要素劳动生产率能有效反映出制造业的人均实际产出状况，并较好地体现了制造业经济活动中投入产出的绩效水平。

2. 解释变量（agglo）

本章的解释变量为制造业产业集聚程度。关于制造业产业集聚程度，根据第 4 章的分析研究，本章主要采用区位熵方法和就业（产值）密度方法来进行度量，其具体的测算方法这里不再赘述。

3. 交互变量（pgdp）

本章的交互变量为区域经济发展水平。经济发展水平可以用国内生产总值（gdp）或其人均值（pgdp）表示。本章我们选用人均国内生产总值（pgdp）这一指标，其主要原因在于：与国内生产总值（gdp）相比较，人均国内生产总值（pgdp）较好地体现出了一个区域的人均实际产出状况（刘军和徐康宁，2010），更能有效地反映出一个区域的经济发展水平。如果一个区域的人均国内生产总值（pgdp）越大，则表明该区域的经济发展水平越高。

4. 控制变量

根据上述构建的实证模型，本章的控制变量分别为人均资本投入（k）、人力资本水平（h）、对外开放制度（insti）、基础设施（infra）以及产业结构（struc）。

（1）人均资本投入（k）。一方面，根据上文中实证模型的推导可知，制造业经济绩效水平不仅受制造业产业集聚程度的影响，而且还与制造业人均资本投入相关；另一方面，资本投入作为拉动制造业经济发展的主要驱动力之一，会对区域制造业企业经济活动中投入产出的绩效水平产生重要的影响。由于各区域制造业企业的实际投资额数据难以获得，因此，本章我们选取制造业人均固定资产投资作为制造业人均资本投入的代理变量，并采用制造业固定资产投资与制造业就业人数的比值来度量。

（2）人力资本水平（h）。人力资本是影响劳动生产率的重要决定因素（刘智勇和胡永远，2009；夏良科，2010）。一般而言，人力资本

125

水平高的区域，其劳动生产率相对较高。这主要在于：一方面，优越的人力资本可以形成人力资源"蓄水池"效应，从而使得制造业企业能够以较快的速度、较小的工资增幅雇佣到足够的劳动力和优秀人才，减少等待时间和招募费用，降低制造业企业的成本，进而提高劳动生产率；另一方面，人力资本水平越高，劳动者的素质就越高，就业能力和创造能力越强，单位时间内创造的价值越多，劳动生产率自然也较高。因此，人力资本也是影响制造业经济绩效的一个关键性要素。此外，内生经济增长理论也表明，人力资本是促进技术进步和经济绩效提高的重要因素。根据上述实证模型的推导和借鉴已有研究的通常做法，本章我们采用就业人员人均受教育年限来度量人力资本水平。其具体的测算方法为：

$$h = \frac{H}{L} \qquad (5-7)$$

其中，H 表示区域中每个就业人员的受教育年限之和，L 表示该区域就业人员总数。

H 一般采用具有各种文化程度的就业人员数与相应的受教育年数的乘积相加而得到，即：

$$H = \sum L_i H_i \qquad (5-8)$$

其中，L_i 表示具有第 i 种文化程度的就业人员数，H_i 表示具有第 i 种文化程度的受教育年限系数。

将式（5-8）代入到式（5-7）中，可进一步得出：

$$h = \frac{\sum L_i H_i}{L} = \sum \frac{L_i}{L} H_i \qquad (5-9)$$

其中，$\frac{L_i}{L}$ 表示具有第 i 种文化程度的就业人员比重。

根据中国现代教育的基本学制，可得：人力资本水平（h）= 小学文化程度就业人员比重 ×6 年 + 初中文化程度就业人员比重 ×9 年 + 高中文化程度就业人员比重 ×12 年 + 大专文化程度就业人员比重 ×15 年 + 本科文化程度就业人员比重 ×16 年 + 研究生文化程度就业人员比重 ×

19 年①。

（3）对外开放制度（insti）。制度也是影响一个企业经济绩效的重要因素。刘易斯（1955）提出制度是影响经济增长的主要因素。诺思（North，1990）也提出在影响经济绩效的诸多因素中，制度和制度变迁具有决定性作用。新经济地理学理论表明，对外国际贸易会通过市场力量对出口国的地区专业化产生重要作用（Fujita et al.，1999），从而也会对该出口国的制造业企业经济绩效产生一定的影响。改革开放 40多年以来，中国经济最重要的制度变迁是对外开放，随着中国的经济制度逐渐从计划经济转变为市场经济，对外开放程度越来越深。对外开放程度越深的区域，外资相对容易流入，出口相对较多，经济发展水平和就业情况相对较好，制造业企业经济绩效水平也相对较高。因此，我们将对外开放制度纳入考虑。和已有文献一致，本章我们采用商品出口值占区域生产总值的比重来度量区域对外开放制度②。

（4）基础设施（infra）。基础设施的改善不仅有利于促进和扩大制造业人员、商品的区域间交流，加速知识、信息和技术的传播，降低制造业企业的运输和交易成本，从而有助于劳动分工的深化和规模经济的形成，进而提高区域制造业的经济效率；而且也有利于优化制造业企业资源的配置，提高制造业经济运行中的配置效率；此外，还有利于制造业经济集聚和市场扩张，从而为制造业企业规模效率的提高提供空间（刘秉镰等，2010）。张浩然和衣保中（2012）也提出基础设施是决定经济增长的重要因素，它一方面可以作为直接的投入要素进入生产函数中提高产出，另一方面也可以通过知识或技术溢出效应和网络效应提高经济活动绩效水平。为此，我们也将基础设施这一变量纳入考虑。基础设施可以用经济性基础设施或社会性基础设施来表示。本章我们选用经济性基础设施这一指标，其主要原因在于：道路交通、邮电通信等经济性基础设施直接参与生产经营活动，而科技、教育、

① 由于博士研究生就业人员比重较小，因此我们没有区分硕士研究生和博士研究生，将具有研究生文化程度的受教育年限系数统一设定为 19 年。
② 出口值采用当年人民币对美元的年平均中间价进行折算。

卫生等社会性基础设施主要通过人力资本的积累间接参与生产经营活动，并与其他控制变量可能存在多重共线性。因此，借鉴王凤荣和苗妙（2015）的做法，我们采用人均城市道路面积作为基础设施的代理变量。

（5）产业结构（struc）。产业结构集中反映了一个区域的经济结构和发展模式，合理的产业结构可以推动制造业产业协调发展，并促进制造业企业资源的优化配置，提高制造业经济运行中资源的利用效率，从而有效推进制造业产业结构转型升级，进而发挥产业结构对制造业经济绩效的提升作用。借鉴钱学锋等（2012）的做法，本章我们采用第二产业和第三产业的产值占 GDP 的比重来度量区域产业结构。

数据来源具体有《中国统计年鉴》（2002~2016）、《新中国 60 年统计资料汇编》《中国工业经济统计年鉴》（2002~2012）和《中国工业统计年鉴》（2013~2016）、《中国劳动统计年鉴》（2002~2016）、国研网宏观经济数据库和国研网工业统计数据库，以及各省份的统计年鉴（2002~2016）。其中，统计数据不完整的西藏、中国香港、中国澳门和中国台湾地区没有包括在研究样本中，2001~2012 年制造业总产值的统计口径为"规模以上工业企业总产值"，2013~2015 年制造业总产值的统计口径为"规模以上工业企业销售产值"。个别年份缺失的数据，用插值法进行补充。

为对上述构建的实证模型中各变量有个直观清晰的了解，下面我们对各主要变量的数据特征作简要的描述性统计，结果见表 5-1。

表 5-1　　　　　　　　　主要变量指标的描述性统计结果

变量	名称	样本量	均值	标准差	最小值	最大值
lnecomance	制造业经济绩效	450	3.9304	0.8619	1.7546	5.4949
$lnagglo_1$	制造业产业集聚程度（区位熵方法度量）	450	0.0698	0.6058	-1.4031	1.3671
$lnagglo_2$	制造业产业集聚程度（就业密度方法度量）	450	2.3493	1.6987	-1.6376	6.3187

续表

变量	名称	样本量	均值	标准差	最小值	最大值
lnpgdp	经济发展水平	450	9.9765	0.7894	7.9708	11.5895
lnk	人均资本投入	450	1.5258	1.6006	−3.2956	4.0141
lnh	人力资本水平	450	2.1868	0.1354	1.8065	2.6205
lninsti	对外开放制度	450	−2.3134	0.9740	−4.2110	−0.0849
lninfra	基础设施	450	2.4236	0.3655	1.3610	3.2511
lnstruc	产业结构	450	−0.1499	0.0865	−0.5055	0.0228

5.3 实证分析

5.3.1 实证研究方法的选择

本章的主要研究内容是基于中国制造业省级地区面板数据，通过实证研究来对第 3 章中提出的产业集聚对制造业经济绩效影响的研究假说进行检验。面板数据的实证研究方法包括聚合最小二乘法（Pool OLS）、固定效应模型（FE）和随机效应模型（RE）等多种形式。由于普通的最小二乘法（OLS）会受到横截面个体间不易察觉的异质性和回归分析中可能存在的内生性干扰而使研究结果产生偏误（褚玉春和刘建平，2009）。因此，为了得到较为稳健的估计结果，本章参照国内外学者的通常做法，将分别采用固定效应模型（FE）和随机效应模型（RE）来探讨产业集聚对制造业经济绩效的影响。分析软件为 Stata 12.0。

为了较为全面、精确地探究中国现实经济发展中制造业产业集聚对其经济绩效的影响，是否显著存在"威廉姆森假说"，和现阶段制造业产业集聚能否有效提升其经济绩效水平以及制造业产业集聚是否会导致其经济绩效的区域差异和行业差异，本章将分别采用区位熵方法和就业（产值）密度方法来度量中国制造业产业集聚程度，并通过基于面板数据的实证分析来检验第 3 章中提出的产业集聚对制造业经济绩效影响的研究假说，其具体的实证分析过程可细分为以下三部分：一是基于 2001~2015 年中国 30 个省级地区制造业面板数据的总体回归分析；二是基于 2001~2015 年东中西部分区域制造业面板数据的分区域回归分析；三是基于 2003~2015 年中国 24 个地区分组的制造业各细分行业面板数据的分行业回归分析。

5.3.2　产业集聚对制造业经济绩效影响的总体分析

基于上文中实证模型式（5-6）和上一节的实证研究方法，首先，我们利用 2001~2015 年中国 30 个省级地区制造业面板数据对各变量的系数进行估计，表 5-2 中的方程 1 和方程 2 分别报告了解释变量为 $lnagglo_1$（采用区位商方法度量制造业产业集聚程度）的固定效应模型（FE）和随机效应模型（RE）的总体回归分析结果；方程 3 和方程 4 分别报告了解释变量为 $lnagglo_2$（采用就业密度方法度量制造业产业集聚程度）的固定效应模型（FE）和随机效应模型（RE）的总体回归分析结果。

表 5-2　　　　产业集聚对制造业经济绩效的影响：总体分析

变量	方程 1（FE）	方程 2（RE）	方程 3（FE）	方程 4（RE）
$lnagglo_1$	-12.5162 *** (2.4755)	-13.8932 *** (2.6632)		
$lnagglo_1 \times lnpgdp$	3.6083 *** (0.4936)	2.8656 *** (0.5308)		
$lnagglo_1 \times (lnpgdp)^2$	-0.1377 *** (0.0245)	-0.1495 *** (0.0264)		
$lnagglo_2$			2.2256 *** (0.4218)	-4.8828 *** (0.6329)
$lnagglo_2 \times lnpgdp$			0.2882 *** (0.0854)	0.9118 *** (0.1254)
$lnagglo_2 \times (lnpgdp)^2$			-0.0109 *** (0.0042)	-0.0348 *** (0.0061)

续表

变量	方程 1（FE）	方程 2（RE）	方程 3（FE）	方程 4（RE）
lnk	0.2740 *** (0.0248)	0.2076 *** (0.0236)	0.1557 *** (0.0156)	0.1792 *** (0.0231)
lnh	0.2051 (0.2640)	0.6919 *** (0.2366)	0.0221 (0.1542)	0.5034 ** (0.2228)
lninsti	−0.0057 * (0.0322)	0.0331 (0.0302)	−0.0652 *** (0.0199)	−0.0124 (0.0290)
lninfra	0.1049 ** (0.0526)	0.1862 *** (0.0528)	0.0306 * (0.0328)	−0.0219 (0.0496)
lnstruc	0.8402 *** (0.1195)	0.5999 *** (0.1205)	1.0953 *** (0.0738)	0.5645 *** (0.1072)
常数项	2.3466 *** (0.6021)	0.4421 (0.5595)	5.3567 *** (0.3680)	2.0567 *** (0.5197)
时间虚拟变量	Yes	Yes	Yes	Yes
地区虚拟变量	Yes	Yes	Yes	Yes
Hausman 检验 p 值	0.0000		0.0000	
R^2	0.9666	0.9641	0.9878	0.9741
OBS	450	450	450	450

注：（1）括号中数值为标准误；（2）***、**、*分别表示变量系数通过了 1%、5%、10% 的显著性检验；（3）OBS 表示样本观察值个数。

通过观察表 5 − 2 中产业集聚对制造业经济绩效影响的总体回归分析结果，我们可以发现：从全国总体来看，无论解释变量为 $lnagglo_1$ 还是为 $lnagglo_2$，首先，根据 Hausman 检验，p 值均为 0.0000，都小于 0.05，拒绝原假设[①]，为此，我们在固定效应模型（FE）和随机效应模型（RE）之间选择固定效应模型（FE）。也就是说，根据 Hausman 检验，方程 1 的结果优于方程 2，方程 3 的结果优于方程 4。因此，本章在方程 1 和方程 3 估计结果的基础上分别讨论解释变量为 $lnagglo_1$ 和

---

① 原假设为在固定效应模型（FE）和随机效应模型（RE）之间，选择随机效应模型（RE）。

$lnagglo_2$ 的总体回归分析的发现。

通过观察方程 1 和方程 3 中各变量系数的估计值，我们可以得出以下几点发现：

（1）在控制了人均资本投入、人力资本水平、对外开放制度、基础设施以及产业结构等条件下，$\lambda_2 > 0$，且通过了 1% 的显著性检验，$\lambda_3 < 0$，且也通过了 1% 的显著性检验，这表明中国制造业产业集聚对其经济绩效的影响与经济发展水平之间的关系符合显著的倒"U"型曲线，即在区域经济发展水平没有达到临界值以前，中国制造业产业集聚能够显著促进其经济绩效水平提高，并且这种促进作用会随着区域经济发展水平的提高而不断增强；但是，随着区域经济的不断发展，经济发展水平也在逐渐提升，当区域经济发展水平超出一定的临界值后，制造业产业集聚所带来的拥挤成本将显著高于其获得的集聚收益，即制造业产业集聚所产生的负外部性（拥挤效应）将明显超过其正外部性（集聚效应），此时产业集聚反而会成为制约中国制造业经济绩效水平继续提升的瓶颈。也就是说，从全国总体来看，中国制造业产业集聚对其经济绩效的影响，显著存在"威廉姆森假说"，研究假说 H1 得到了验证。

（2）人均资本投入对制造业经济绩效的影响系数为正，并且均通过了 1% 的显著性检验，这表明如果加大中国各地区制造业的投资力度，那么将会有利于提高中国制造业的经济绩效水平，这与大多数学者的研究结论一致。

（3）人力资本水平对制造业经济绩效的影响系数虽均为正，但却都没有通过显著性检验。其主要原因可能在于：人力资本转化为现实生产力还需要一定的时间和过程，因此不能及时地形成人力资源"蓄水池"效应以及转变为就业能力和创造能力，从而导致其对中国制造业经济绩效的影响不显著。

（4）值得注意的是，对外开放制度对制造业经济绩效的影响为负，并且通过了至少 10% 的显著性检验。这表明对外开放制度在某种程度上会对中国制造业经济绩效产生一定的挤出效应。其主要原因可能在于：一方面，虽然随着对外开放制度的不断提高，越来越多的外资流入中国，但是跨国公司所采取的技术封锁或知识产权保护等措施导致中国制造业企业难以真正获取利用外资的技术溢出效应（马林和章凯栋，2008）；另一方面，当前中国制造业大多处于技术中低端，在国际竞争中处于相对不利的地位。目前外资大多流入了中国低端的加工制造业环节，其并不会把其先进的优势技术传授给中国制造业企业，这样可能不仅会造成中国制造业企业在低端价值链和低技术水平上的锁定，从而对中国制造业企业产生一定的技术"挤出效应"，进而抑制中国制造业经济绩效水平的提升，而且还会占据原先中国制造业企业保有的部分市场份额，从而不利于中国制造业企业经济绩效水平的提升。

（5）基础设施对制造业经济绩效的影响系数也为正，并且通过了至少10%的显著性检验。这表明基础设施的改善也能够显著促进中国制造业经济绩效水平的提升，这与大多数学者的研究结论一致。

（6）产业结构对制造业经济绩效的影响系数同样为正，并且也都通过了1%的显著性检验。此外，在所有系数为正的变量中，其值为最大。这表明产业结构对中国制造业经济绩效水平的提升发挥着至关重要的作用。因此，要想提升中国制造业的经济绩效水平，有效促进其产业结构合理化，积极推进制造业产业结构转型升级，是一个可供选择的重要途径。

为了进一步探究中国经济发展的当前阶段，制造业产业集聚对其经济绩效究竟存在何种影响，以及这种影响与区域经济发展水平之间的关系到底处于倒"U"型曲线的哪一侧，我们以表5-2中方程1的估计结果为例，计算出了全国总体制造业经济绩效对其产业集聚的一阶偏导数，从而得到：

$$\frac{\partial \ln ecomance}{\partial \ln agglo} = -12.5162 + 3.6083 \ln pgdp - 0.1377(\ln pgdp)^2$$

$$(5-10)$$

为了更为直观地反映中国制造业产业集聚对其经济绩效的影响与区域经济发展水平之间呈现的倒"U"型曲线变化形态，根据式（5-10）制造业经济绩效对其产业集聚的一阶偏导数，我们绘制了全国总体制造业产业集聚对其经济绩效的影响效应随经济发展水平变化的趋势图

（见图 5 − 1，其中：纵轴表示 $\dfrac{\partial \ln ecomance}{\partial \ln agglo}$，横轴表示 lnpgdp，下同），

并运用 Matlab 2012a 软件计算了倒"U"型曲线的极值点。

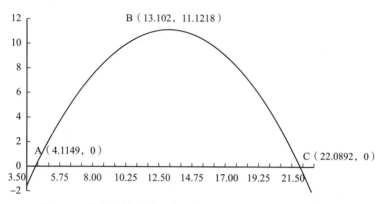

**图 5 − 1　全国总体制造业产业集聚对其经济绩效的影响效应
随经济发展水平变化的趋势**

图 5 − 1 中存在三个特殊点，即 A（4.1149，0）、B（13.102，11.1218）、C（22.0892，0），其中 B 点是极大值点，它把倒"U"型曲线分成两部分：第一部分是 A、B 之间的曲线，即倒"U"型曲线左侧，这一阶段，制造业产业集聚能够显著促进其经济绩效水平提高，并且这种促进作用会随着区域经济发展水平的提高而不断增强；第二部分是 B、C 之间的曲线，即倒"U"型曲线右侧，这一阶段，制造业产业集聚对其经济绩效的促进作用将越来越小甚至可能抑制其经济绩效水平的继续提升。

由描述性统计结果可知：在中国经济发展的当前阶段，lnpgdp ∈ （7.9708，11.5895），而根据图 5 − 1，我们可以发现：当 lnpgdp ∈ （4.1149，13.102）时，$\dfrac{\partial \ln ecomance}{\partial \ln agglo}$ 恒大于 0，并随着 lnpgdp 的增大而不断递增。因此，我们可以发现：在中国经济发展的当前阶段，制造业产业集聚对其经济绩效的影响效应处于图 5 − 1 中倒"U"型曲线左侧，这表明现阶段中国制造业产业集聚所带来的正外部性（集聚效应）

远高于其负外部性（拥挤效应），向心力（集聚力量）还明显大于离心力（分散力量），即中国制造业由产业过度集聚向产业扩散的转移阶段尚未到来，也就是说，现阶段中国制造业产业集聚仍然能够显著提升其经济绩效水平，研究假说 H2 得到了验证。

5.3.3　产业集聚对制造业经济绩效影响的分区域分析

前面的分析表明中国制造业产业集聚仍然能够显著提升其经济绩效水平，而考虑到现阶段中国制造业逐渐形成了以东部沿海地区为中心、中西部地区为外围的产业集聚模式，即中国东部地区与中西部地区制造业产业集聚程度之间存在较大的空间异质性。为此，非常有必要在总体分析的基础上进一步探讨制造业产业集聚对其经济绩效的影响在不同区域间是否存在差异，即制造业产业集聚的差异是否会导致其对经济绩效影响的区域差异。因此，本章我们把全国总体划分为东部地区和中西部地区①，对它们分别进行研究。表 5 - 3 报告了分区域的估计结果。其中，方程 5 和方程 6、方程 7 和方程 8 分别是解释变量为 $lnagglo_1$（采用区位商方法度量制造业产业集聚程度）的固定效应模型（FE）和随机效应模型（RE）的东部地区、中西部地区回归分析结果；方程 9 和方程 10、方程 11 和方程 12 分别是解释变量为 $lnagglo_2$（采用就业密度方法度量制造业产业集聚程度）的固定效应模型（FE）和随机效应模型（RE）的东部地区、中西部地区回归分析结果。

通过观察表 5 - 3 中产业集聚对制造业经济绩效影响的分区域回归分析结果，我们可以发现：

（1）在中国东部地区，无论解释变量为 $lnagglo_1$ 还是为 $lnagglo_2$，首先，根据 Hausman 检验，p 值都小于 0.05，拒绝原假设，为此，我们在固定效应模型（FE）和随机效应模型（RE）之间选择固定效应模型（FE）。也就是说，根据 Hausman 检验，方程 5 的结果优于方程 6，

① 东部地区包括北京、天津、河北、辽宁、上海、江苏、浙江、福建、山东、广东、海南 11 个省份；中西部地区包括山西、内蒙古、吉林、黑龙江、安徽、江西、河南、湖北、湖南、广西、重庆、四川、贵州、云南、陕西、甘肃、青海、宁夏、新疆 19 个省份。

表5-3 产业集聚对制造业经济绩效的影响：分区域分析

变量	东部地区 方程5 (FE)	东部地区 方程6 (RE)	中西部地区 方程7 (FE)	中西部地区 方程8 (RE)	东部地区 方程9 (FE)	东部地区 方程10 (RE)	中西部地区 方程11 (FE)	中西部地区 方程12 (RE)
lnagglo_1	-13.8725* (7.1214)	-13.3791* (7.4979)	-6.8468 (4.6177)	-6.6608 (4.6891)				
$\text{lnagglo}_1 \times \text{lnpgdp}$	3.9845** (1.3646)	2.6688* (1.4377)	1.3593 (0.9743)	1.3343 (0.9896)				
$\text{lnagglo}_1 \times (\text{lnpgdp})^2$	-0.1416** (0.0652)	-0.1347** (0.0688)	-0.0712 (0.0513)	-0.0706 (0.0521)				
lnagglo_2					-3.9822*** (1.1756)	-8.7788*** (1.7214)	-0.6255 (0.9295)	-4.0904*** (1.1750)
$\text{lnagglo}_2 \times \text{lnpgdp}$					1.2624*** (0.2112)	1.4054*** (0.3081)	0.1035 (0.1958)	0.7386*** (0.2442)
$\text{lnagglo}_2 \times (\text{lnpgdp})^2$					-0.0453*** (0.0095)	-0.0615*** (0.0138)	-0.0067 (0.0100)	-0.0361 (0.0125)
lnk	0.2089*** (0.0504)	0.1233*** (0.0465)	0.2078*** (0.0333)	0.1704*** (0.0287)	0.0738*** (0.0237)	0.0680* (0.0361)	0.1362*** (0.0236)	0.1733*** (0.0293)

续表

变量	东部地区		中西部地区		东部地区		中西部地区	
	方程 5 (FE)	方程 6 (RE)	方程 7 (FE)	方程 8 (RE)	方程 9 (FE)	方程 10 (RE)	方程 11 (FE)	方程 12 (RE)
lnh	-0.8421 (0.6775)	1.5724*** (0.5550)	0.0195 (0.2794)	0.1384 (0.2561)	0.0468 (0.3005)	0.5349 (0.4597)	-0.1613 (0.1760)	-0.1668 (0.2188)
lninsti	-0.0431 (0.1372)	-0.0685 (0.0943)	-0.0016 (0.0315)	-0.0040 (0.0308)	-0.0750 (0.0612)	-0.0422 (0.0867)	0.0246 (0.0217)	-0.0782*** (0.0264)
lninfra	0.1036 (0.0896)	0.1490* (0.0874)	-0.1294 (0.0879)	-0.0628 (0.0837)	0.0437 (0.0430)	-0.0577 (0.0677)	-0.0408 (0.0585)	-0.1107 (0.0743)
lnstruc	0.8971** (0.3724)	0.3101* (0.3053)	0.9140*** (0.1231)	0.9000*** (0.1243)	0.4834*** (0.1562)	0.6964*** (0.2240)	1.1573*** (0.0842)	0.8048*** (0.1060)
常数项	4.1098** (1.5994)	-1.6129 (1.2813)	2.5909*** (0.6771)	2.2486*** (0.6136)	7.2233*** (0.7576)	5.6089*** (1.1542)	4.7346*** (0.4424)	3.3208*** (0.5423)
时间虚拟变量	Yes	Yes	Yes	Yes	Yes	Yes	Yes	Yes
地区虚拟变量	Yes	Yes	Yes	Yes	Yes	Yes	Yes	Yes
Hausman 检验 p 值	0.0001		0.0227		0.0000		0.0000	
R^2	0.9453	0.9354	0.9786	0.9784	0.9896	0.9825	0.9906	0.9849
OBS	165	165	285	285	165	165	285	285

注：(1) 括号中数值为标准误；(2) ***、**、* 分别表示变量系数通过了 1%、5%、10% 的显著性检验；(3) OBS 表示样本观察值个数。

方程 9 的结果优于方程 10。方程 5 和方程 9 的估计结果显示，在控制了人均资本投入、人力资本水平、对外开放制度、基础设施以及产业结构等条件下，$\lambda_2 > 0$，$\lambda_3 < 0$，且通过了至少 5% 的显著性检验，这表明在中国东部地区，制造业产业集聚对其经济绩效的影响与经济发展水平之间的关系符合明显的倒 "U" 型曲线，即中国东部地区产业集聚对其经济绩效的影响，也显著存在 "威廉姆森假说"。

（2）在中国中西部地区，无论解释变量为 $lnagglo_1$ 还是为 $lnagglo_2$，首先，根据 Hausman 检验，p 值都小于 0.05，为此，我们在方程 7 和方程 8 之间选择方程 7，在方程 11 和方程 12 之间选择方程 11。方程 7 和方程 11 的估计结果显示，在控制了人均资本投入、人力资本水平、对外开放制度、基础设施以及产业结构等条件下，虽然 $\lambda_2 > 0$，$\lambda_3 < 0$，但却都没有通过显著性检验，这表明在中国中西部地区，制造业产业集聚对其经济绩效的影响，不存在所谓的 "威廉姆森假说"。其主要原因可能在于：现阶段，中国中西部地区经济发展水平和制造业产业集聚程度仍然较低，从而使得其在制造业产业集聚过程中的主要表现为获得集聚收益和产生集聚效应，由制造业产业过度集聚所带来的负外部性（拥挤效应）还未显现。

为了进一步探讨中国经济发展的当前阶段，东部地区制造业产业集聚对其经济绩效究竟存在何种影响，我们以表 5-3 中方程 5 的估计结果为例，计算出了中国东部地区制造业经济绩效对其产业集聚的一阶偏导数，从而得到：

$$\frac{\partial lnecomance}{\partial lnagglo} = -13.8725 + 3.9845 lnpgdp - 0.1416(lnpgdp)^2$$

$$(5-11)$$

同时，为了更为直观地反映东部地区制造业产业集聚对其经济绩效的影响与区域经济发展水平之间呈现的倒 "U" 型曲线变化形态，根据式（5-11），我们绘制了东部地区制造业产业集聚对其经济绩效的影响效应随经济发展水平变化的趋势图（如图 5-2 所示），并运用 Matlab 2012a 软件计算了倒 "U" 型曲线的极值点。

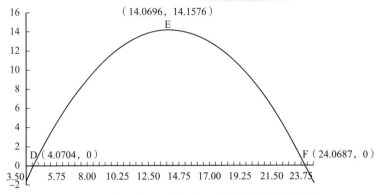

**图 5 – 2 东部地区制造业产业集聚对其经济绩效的
影响效应随经济发展水平变化的趋势**

图 5 – 2 中存在三个特殊点，即 D（4.0704，0）、E（14.0696，14.1576）、F（24.0687，0），其中 E 点是极大值点，它把倒"U"型曲线分成两部分：第一部分是 D、E 之间的曲线，即倒"U"型曲线左侧，这一阶段，东部地区制造业产业集聚能够显著促进其经济绩效水平提高，并且这种促进作用会随着区域经济发展水平的提高而不断增强；第二部分是 E、F 之间的曲线，即倒"U"型曲线右侧，这一阶段，东部地区制造业产业集聚对其经济绩效的促进作用将越来越小甚至可能抑制其经济绩效水平的继续提升。

由前面的分析可知，在中国经济发展的当前阶段，$lnpgdp \in$ （7.9708，11.5895），而根据图 5 – 2，我们可以发现：当 $lnpgdp \in$ （4.0704，14.0696）时，式（5 – 11）恒大于 0，并随着 $lnpgdp$ 的增大而不断递增。因此，我们可以发现：现阶段东部地区制造业产业集聚仍然能够显著提升其经济绩效水平，并随着区域经济发展水平的提高而呈现上升的发展趋势。

为了更加深入地探究中国经济发展的当前阶段，制造业产业集聚对其经济绩效的影响在不同区域间是否存在差异，即制造业产业集聚的差异是否会导致其对经济绩效影响的区域差异，我们将全国总体制造业产业集聚对其经济绩效的影响与东部地区制造业产业集聚对其经济绩效的影响进行比较，同时，为了更加直观地进行比较，根据式（5 – 10）和式（5-11），我们绘制了全国总体和东部地区制造业产业集聚对其经济绩效的影响效应随经济发展水平变化的比较趋势图，见图5-3。

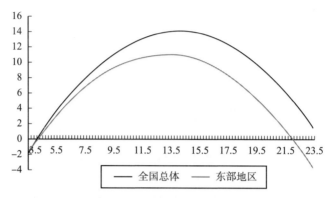

图5-3　全国总体与东部地区制造业产业集聚对其经济绩效的影响效应的比较趋势

设全国总体制造业经济绩效对其产业集聚的一阶偏导数为 $f_1(\text{lnpgdp})$，东部地区制造业经济绩效对其产业集聚的一阶偏导数为 $f_2(\text{lnpgdp})$，则有：

$$f_1(\text{lnpgdp}) = -12.5162 + 3.6083\text{lnpgdp} - 0.1377(\text{lnpgdp})^2 \quad (5-12)$$

$$f_2(\text{lnpgdp}) = -13.8725 + 3.9845\text{lnpgdp} - 0.1416(\text{lnpgdp})^2 \quad (5-13)$$

设全国总体的经济发展水平为 lnpgdp^* [$\text{lnpgdp}^* \in (7.9708, 11.5895)$]，根据图5-3可知：

$$f_1(\text{lnpgdp}^*) < f_2(\text{lnpgdp}^*) \quad (5-14)$$

设东部地区的经济发展水平为 $\text{lnpgdp}_{东部}$，由当前中国经济发展的现状可知，东部地区的经济发展水平高于全国总体的经济发展水平，因此有：

$$\text{lnpgdp}_{东部} > \text{lnpgdp}^* \quad (5-15)$$

而根据图5-1和图5-2可知，当前 lnpgdp^* 和 $\text{lnpgdp}_{东部}$ 均处于倒"U"型曲线的左侧，结合式（5-15）可以得出：

$$f_2(\text{lnpgdp}^*) < f_2(\text{lnpgdp}_{东部}) \quad (5-16)$$

综合式（5-14）和式（5-16），我们可以得到：

$$f_1(\text{lnpgdp}^*) < f_2(\text{lnpgdp}_{东部}) \qquad (5-17)$$

即东部地区制造业产业集聚对其经济绩效的促进作用要大于全国总体制造业产业集聚对其经济绩效的促进作用。

而全国总体制造业产业集聚对其经济绩效的促进作用为东部地区和中西部地区制造业产业集聚对其经济绩效的促进作用的加权平均。因此，结合式（5-17），我们可以推导出中国东部地区制造业产业集聚对其经济绩效的促进作用显著大于中西部地区制造业产业集聚对其经济绩效的促进作用，即制造业产业集聚对其经济绩效的影响在东部地区和中西部地区之间存在显著的差异。此外，结合当前中国东部地区制造业产业集聚程度和经济绩效水平明显高于中西部地区的事实，可以进一步推导出东部地区与中西部地区之间制造业经济绩效水平的差异将不断扩大。这就是说，现阶段，制造业产业集聚也会导致产业集聚区（中心区）与产业非集聚区（外围区）之间经济绩效差距的不断扩大。研究假说 H3 得到了验证。

5.3.4 产业集聚对制造业经济绩效影响的分行业分析

当前，随着中国制造业的不断发展，不同制造业各细分行业之间产业集聚程度也已呈现出较大的行业异质性，为此，很有必要进一步探究制造业产业集聚对其经济绩效的影响在各细分行业之间是否存在差异，即制造业产业集聚的差异是否会导致其对经济绩效影响的行业差异。因此，本书采用区位商方法和产值密度方法来分别度量中国制造业各细分行业的产业集聚程度，然后基于 2003～2015 年[1]中国 24 个地区[2]分组的制造业各细分行业面板数据，并运用固定效应模型（FE）

---

[1] 本章之所以选择 2003～2015 年作为制造业细分行业样本时间，其主要原因在于：我国的行业划分标准，即《国民经济行业分类》（GB/T 4754）国家标准于 1984 年首次发布，1994 年进行了第一次修订，2002 年进行了第二次修订。2003 年及以后应用的是 2002 年修订的（GB/T 4754—2002）行业划分标准。也就是说，2003 年及以后的制造业细分行业数据与 2003 年之前的数据不具有可比性（刘军等，2010）。并且最新可得的制造业细分行业数据年份为 2015 年。

[2] 由于山西、广西、海南、贵州、西藏、青海、宁夏等省级地区制造业细分行业部分年份数据缺失，因此，上述地区没有包括在本章的研究范围内（下文同）。

这一计量分析方法①，分别对 21 个制造业细分行业产业集聚对其经济绩效的影响进行了回归分析。同时，为了更加直观、清晰地比较中国制造业各细分行业产业集聚对其经济绩效的影响程度，我们借鉴拉奥（Lall，2000）、李廉水和杜占元（2004）、谢建国和吴春燕（2013）的分类方法，将上述 21 个制造业细分行业分为劳动密集型产业、资源密集型产业和技术密集型产业②，结果见表 5 - 4。

表 5 - 4　　　产业集聚对制造业经济绩效的影响：分行业分析

行业	产业集聚度量方法	lnagglo	lnagglo × lnpgdp	lnagglo × (lnpgdp)²	控制变量	常数项	地区和时间虚拟变量	OBS
劳动密集型产业回归分析结果								
C1	区位商	-20.7705 *** (5.3146)	3.7927 *** (1.0373)	-0.1712 *** (0.0504)	Yes	-1.0020 * (0.5692)	Yes	312
C1	产值密度	-1.9783 ** (0.9291)	0.5009 *** (0.1737)	-0.0258 *** (0.0082)	Yes	1.8904 *** (0.7205)	Yes	312
C2	区位商	-7.0517 * (4.1318)	1.1737 * (0.8165)	-0.0484 ** (0.0400)	Yes	-1.5232 *** (0.5633)	Yes	312
C2	产值密度	-4.3999 *** (1.0350)	0.8762 *** (0.2013)	-0.0434 *** (0.0097)	Yes	2.6763 *** (0.7955)	Yes	312
C3	区位商	-3.3111 (4.0397)	0.3106 * (0.8058)	-0.0018 * (0.0399)	Yes	-0.4957 (0.5715)	Yes	312

---

① 前面的分析证明了固定效应模型（FE）的稳健性，因此我们仅用这一方法进行估计。

② 劳动密集型产业包括：农副食品加工业，食品制造业，饮料制造业，烟草制品业，纺织业，纺织服装、鞋、帽制造业，造纸及纸制品业，金属制品业 8 个制造业细分行业；资源密集型产业包括：石油加工、炼焦及核燃料加工业，化学原料及化学制品制造业，非金属矿物制品业，黑色金属冶炼及压延加工业，有色金属冶炼及压延加工业 5 个制造业细分行业；技术密集型产业包括：医药制造业，化学纤维制造业，通用设备制造业，专用设备制造业，交通运输设备制造业，电气机械及器材制造业，通信设备、计算机及其他电子设备制造业，仪器仪表及文化、办公用机械制造业 8 个制造业细分行业。

行业	产业集聚度量方法	lnagglo	lnagglo × lnpgdp	lnagglo × (lnpgdp)^2	控制变量	常数项	地区和时间虚拟变量	OBS
				劳动密集型产业回归分析结果				
C3	产值密度	− 3.6067 *** (1.1999)	0.7642 *** (0.2288)	− 0.0387 *** (0.0111)	Yes	3.0575 *** (0.7827)	Yes	312
C4	区位商	7.4541 *** (2.4612)	1.5009 *** (0.4960)	− 0.0747 *** (0.0250)	Yes	− 1.3910 ** (0.6233)	Yes	312
C4	产值密度	− 2.5132 ** (1.1429)	0.5899 ** (0.2274)	− 0.0322 *** (0.0110)	Yes	2.2612 *** (0.7817)	Yes	312
C5	区位商	− 4.1614 ** (1.8050)	0.8291 ** (0.3591)	− 0.0419 ** (0.0177)	Yes	− 1.2616 ** (0.6291)	Yes	312
C5	产值密度	− 6.1287 *** (0.9774)	1.2483 *** (0.1857)	− 0.0626 *** (0.0090)	Yes	2.0107 *** (0.7193)	Yes	312
C6	区位商	− 8.2536 *** (1.9566)	1.7788 *** (0.3979)	− 0.0952 *** (0.0203)	Yes	− 0.4688 (0.5939)	Yes	312
C6	产值密度	− 3.5822 *** (0.8215)	0.7562 *** (0.1599)	− 0.0388 *** (0.0079)	Yes	2.1307 *** (0.7412)	Yes	312
C7	区位商	− 6.5772 (4.0880)	1.4929 * (0.8163)	− 0.0846 ** (0.0409)	Yes	− 1.0150 * (0.5988)	Yes	312
C7	产值密度	− 2.6964 *** (0.9747)	0.6503 *** (0.1883)	− 0.0350 *** (0.0091)	Yes	1.3780 * (0.7448)	Yes	312
C15	区位商	− 17.8704 *** (4.2511)	3.7929 ** (0.8641)	− 0.1984 ** (0.0439)	Yes	− 0.3895 (0.5869)	Yes	312
C15	产值密度	− 1.7370 (0.8693)	0.4164 ** (0.1665)	− 0.0215 * (0.0081)	Yes	2.3670 *** (0.7075)	Yes	312

续表

行业	产业集聚度量方法	lnagglo	lnagglo × lnpgdp	lnagglo × (lnpgdp)²	控制变量	常数项	地区和时间虚拟变量	OBS
资源密集型产业回归分析结果							
C8	区位商	6.9088 ** (2.6954)	1.4976 *** (0.5506)	−0.0790 *** (0.0279)	Yes	−1.0737 * (0.5922)	Yes	312
C8	产值密度	−4.6877 *** (0.8377)	0.9261 *** (0.1627)	−0.0451 *** (0.0077)	Yes	3.1445 *** (0.7838)	Yes	312
C9	区位商	16.5973 ** (7.5318)	3.0941 ** (1.4692)	−0.1420 ** (0.0713)	Yes	−1.2522 ** (0.6090)	Yes	312
C9	产值密度	−2.3919 ** (0.9221)	0.5320 *** (0.1745)	−0.0277 *** (0.0082)	Yes	2.3644 *** (0.7848)	Yes	312
C12	区位商	−19.4059 *** (5.7130)	3.5344 *** (1.1087)	−0.1583 *** (0.0534)	Yes	−1.4677 ** (0.5912)	Yes	312
C12	产值密度	−1.7550 * (1.0354)	0.4381 ** (0.1943)	−0.0227 ** (0.0093)	Yes	2.0746 *** (0.7453)	Yes	312
C13	区位商	−3.4021 (4.0970)	0.4443 * (0.8003)	−0.0147 * (0.0388)	Yes	−0.9036 (0.5530)	Yes	312
C13	产值密度	−4.1312 *** (0.9342)	0.7783 *** (0.1748)	−0.0378 *** (0.0082)	Yes	3.3023 *** (0.7804)	Yes	312
C14	区位商	−4.5454 * (2.5746)	0.8683 * (0.5215)	−0.0433 * (0.0263)	Yes	−0.7940 (0.6047)	Yes	312
C14	产值密度	−2.7760 *** (0.9280)	0.5890 *** (0.1759)	−0.0305 *** (0.0083)	Yes	2.8258 *** (0.8012)	Yes	312
技术密集型产业回归分析结果							
C10	区位商	16.7484 *** (5.1654)	3.5999 *** (1.0341)	−0.1890 *** (0.0514)	Yes	−1.0595 * (0.5831)	Yes	312
C10	产值密度	−2.8694 *** (1.0082)	0.6228 *** (0.1927)	−0.0318 *** (0.0093)	Yes	2.4097 *** (0.7968)	Yes	312
C11	区位商	1.0822 (1.1032)	−0.1573 (0.2174)	0.0043 (0.0107)	Yes	−1.0701 * (0.5613)	Yes	312

续表

行业	产业集聚度量方法	lnagglo	lnagglo × lnpgdp	lnagglo × (lnpgdp)^2	控制变量	常数项	地区和时间虚拟变量	OBS
				技术密集型产业回归分析结果				
C11	产值密度	-1.3337* (0.7243)	0.3096 (0.1436)	-0.0177 (0.0071)	Yes	2.1040*** (0.7193)	Yes	312
C16	区位商	0.2091 (4.2475)	-0.0217 (0.8512)	0.0003 (0.0428)	Yes	-1.2697** (0.6234)	Yes	312
C16	产值密度	-2.9036*** (0.8778)	0.6306 (0.1670)	-0.0323 (0.0080)	Yes	2.1264*** (0.7802)	Yes	312
C17	区位商	14.5631** (5.8175)	-3.0629*** (1.1718)	0.1586*** (0.0587)	Yes	-1.1195* (0.6141)	Yes	312
C17	产值密度	-3.5160*** (0.9008)	0.7366 (0.1728)	-0.0373 (0.0083)	Yes	2.2266*** (0.8225)	Yes	312
C18	区位商	4.7602* (2.4970)	-1.0174** (0.5040)	0.0526** (0.0254)	Yes	-1.0390* (0.6181)	Yes	312
C18	产值密度	-2.1064*** (0.7350)	0.4707 (0.1406)	-0.0244 (0.0068)	Yes	2.5025*** (0.7860)	Yes	312
C19	区位商	-11.2408*** (3.7796)	2.4068 (0.7627)	-0.1269 (0.0385)	Yes	-0.9573 (0.5892)	Yes	312
C19	产值密度	-3.5349 (0.8188)	0.7477 (0.1574)	-0.0375 (0.0076)	Yes	2.0572*** (0.7414)	Yes	312
C20	区位商	-1.5843 (1.6781)	0.4151 (0.3392)	-0.0251 (0.0171)	Yes	-0.3352 (0.6128)	Yes	312
C20	产值密度	-3.0877 (0.6986)	0.6466 (0.1352)	-0.0331 (0.0065)	Yes	2.1393*** (0.7610)	Yes	312
C21	区位商	2.1893 (1.9435)	-0.3732 (0.3901)	0.0157 (0.0196)	Yes	-1.1271* (0.5964)	Yes	312
C21	产值密度	-2.1231 (0.9235)	0.4600 (0.1818)	-0.0245 (0.0089)	Yes	2.5305*** (0.7687)	Yes	312

　　注：（1）括号中数值为标准误；（2）***、**、*分别表示变量系数通过了1%、5%、10%的显著性检验；（3）OBS 表示样本观察值个数；（4）限于篇幅，本处我们没有列出各控制变量的系数、显著性及标准误。

通过观察表 5 – 4，我们可以发现，不同制造业各细分行业之间产业集聚对其经济绩效的影响作用明显不同。在中国制造业 21 个细分行业中，无论采用区位商方法还是采用产值密度方法来度量地区分组的制造业各细分行业的产业集聚程度，C1 农副食品加工业，C2 食品制造业，C3 饮料制造业，C4 烟草制品业，C5 纺织业，C6 纺织服装、鞋、帽制造业，C7 造纸及纸制品业，C8 石油加工、炼焦及核燃料加工业，C9 化学原料及化学制品制造业，C10 医药制造业，C12 非金属矿物制品业，C13 黑色金属冶炼及压延加工业，C14 有色金属冶炼及压延加工业，C15 金属制品业等 14 个制造业细分行业的回归分析结果均显示，$\lambda_2 > 0$，$\lambda_3 < 0$，并都至少通过了 10% 的显著性检验，这表明这 14 个制造业细分行业的产业集聚对其经济绩效的影响，显著存在"威廉姆森假说"，即这些制造业细分行业存在产业过度集聚现象，并会引起由过度集聚带来的负外部性（拥挤效应）的产生。但是，C11 化学纤维制造业，C16 通用设备制造业，C17 专用设备制造业，C18 交通运输设备制造业，C19 电气机械及器材制造业，C20 通信设备、计算机及其他电子设备制造业，C21 仪器仪表及文化、办公用机械制造业等 7 个制造业细分行业的回归分析结果却表明这 7 个制造业细分行业的产业集聚对其经济绩效的影响，不存在所谓的"威廉姆森假说"，即这些制造业细分行业不存在产业过度集聚现象，其在产业集聚过程中主要表现为获得集聚收益和产生集聚效应，而由产业过度集聚带来的负外部性（拥挤效应）并未显现。由此可见，制造业产业集聚对其经济绩效的影响同样存在明显的行业差异。研究假说 H4 得到了验证。

此外，值得注意的是，通过将上述 21 个制造业细分行业分为劳动密集型产业、资源密集型产业和技术密集型产业，我们还可以发现，现阶段产业过度集聚现象主要存在于劳动密集型产业和资源密集型产业集聚中，而技术密集型产业中除了 C10 医药制造业存在一定的产业过度集聚现象，其余的行业均不存在产业过度集聚现象。其主要原因可能在于：医药制造业对于资源有一定程度的依赖，从而造成其在资源禀赋优势大的区域内大量集聚，进而导致出现过度集聚的现象。这一发现，为中国各地区根据自身的资本积累、技术水平、产业基础、资源禀赋和比较优势，实施合理有效的制造业行业发展策略提供了一定的理论基础。因此，为了有效提升中国制造业行业经济绩效水平，各级产业规划部门和政府部门应当制定合理的制造业产业转移政策，积极引导东部地区部分表现出一定的"拥挤效应"的劳动密集型产业和资源密集型产业向中西部地区适度转移，从而为东部地区集聚发展技术密集型产业腾出一定的空间，进一步优化制造业内部产业结构，进而促进制造业企业资源的合理高效配置，最终提高制造业经济运行中资源的利用效率。

5.4　内生性检验

制造业产业集聚有利于提升其经济绩效水平，反过来，制造业经济绩效水平的提高也有利于促进相关制造业产业在该区域或行业内的进一步集聚。这表明，产业集聚与制造业经济绩效之间存在相互影响的关系，也就是说，前期的制造业经济绩效会对当期的制造业经济绩效产生一定的影响，即存在内生性问题。鲍德温和大久保（Baldwin and Okubo，2006）也提出企业的自我选择效应会导致生产率较高的企业自主集聚到中心地区，而生产率较低的企业则逐渐扩散到外围地区，这样使得中心区域生产率进一步提高，这就是说，产业集聚研究面临较严重的内生性问题。因此，为了进一步增强上述回归分析结果的可靠性，本章还将使用由阿雷拉诺和博韦尔（Arellano and Bover，1995）提出，并由布伦德尔和邦德（Blundell and Bond，1998）改进的系统GMM方法来克服模型中被解释变量的内生性问题①。为此，借鉴杨浩昌等（2014）的做法，我们在式（5-6）的基础上引入被解释变量（制造业经济绩效）一阶滞后项将其扩展为一个动态实证模型：

①　布伦德尔和邦德（Blundell and Bond，1998）提出，系统GMM在差分GMM的基础上引入了水平方程，并增加了滞后的差分变量作为水平方程相应变量的工具变量，以此得到系统GMM的估计变量，大大提高了估计结果的有效性和一致性。因此，本章采用系统GMM来克服模型中被解释变量的内生性问题。

$$
\begin{aligned}
\text{lnecomance}_{it} = {} & \lambda_0 + \delta\text{lnecomance}_{i,t-1} \\
& + \text{lnagglo}_{it}\big[\lambda_1 + \lambda_2\text{lnpgdp}_{it} + \lambda_3(\text{lnpgdp}_{it})^2\big] \\
& + \lambda_4\text{lnk}_{it} + \sum \varphi\text{lnx}_{it} + \mu_i + \nu_t + \varepsilon_{it} \qquad (5-18)
\end{aligned}
$$

其中，$\text{lnecomance}_{i,t-1}$ 表示被解释变量（制造业经济绩效水平）一阶滞后项，其余符号同表达式（5-6）。

5.4.1 总体内生性检验

基于上述动态实证模型，利用 2001～2015 年中国 30 个省级地区制造业面板数据，本章首先对产业集聚对制造业经济绩效影响的总体回归分析结果进行内生性检验，从而对第 3 章中产业集聚对制造业经济绩效影响的研究假说再次进行验证，表 5-5 中方程 13 和方程 14 分别报告了解释变量为 lnagglo_1（采用区位商方法度量产业集聚程度）和解释变量为 lnagglo_2（采用就业密度方法度量产业集聚程度）的总体内生性检验中各变量系数的估计结果。

表 5-5　　产业集聚对制造业经济绩效的影响：总体内生性检验

变量	方程 13	方程 14
L. lnecomance	0.8648 *** (0.0182)	0.7758 *** (0.0301)
lnagglo_1	−7.8241 *** (2.7285)	
$\text{lnagglo}_1 \times \text{lnpgdp}$	1.8979 *** (0.5250)	
$\text{lnagglo}_1 \times (\text{lnpgdp})^2$	−0.0726 *** (0.0254)	
lnagglo_2		−1.4886 * (0.8375)
$\text{lnagglo}_2 \times \text{lnpgdp}$		0.3182 * (0.1561)

续表

变量	方程 13	方程 14
$lnagglo_2 \times (lnpgdp)^2$		-0.0119^* (0.0073)
lnk	0.0021^* (0.0113)	0.0402^{***} (0.0123)
lnh	0.6426^{***} (0.1350)	0.3945^{***} (0.1163)
lninsti	-0.0095 (0.0093)	-0.0304^{***} (0.0110)
lninfra	0.0782^{**} (0.0372)	0.0005 (0.0353)
lnstruc	0.2254^{**} (0.0899)	0.0950^* (0.0619)
常数项	-0.7889^{***} (0.2488)	-0.3158 (0.2777)
时间虚拟变量	Yes	Yes
地区虚拟变量	Yes	Yes
OBS	420	420
各检验量的 p 值		
AR（1）	0.000	0.000
AR（2）	0.156	0.215
Hansen 检验	0.914	0.985

注：（1）L. lnecomance 为变量 lnecomance 的滞后一阶；（2）括号中数值为标准误；（3）***、**、*分别表示变量系数通过了1%、5%、10%的显著性检验；（4）OBS 表示样本观察值个数。

通过观察表5-5，我们可以发现：方程13和方程14的估计结果中 AR（1）检验量的 p 值均小于0.1，因此拒绝原假设[1]，这表明估计

---

[1]　AR（1）检验量的原假设为估计方程的残差项不存在一阶序列相关。

方程的残差项确实存在一阶序列相关；AR（2）检验量的 p 值均大于 0.1，因此接受原假设①，这表明估计方程的残差项不存在二阶序列相关。也就是说，AR（1）和 AR（2）检验均表明我们设立的计量模型是合理的；Hansen 检验的 p 值均大于 0.1，因此接受原假设②，这表明我们使用的工具变量是合适的。

方程 13 和方程 14 的估计结果显示：无论解释变量为 $lnagglo_1$ 还是为 $lnagglo_2$，在控制了人均资本投入、人力资本水平、对外开放制度、基础设施以及产业结构等条件下，$\lambda_2 > 0$，$\lambda_3 < 0$ 均成立，并通过了至少 10% 的显著性检验。这表明 5.3.2 小节中产业集聚对制造业经济绩效影响的总体回归分析结果是稳健的。因此，我们可以进一步得出：从全国总体来看，中国制造业产业集聚对其经济绩效的影响，确实显著存在"威廉姆森假说"，研究假说 H1 进一步得到了证实。其余变量的系数符号也与方程 1 和方程 3 的估计结果基本一致，这再次表明了人均资本投入、人力资本水平、基础设施、产业结构对制造业经济绩效也具有一定的正向促进作用，而对外开放制度对制造业经济绩效则具有一定的负向挤出效应。

为了再次探究中国经济发展的当前阶段，制造业产业集聚对其经济绩效究竟存在何种影响，我们以方程 13 中的估计结果为例对此进行了计算，这里不再赘述。其计算结果显示：现阶段中国制造业产业集聚确实仍然能够显著提升其经济绩效水平，研究假说 H2 进一步得到了证实。

5.4.2　分区域内生性检验

接下来，基于上述动态实证模型，利用 2001~2015 年中国东中西部分区域制造业面板数据，本章对产业集聚对制造业经济绩效影响的分区域回归分析结果进行内生性检验。表 5-6 报告了分区域内生性检

---

①　AR（2）检验量的原假设为估计方程的残差项不存在二阶序列相关。

②　李锴和齐绍洲（2011）提出，与 Sargan 检验相比，Hansen 检验更加适用于异方差情况。因此，为了消除可能存在的异方差性，本章最终采用 Hansen 检验进行检验。Hansen 检验的原假设为所选工具变量是有效的。

验中各变量系数的估计结果。其中，方程 15 和方程 16 报告了解释变量为 lnagglo$_1$（采用区位商方法度量产业集聚程度）的东部地区和中西部地区内生性检验中各变量系数的估计结果；方程 17 和方程 18 报告了解释变量为 lnagglo$_2$（采用就业密度方法度量产业集聚程度）的东部地区和中西部地区内生性检验中各变量系数的估计结果。

表 5 - 6　产业集聚对制造业经济绩效的影响：分区域内生性检验

变量	方程 15（东部地区）	方程 16（中西部地区）	方程 17（东部地区）	方程 18（中西部地区）
L. lnecomance	0.8536 *** (0.0428)	0.8406 *** (0.0235)	0.6364 *** (0.0554)	0.7844 *** (0.0399)
lnagglo$_1$	-6.2362 * (5.5130)	-7.2600 ** (3.2558)		
lnagglo$_1$ × lnpgdp	1.9194 * (1.0566)	1.3926 * (0.6713)		
lnagglo$_1$ × (lnpgdp)^2	-0.0691 * (0.0506)	-0.0676 (0.0348)		
lnagglo$_2$			-2.1602 ** (1.7845)	-2.6388 ** (1.2797)
lnagglo$_2$ × lnpgdp			0.6940 * (0.3160)	0.5233 (0.2522)
lnagglo$_2$ × (lnpgdp)^2			-0.0254 * (0.0141)	-0.0262 (0.0124)
lnk	0.0184 (0.0241)	0.0212 ** (0.0092)	0.0088 (0.0166)	0.0494 *** (0.0174)
lnh	0.9571 *** (0.2136)	0.4953 *** (0.1708)	0.8096 *** (0.2310)	0.2308 * (0.1268)
lninsti	0.0037 (0.0179)	-0.0238 ** (0.0115)	-0.0257 (0.0352)	-0.0501 *** (0.0174)

续表

变量	方程 15 （东部地区）	方程 16 （中西部地区）	方程 17 （东部地区）	方程 18 （中西部地区）
lninfra	0.0186 (0.0310)	0.1231 ** (0.0611)	− 0.0260 (0.0412)	0.0433 (0.0731)
lnstruc	0.4200 ** (0.1677)	0.0379 (0.1236)	0.2358 ** (0.1387)	− 0.1130 (0.1474)
常数项	− 1.1295 *** (0.3537)	− 0.9136 ** (0.4037)	0.1223 (0.5361)	− 0.2135 (0.4191)
时间虚拟变量	Yes	Yes	Yes	Yes
地区虚拟变量	Yes	Yes	Yes	Yes
OBS	154	266	154	266
各检验量的 p 值				
AR（1）	0.014	0.000	0.008	0.000
AR（2）	0.639	0.122	0.748	0.172
Hansen 检验	1.000	1.000	1.000	1.000

注：（1）L. lnecomance 为变量 lnecomance 的滞后一阶；（2）括号中数值为标准误；（3）***、**、* 分别表示变量系数通过了 1%、5%、10% 的显著性检验；（4）OBS 表示样本观察值个数。

通过观察表 5 - 6，我们可以发现：AR（1）检验量的 p 值均小于 0.1，AR（2）检验量的 p 值均大于 0.1，这也表明我们设立的计量模型是合理的；Hansen 检验的 p 值均大于 0.1，这也表明我们使用的工具变量是合适的。方程 15、方程 16、方程 17 和方程 18 的估计结果显示：无论解释变量为 lnagglo₁ 还是为 lnagglo₂，中国东部地区制造业产业集聚对其经济绩效的影响，也均显著存在"威廉姆森假说"，而中西部地区制造业产业集聚对其经济绩效的影响，则不存在所谓的"威廉姆森假说"。

以方程 15 中的估计结果为例的计算结果也显示：现阶段，东部地区制造业产业集聚确实仍然能够显著提升其经济绩效水平，并随着区域经济发展水平的提高而呈现出逐渐上升的发展趋势。

通过比较方程 13 中估计结果所表现的全国总体制造业产业集聚对其经济绩效的影响作用与方程 15 中估计结果所表现的东部地区制造业产业集聚对其经济绩效的影响作用之间的大小，我们可以发现：中国东部地区制造业产业集聚对其经济绩效的促进作用显著大于中西部地区制造业产业集聚对其经济绩效的促进作用，这表明 5.3.3 小节中产业集聚对制造业经济绩效影响的分区域回归分析结果是稳健的。因此，我们可以进一步得出：制造业产业集聚对其经济绩效的影响在东部地区和中西部地区之间确实存在显著的差异，并也会导致产业集聚区（中心区）与产业非集聚区（外围区）之间经济绩效差距的不断扩大：制造业产业集聚程度越高的区域，其对制造业经济绩效的促进作用也相对越强。研究假说 H3 进一步得到了证实。

5.4.3　分行业内生性检验

基于上述动态实证模型，利用 2003～2015 年中国 24 个地区分组的制造业各细分行业面板数据，本章对产业集聚对制造业经济绩效影响的分行业回归分析结果进行内生性检验。表 5 - 7 报告了采用区位商方法和产值密度方法来分别度量中国制造业各细分行业的产业集聚程度的劳动密集型产业、资源密集型产业和技术密集型产业内生性检验中各变量系数的估计结果。

通过观察表 5 - 7，我们可以发现：AR（1）检验量的 p 值均小于 0.1，AR（2）检验量的 p 值均大于 0.1，这表明我们设立的计量模型是合理的；Hansen 检验的 p 值均大于 0.1，这也表明我们使用的工具变量是合适的。产业集聚对制造业经济绩效影响的分行业内生性检验结果显示：在中国制造业 21 个细分行业中，无论采用区位商方法还是采用产值密度方法来度量地区分组的制造业各细分行业的产业集聚程度，C1 农副食品加工业，C2 食品制造业，C3 饮料制造业，C4 烟草制品业，C5 纺织业，C6 纺织服装、鞋、帽制造业，C7 造纸及纸制品业，C8 石油加工、炼焦及核燃料加工业，C9 化学原料及化学制品制造业，C10 医药制造业，C12 非金属矿物制品业，C13 黑色金属冶炼及压延加工业，C14 有色金属冶炼及压延加工业，C15 金属制品业 14 个制造业细分

表 5—7　　产业集聚对制造业经济绩效的影响：分行业内生性检验

行业	产业集聚度量方法	L.lnecomance	lnagglo	lnagglo × lnpgdp	lnagglo × (lnpgdp)²	控制变量	常数项	地区和时间虚拟变量	OBS	各检验量的 p 值		
										AR (1)	AR (2)	Hansen检验
劳动密集型产业内生性检验回归分析结果												
C1	区位商	0.8219 *** (0.0260)	-4.3784 * (2.5332)	0.8300 * (0.4845)	-0.0390 * (0.0232)	Yes	-0.3519 (0.2461)	Yes	288	0.000	0.108	0.993
C1	产值密度	0.8225 *** (0.0332)	-1.5869 ** (0.7802)	0.3020 ** (0.1439)	-0.0141 ** (0.0066)	Yes	-0.0906 (0.2136)	Yes	288	0.000	0.106	0.994
C2	区位商	0.8210 *** (0.0231)	-0.5914 (1.7109)	0.0839 * (0.3355)	-0.0022 * (0.0164)	Yes	-0.3001 (0.2691)	Yes	288	0.000	0.105	0.995
C2	产值密度	0.8481 *** (0.0227)	-1.1507 ** (0.5553)	0.2245 ** (0.1047)	-0.0107 ** (0.0049)	Yes	-0.1546 (0.2284)	Yes	288	0.000	0.106	0.994
C3	区位商	0.8255 *** (0.0216)	-2.3583 (1.8869)	0.4475 ** (0.3691)	-0.0211 ** (0.0180)	Yes	-0.3653 (0.2504)	Yes	288	0.000	0.107	0.991
C3	产值密度	0.8382 *** (0.0228)	-1.0623 * (0.6124)	0.2046 ** (0.1156)	-0.0097 (0.0055)	Yes	-0.3122 (0.2220)	Yes	288	0.000	0.107	0.994
C4	区位商	0.8508 *** (0.0164)	-0.4695 (0.9146)	0.0846 ** (0.1817)	-0.0040 (0.0090)	Yes	-0.0092 (0.2059)	Yes	288	0.000	0.109	0.995

续表

劳动密集型产业内生性检验回归分析结果

行业	产业集聚度量方法	L. lnecomance	lnagglo	lnagglo × lnpgdp	lnagglo × (lnpgdp)²	控制变量	常数项	地区和时间虚拟变量	OBS	AR (1)	AR (2)	Hansen 检验
C4	产值密度	0.8237 *** (0.0200)	−1.1539 ** (0.5450)	0.2147 ** (0.1045)	−0.0100 ** (0.0050)	Yes	−0.1999 (0.2219)	Yes	288	0.000	0.107	0.995
C5	区位商	0.8244 *** (0.0210)	1.2220 (1.0636)	0.2182 * (0.2085)	−0.0095 ** (0.0102)	Yes	−0.1436 (0.2648)	Yes	288	0.000	0.107	0.994
C5	产值密度	0.8502 *** (0.0261)	−0.8843 * (0.5402)	0.1735 * (0.1019)	−0.0084 * (0.0048)	Yes	−0.3272 (0.2371)	Yes	288	0.000	0.107	0.995
C6	区位商	0.8336 *** (0.0259)	−0.2140 (1.0242)	0.0656 * (0.2072)	−0.0045 * (0.0105)	Yes	−0.1115 (0.2718)	Yes	288	0.000	0.106	0.995
C6	产值密度	0.8547 *** (0.0224)	−0.1331 * (0.4012)	0.0291 * (0.0774)	−0.0015 * (0.0037)	Yes	−0.3373 (0.2487)	Yes	288	0.000	0.107	0.995
C7	区位商	0.8094 *** (0.0270)	1.4075 (2.3619)	0.2550 * (0.4664)	−0.0110 ** (0.0231)	Yes	−0.2354 (0.2336)	Yes	288	0.000	0.109	0.994
C7	产值密度	0.8432 *** (0.0236)	−0.7175 (0.4984)	0.1385 ** (0.0954)	−0.0066 * (0.0046)	Yes	−0.3757 (0.2296)	Yes	288	0.000	0.107	0.992

续表

行业	产业集聚度量方法	L. lnecomance	lnagglo	lnagglo × lnpgdp	lnagglo × (lnpgdp)²	控制变量	常数项	地区和时间虚拟变量	OBS	AR (1)	AR (2)	Hansen检验
										各检验量的 p 值		
劳动密集型产业内生性检验回归分析结果												
C15	区位商	0.8233*** (0.0227)	3.1914 (2.4248)	0.6006** (0.4815)	-0.0281** (0.0239)	Yes	-0.2094 (0.2181)	Yes	288	0.000	0.108	0.995
C15	产值密度	0.8494*** (0.0210)	-0.4557 (0.4464)	0.0913* (0.0846)	-0.0045* (0.0040)	Yes	-0.3416 (0.2194)	Yes	288	0.000	0.106	0.995
资源密集型产业内生性检验回归分析结果												
C8	区位商	0.8343*** (0.0212)	0.7318 (1.4474)	0.1493** (0.2962)	-0.0076** (0.0151)	Yes	-0.3754 (0.2464)	Yes	288	0.000	0.107	0.994
C8	产值密度	0.8178*** (0.0255)	-1.6719*** (0.5877)	0.3158*** (0.1084)	-0.0147*** (0.0050)	Yes	-0.0895 (0.2432)	Yes	288	0.000	0.105	0.996
C9	区位商	0.8346*** (0.0170)	-3.2371 (4.7815)	0.6080* (0.9366)	-0.0285** (0.0457)	Yes	-0.3538 (0.2572)	Yes	288	0.000	0.108	0.994
C9	产值密度	0.8105*** (0.0313)	-1.8918** (0.7613)	0.3553** (0.1408)	-0.0165** (0.0065)	Yes	-0.0887 (0.2201)	Yes	288	0.000	0.107	0.992
C12	区位商	0.8173*** (0.0242)	-6.0812* (3.6758)	1.1563* (0.6919)	-0.0549* (0.0324)	Yes	-0.4838** (0.2248)	Yes	288	0.000	0.107	0.994

续表

行业	产业集聚度量方法	L. lnecomance	lnagglo	lnagglo × lnpgdp	lnagglo × (lnpgdp)²	控制变量	常数项	地区和时间虚拟变量	OBS	各检验量的 p 值 AR (1)	AR (2)	Hansen 检验
资源密集型产业内生性检验回归分析结果												
C12	产值密度	0.8220 *** (0.0280)	-1.4784 ** (0.7062)	0.2807 ** (0.1314)	-0.0132 ** (0.0061)	Yes	-0.2083 (0.2094)	Yes	288	0.000	0.106	0.996
C13	区位商	0.8302 *** (0.0192)	-0.9737 (2.2714)	0.1691 * (0.4345)	-0.0070 (0.0207)	Yes	-0.3733 (0.2621)	Yes	288	0.000	0.109	0.995
C13	产值密度	0.7942 *** (0.0363)	-2.1039 *** (0.7584)	0.3927 *** (0.1389)	-0.0181 *** (0.0064)	Yes	0.0309 (0.2509)	Yes	288	0.000	0.107	0.993
C14	区位商	0.8374 *** (0.0186)	-0.8143 (1.5300)	0.1555 * (0.3050)	-0.0075 * (0.0152)	Yes	-0.2709 (0.2555)	Yes	288	0.000	0.107	0.995
C14	产值密度	0.8198 *** (0.0239)	-1.4000 ** (0.6676)	0.2625 ** (0.1232)	-0.0122 ** (0.0057)	Yes	-0.1584 (0.2429)	Yes	288	0.000	0.106	0.994
技术密集型产业内生性检验回归分析结果												
C10	区位商	0.8199 *** (0.0254)	-4.9880 * (3.0023)	0.9250 ** (0.5942)	-0.0428 ** (0.0293)	Yes	-0.3924 * (0.2219)	Yes	288	0.000	0.108	0.996
C10	产值密度	0.8296 *** (0.0259)	-1.4205 ** (0.6624)	0.2666 ** (0.1243)	-0.0124 ** (0.0058)	Yes	-0.2922 (0.2121)	Yes	288	0.000	0.107	0.992

续表

技术密集型产业内生性检验回归分析结果

行业	产业集聚度量方法	L.lnecomance	lnagglo	lnagglo × lnpgdp	lnagglo × (lnpgdp)²	控制变量	常数项	地区和时间虚拟变量	OBS	各检验量的 p 值		
										AR (1)	AR (2)	Hansen 检验
C11	区位商	0.8155*** (0.0194)	1.8038*** (0.6067)	-0.3423*** (0.1191)	0.0160*** (0.0058)	Yes	-0.1626 (0.2206)	Yes	288	0.000	0.105	0.996
C11	产值密度	0.8191*** (0.0205)	0.9760* (0.5817)	-0.1856 (0.1151)	0.0087 (0.0057)	Yes	-0.3315 (0.2485)	Yes	288	0.000	0.106	0.993
C16	区位商	0.8409*** (0.0232)	1.2572 (1.8120)	-0.2421 (0.3599)	0.0116 (0.0179)	Yes	-0.3632 (0.2257)	Yes	288	0.000	0.108	0.996
C16	产值密度	0.8436*** (0.0246)	-0.9604* (0.4995)	0.1841 (0.0938)	-0.0087 (0.0044)	Yes	-0.3402 (0.2181)	Yes	288	0.000	0.106	0.994
C17	区位商	0.8512*** (0.0242)	4.2342 (3.2778)	-0.8643 (0.6477)	0.0442 (0.0319)	Yes	-0.2891 (0.2355)	Yes	288	0.000	0.108	0.989
C17	产值密度	0.8470*** (0.0244)	-0.9726* (0.5203)	0.1874 (0.0975)	-0.0089 (0.0046)	Yes	-0.2876 (0.2105)	Yes	288	0.000	0.106	0.994
C18	区位商	0.8388*** (0.0232)	-0.4555 (1.4599)	0.0747 (0.2939)	-0.0029 (0.0147)	Yes	-0.4487* (0.2419)	Yes	288	0.000	0.107	0.995

续表

技术密集型产业内生性检验回归分析结果

行业	产业集聚度量方法	L. lnecomance	lnagglo	lnagglo × lnpgdp	lnagglo × (lnpgdp)²	控制变量	常数项	地区和时间虚拟变量	OBS	各检验量的 p 值		
										AR (1)	AR (2)	Hansen 检验
C18	产值密度	0.8240 *** (0.0263)	-1.1726 *** (0.4363)	0.2205 (0.0826)	-0.0103 (0.0039)	Yes	-0.2883 (0.2030)	Yes	288	0.000	0.107	0.994
C19	区位商	0.8349 *** (0.0201)	1.6490 (2.0704)	-0.2956 (0.4170)	0.0128 (0.0209)	Yes	-0.2336 (0.2331)	Yes	288	0.000	0.108	0.992
C19	产值密度	0.8331 *** (0.0225)	-1.0191 (0.5194)	0.1947 (0.0978)	-0.0092 (0.0046)	Yes	-0.3157 (0.2189)	Yes	288	0.000	0.106	0.993
C20	区位商	0.8280 *** (0.0198)	2.7830 ** (1.1221)	-0.5460 ** (0.2232)	0.0268 ** (0.0111)	Yes	-0.1828 (0.2260)	Yes	288	0.000	0.107	0.994
C20	产值密度	0.8433 *** (0.0226)	-0.5874 (0.4045)	0.1122 (0.0765)	-0.0053 (0.0036)	Yes	-0.3921 * (0.2227)	Yes	288	0.000	0.106	0.995
C21	区位商	0.8238 *** (0.0228)	0.3506 (0.8788)	-0.0645 (0.1712)	0.0028 (0.0083)	Yes	-0.2913 (0.2469)	Yes	288	0.000	0.108	0.996
C21	产值密度	0.8377 *** (0.0204)	-0.1169 (0.4461)	0.0230 (0.0873)	-0.0011 (0.0043)	Yes	-0.4094 * (0.2477)	Yes	288	0.000	0.108	0.994

注:(1) L. lnecomance 为变量 lnecomance 的滞后一阶;(2) 括号中数值为标准误;(3) ***、**、* 分别表示变量系数通过了 1%、5%、10% 的显著性检验;(4) OBS 表示样本观察值个数;(5) 限于篇幅,本处我们没有列出各控制变量的系数、显著性及标准误,若需要可以向作者索取。

行业的产业集聚对其经济绩效的影响，均显著存在"威廉姆森假说"，即存在产业过度集聚现象，而 C11 化学纤维制造业，C16 通用设备制造业，C17 专用设备制造业，C18 交通运输设备制造业，C19 电气机械及器材制造业，C20 通信设备、计算机及其他电子设备制造业，C21 仪器仪表及文化、办公用机械制造业等 7 个制造业细分行业的产业集聚对其经济绩效的影响，均不存在所谓的"威廉姆森假说"，即不存在产业过度集聚现象。

此外，技术密集型产业中除了 C10 医药制造业存在一定的产业过度集聚现象，其余的细分行业均不存在产业过度集聚现象。也就是说，现阶段产业过度集聚现象主要存在于劳动密集型产业和资源密集型产业集聚中。这表明 5.3.4 小节中产业集聚对制造业经济绩效影响的分行业回归分析结果是稳健的。因此，我们可以进一步得出：制造业产业集聚对其经济绩效的影响确实存在明显的行业差异。研究假说 H4 进一步得到了证实。

5.5　本章小结

本章首先从制造业企业产出的生产函数出发，构建了产业集聚对制造业经济绩效影响的具体实证模型，然后分别通过基于 2001～2015 年中国 30 个省级地区制造业总体面板数据和东中西部分区域制造业面板数据以及 2003～2015 年中国 24 个地区分组的制造业各细分行业面板数据，对第 3 章中提出的产业集聚对制造业经济绩效影响的研究假说进行了实证分析，并引入了被解释变量（制造业经济绩效）一阶滞后项，建立了动态实证模型，对第三部分的实证分析结果进行了内生性检验，从而再次验证了第 3 章中提出的产业集聚对制造业经济绩效影响的研究假说，研究结果显示：

（1）从全国总体来看，在控制了人均资本投入、人力资本水平、对外开放制度、基础设施以及产业结构等条件下，中国制造业产业集聚对其经济绩效的影响，显著存在"威廉姆森假说"。并且，现阶段中国制造业产业集聚仍然能够显著提升其经济绩效水平，即中国制造业由产业过度集聚向产业扩散的转移阶段尚未到来。此外，人均资本投入、人力资本水平、基础设施、产业结构对制造业经济绩效水平也具有一定的正向促进作用，而对外开放制度对制造业经济绩效水平则具有一定的负向挤出效应。

（2）东部地区制造业产业集聚对其经济绩效的影响，显著存在"威廉姆森假说"，而中西部地区制造业产业集聚对其经济绩效的影响，则不存在所谓的"威廉姆森假说"。且现阶段，东部地区制造业产业集聚仍然能够显著提升其经济绩效水平，并随着区域经济发展水平的提高而呈现出逐渐上升的发展趋势。

东中西部分区域比较分析表明，制造业产业集聚对其经济绩效水平的影响在中国东部地区和中西部地区之间存在显著的差异：东部地区制造业产业集聚对其经济绩效水平的促进作用显著大于中西部地区。结合当前中国东部地区制造业产业集聚程度和经济绩效水平明显高于中西部地区的事实，可以进一步推导出东部地区与中西部地区之间制造业经济绩效水平的差异将不断扩大。这就是说，现阶段，制造业产业集聚也会导致产业集聚区（中心区）与产业非集聚区（外围区）之间经济绩效水平差距的不断扩大。

（3）地区分组的制造业各细分行业比较分析表明，制造业产业集聚对其经济绩效水平的影响也存在明显的行业差异：劳动密集型产业和资源密集型产业集聚对其经济绩效水平的影响，均显著存在"威廉姆森假说"，即存在产业过度集聚现象，而技术密集型产业中除了医药制造业存在一定的产业过度集聚现象，其余的行业均不存在产业过度集聚现象。也就是说，现阶段产业过度集聚现象主要存在于劳动密集型产业和资源密集型产业集聚中。

（4）无论是采用静态实证模型，还是采用动态实证模型（内生性检验），上述研究结果均成立。

第6章

产业集聚对制造业创新绩效的影响研究

第3章从理论层面上阐述了产业集聚对制造业创新绩效的影响，分析结果表明产业集聚一方面有利于显著促进制造业静态和动态创新绩效水平的提升，另一方面也会对制造业静态和动态创新绩效产生一定的负向影响作用。有鉴于此，我们不禁要思考：在现实发展中，产业集聚对中国制造业静态和动态创新绩效水平究竟发挥着何种作用？其内在机理是什么？产业集聚的空间异质性和行业异质性，是否会导致其对制造业静态和动态创新绩效水平影响的区域差异与行业差异？因此，本章将深入分析产业集聚对制造业静态和动态创新绩效的影响作用，并重点探究这种影响作用是否存在区域差异与行业差异，从而验证第3章中提出的产业集聚对制造业创新绩效影响的研究假说。

6.1 引　言

随着中国经济发展逐渐步入新常态和中国特色社会主义进入新时代，欧美再工业化的深入推进，以及国际竞争的不断加剧，转变发展方式、优化经济结构、转换增长动力，坚持质量第一、效益优先，以供给侧结构性改革为主线，推动经济发展质量变革、效率变革、动力变革，推进中国制造业逐步向着技术升级和产业升级等方向发展，促进制造业经济增长方式由"要素驱动""投资驱动"向"创新驱动"转变，从而实现从"中国制造"到"中国创造"逐渐成为当前中国制造业发展过程中的迫切要求和亟待解决的重大问题。而这其中的关键在于制造业科技创新能力的提高和研发创新全要素生产率的提升，即制造业静态和动态创新绩效水平的提升。创新是驱动经济社会发展的根本动力，也是制造业实施创新驱动发展战略，促进产业结构转型升级的重要抓手。李廉水等（2014）提出科技创新在制造业转型升级中发挥着重要作用，只有依靠科技创新，才能实现"中国制造"向"中国创造"的转变。《中华人民共和国国民经济和社会发展第十三个五年规划纲要》中同样明确提出科技创新是引领经济发展的第一动力。党的十九大也鲜明地指出，创新作为引领发展的第一动力，是建设现代化经济体系的战略支撑，是落实"两个阶段"战略安排与"两个一百年"奋斗目标实现中国梦的核心驱动。但是，与之形成鲜明对照的是，中国制造业一直处于生产的技术中低端，科技创新能力相对还十分薄弱，研发创新全要素生产率也比较低下，与世界制造业发达国家尚存在较大的差距（杨浩昌等，2014）。

与此同时，随着区域经济一体化进程的加快以及地区间专业化水平和市场化水平的逐渐提高，中国制造业产业集聚现象日趋明显（范剑勇，2004），产业集聚已逐渐成为当前中国制造业发展中在地理空间结构上表现出来的一种基本趋势。马歇尔（Marshall，1890）、阿罗（Arrow，1962）和罗默（Romer，1986）均提出同一产业内相邻企业的集聚有助于企业间的知识或技术溢出，从而能够促进企业的科技创新。雅各布斯（Jacobs，1969）也提出不同产业在同一区域的集聚也能显著促进科技创新，进而提升其静态和动态创新绩效水平。有鉴于此，我们不禁要思考：中国制造业能否借助产业集聚来推进其创新能力（即静态创新绩效）的提高和研发创新全要素生产率（即动态创新绩效）的提升，从而推动效率增进、动力转换、结构优化，继而实现"中国制造"向"中国创造"的转变，进而不断增强我国制造业创新力和竞争力，驱动制造业经济的长效可持续发展，完成中国制造由大变强的战略任务？产业集聚对制造业静态和动态创新绩效水平究竟发挥着何种作用？其内在机理是什么？产业集聚的差异，是否会导致其对制造业静态和动态创新绩效水平影响的差异？产业集聚是通过何种方式来促进制造业创新绩效水平的提升？研究以上问题，不仅有利于我国正确制定相应的制造业产业发展战略和创新驱动发展战略，从而进一步推动制造业科技进步和提升制造业创新绩效，增强我国制造业产业的国际竞争力，加快促进我国制造业产业转型升级，继而践行党的十八大提出的"创新驱动发展战略"，推进中国制造业建设成为引领世界制造业发展的制造强国，进而为实现中华民族伟大复兴的中国梦打下坚实基础；而且也有利于我们深入了解产业集聚对制造业创新绩效影响的内在机理，以及在不同区域和不同行业，产业集聚对制造业创新绩效影响程度的差异性，从而有效促进我国制造业产业的合理优化布局与集聚，更好地利用产业集聚提升制造业创新绩效水平，同时切实分析制约中国制造业创新绩效水平提升的影响因素，并注意和有效规避产业集聚对制造业创新绩效可能产生的负向影响作用，探寻出促进中国制造业创新绩效水平进一步提升的途径和对策。

6.2　模型设定与变量说明

6.2.1　实证模型设定

为对第 3 章中提出的产业集聚对制造业创新绩效影响的研究假说进行实证分析，首先必须建立一套科学、合理的实证模型。为此，本章分别设定了产业集聚对制造业静态创新绩效（即创新能力）影响和产业集聚对制造业动态创新绩效（即研发创新全要素生产率）影响的实证模型。

1. 产业集聚对制造业静态创新绩效影响的实证模型设定

结合已有文献的研究，可以发现，除产业集聚会影响静态创新绩效（即创新能力）外，科技人员投入、科技经费投入、外商直接投资和制度创新等也会影响静态创新绩效。因此，为了能够较为精确地探究产业集聚对制造业静态创新绩效的影响，本书将引入上述变量作为控制变量。为此，我们把实证模型设定为式（6－1）：

$$\text{lnstinnmance}_{it} = \alpha_0 + \alpha_1 \text{lnagglo}_{it} + \alpha_2 \text{lnstaff}_{it} + \alpha_3 \text{lnfund}_{it} + \alpha_4 \text{lnfdi}_{it}$$
$$+ \alpha_5 \text{lninsti}_{it} + \mu_i + \nu_t + \varepsilon_{it} \qquad (6-1)$$

其中，stinnmance 为被解释变量，表示制造业静态创新绩效水平；agglo 为解释变量，表示制造业产业集聚程度；staff、fund、fdi 和 insti 为控制变量，分别表示制造业科技人员投入、制造业科技经费投入、制造业外商直接投资和制造业制度创新；下标 i 表示地区或行业，t 表示年份；μ_i 表示地区虚拟变量，用以捕捉不随时间变化的固定效应；ν_t 表示时间虚拟变量，用以捕捉各省市共同的时间趋势；ε_{it} 表示随机误差项；其他字母则分别表示常数项、变量系数。其中，地区为中国的省级地理单元，行业为中国制造业各细分行业。

2. 产业集聚对制造业动态创新绩效影响的实证模型设定

为对上述问题进行准确分析，首先必须建立一套科学、合理的计量模型。借鉴柯布－道格拉斯（Cobb－Douglas）提出的生产函数模型，本书我们主要从制造业企业的研发创新生产函数出发，设定产业集聚对制造业动态创新绩效影响的计量模型。设制造业企业的研发创新生产函数为：

$$Y = AL^\alpha K^\beta \qquad (6-2)$$

其中，Y 表示制造业企业研发创新产出水平，A 表示制造业企业研发创新全要素生产率，L 表示制造业企业研发创新劳动力要素投入，K 表示制造业企业研发创新资本要素投入，α 和 β 分别表示各研发创新投入要素的产出弹性。

在式（6-2）左右两边同时除以 $L^\alpha K^\beta$，可得：

$$\frac{Y}{L^\alpha K^\beta} = A \qquad (6-3)$$

式（6-3）左侧反映的是研发创新产出与投入之比，为研发创新全要素生产率，假设为动态创新绩效。

一般而言，研发创新全要素生产率除了受产业集聚的影响之外，还主要由政府科技支持程度（Lach，2002；Hsu and Hsueh，2009；Kang and Park，2012；Yu et al.，2016；朱平芳和徐伟民，2003；范凌钧和陈燕儿，2014；肖文和林高榜，2014）、人力资本水平（Acemoglu，1997；虞晓芬等，2005；孙文杰和沈坤荣，2009；朱承亮等，2011；徐彪等，2011；朱承亮等，2012)、企业规模（韩晶，2010；白俊红，2011）、外商直接投资（Ruane and Ugur，2005；成力为等，2010；朱承亮等，2011；赵峥和姜欣，2014；李政等，2017)、基础设施水平（刘和东，2011；王鹏和陆浩然，2012；白俊红和蒋伏心，2015）共同决定。因此，我们对研发创新全要素生产率的表述如下：

$$A_{it} = f(agglo_{it}, gov_{it}, h_{it}, scale_{it}, fdi_{it}, infra_{it}) + \mu_i + \nu_t + \varepsilon_{it} \quad (6-4)$$

其中，agglo 表示制造业产业集聚程度，gov 表示政府科技支持程度，h 表示人力资本水平，scale 表示制造业企业规模，fdi 表示制造业外商直接投资，infra 表示基础设施水平；其余符号同式（6-1）。

综合式（6-3）和式（6-4），并左右两边分别取自然对数（ln），我们将产业集聚对制造业动态创新绩效及其分解指标影响的实证模型设定如下：

$$lndyinnmance_{it} = \alpha_0 + \lambda lnagglo_{it} + \sum \beta lnx_{it} + \mu_i + \nu_t + \varepsilon_{it} \quad (6-5)$$

$$lnineffch_{it} = \alpha_0 + \lambda lnagglo_{it} + \sum \beta lnx_{it} + \mu_i + \nu_t + \varepsilon_{it} \quad (6-6)$$

$$lnintechch_{it} = \alpha_0 + \lambda lnagglo_{it} + \sum \beta lnx_{it} + \mu_i + \nu_t + \varepsilon_{it} \quad (6-7)$$

其中，dyinnmance、ineffch、intechch 为被解释变量，分别表示制造业动态创新绩效及其分解指标（技术效率指数和技术进步指数）；agglo 为解释变量，表示制造业产业集聚程度；x 为控制变量，表示影响制造业动态创新绩效的其他重要因素。结合上面的分析，本书我们考虑了以下 5 个变量作为控制影响制造业动态创新绩效的其他重要因素：政府科技支持程度（gov）、人力资本水平（h）、制造业企业规模（scale）、制造业外商直接投资（fdi）和基础设施水平（infra）。

6.2.2　变量说明与数据来源

接下来，我们对上述实证模型中各变量的理论基础和指标进行简要说明。

（1）被解释变量。本章的被解释变量为制造业静态创新绩效（stinnmance）和制造业动态创新绩效（dyinnmance）。根据第 2 章中界定的制造业静态创新绩效和动态创新绩效的内涵和其度量指标，可以发现，制造业静态创新绩效实质上是指制造业创新能力，制造业动态创新绩效实质上是指制造业研发创新全要素生产率。其具体的测算方法见第 4 章，这里不再赘述。

（2）解释变量（agglo）。本章的解释变量为制造业产业集聚程度。关于制造业产业集聚程度，根据第 4 章的分析研究，本章主要采用就业（产值）密度方法来进行度量，其具体的测算方法这里不再赘述。

（3）制造业科技人员投入（staff）。一般而言，制造业科技人员投入越多，则表明制造业科技人力资源越丰富，制造业静态创新绩效水平相对也越高。本章采用制造业企业 R&D 人员全时当量来度量制造业科技人员投入。

（4）制造业科技经费投入（fund）。制造业科技经费投入也是影响制造业静态创新绩效的重要因素，它反映了制造业科技活动的投入状况，制造业科技经费投入越多，其对制造业静态创新绩效的促进作用相对越大。本章采用制造业企业 R&D 经费投入来度量制造业科技经费投入。

（5）制造业外商直接投资（fdi）。制造业外商直接投资也会影响制造业静态创新绩效。科科（Kokko，1992）提出外商直接投资在给东道国带来资金的同时，还可以通过示范—模仿效应、技术人员流动、竞争效应和联系效应等渠道对东道国企业产生技术外溢效应。这种技术外溢一旦被东道国本土企业吸收，将会有效地促进东道国本土企业科技进步，进而提升东道国企业的静态创新绩效水平。借鉴刘军和邵军（2011）的研究，产业集聚对制造业静态创新绩效的影响分析中采用制造业企业实际利用外资金额作为制造业外商直接投资的代理变量。

（6）制造业制度创新（insti）。诺斯（North，1973）提出制度创新也是决定静态创新绩效的重要因素，好的制度选择能够提升静态创新绩效，不好的制度选择将可能抑制静态创新绩效水平的提升。因此，制造业制度创新也是影响制造业静态创新绩效的重要因素。因此，本章将制造业制度创新纳入考虑。改革开放以来，中国实行了社会主义市场经济体制，这一方面，为科技创新创造了良好的创新环境；另一方面，也为科技创新提供了持久的动力，极大地提升了中国制造业静态创新绩效。借鉴刘军等（2010）的研究，本章采用制造业企业中非国有经济固定资产投资占全社会固定资产投资比重作为制造业制度创新的代理变量。

（7）政府科技支持程度（gov）。政府对制造业企业研发创新的支持方式主要包括 R&D 补贴和税收减免。一方面，政府 R&D 补贴可以有效增加制造业企业研发创新的前期资金，税收减免则可以通过降低制造业企业研发创新成本而间接增加研发创新所需的资金，在这两种方式的综合作用下，有利于从总体上增加制造业企业研发创新的资金规模，从而可以有效提高制造业企业研发创新的积极性，为制造业企业大规模开展研发创新活动提供足够的资金支持，进而促进制造业企业研发创新效率（动态创新绩效水平）的提升；另一方面，政府在通过 R&D 补贴和税收减免支持制造业企业研发创新的过程中，会从战略层面进行一定的筛选，偏向于支持那些战略意义更强、效率更高、更具新颖性的创新项目，从而可以为制造业企业研发创新提供一定的导向作用，进而对制造业企业动态创新绩效水平产生积极的促进作用。但是，不容忽视的是，政府 R&D 补贴和税收减免也可能会对制造业企业自身的研发创新投资产生一定的替代作用（Görg and Strobl，2007），从而导致了制造业企业自身 R&D 投资的挤出，进而也在一定程度上抑制了制造业企业动态创新绩效水平的提升。因此，政府科技支持作为影响制造业动态创新绩效的重要因素，其具体的影响作用仍需进一步的实证分析。借鉴余泳泽（2009）的做法，本章采用科技活动经费筹集额中政府资金所占的比例来表示政府科技支持程度，同时考虑滞后一期①。

（8）人力资本水平（h）。人力资本水平不仅是影响地区制造业原始研发创新效果的关键因素，而且也是地区制造业技术吸收能力的重要决定因素（朱承亮等，2012）。人力资本水平越高的地区，制造业劳动者的素质越强，制造业企业研发创新的活力和潜力也相对越强，就越有利于提升制造业企业动态创新绩效水平。借鉴白俊红和蒋伏心（2015）

①　下文中用 L.lngov 表示变量 lngov 的滞后一阶。

的做法，本章采用就业人员平均受教育年限来表示人力资本水平。

（9）制造业企业规模（scale）。一般而言，一个地区的制造业企业规模越大，一方面越有利于产生规模经济效应，规模经济效应的发挥有利于降低制造业企业研发创新的成本，从而促进制造业企业研发创新效率的提升；另一方面该地区制造业企业研发创新实力就越雄厚，制造业企业研发创新的产出（专利授权数和新产品销售产值）也会更多，从而越有利于促进制造业企业动态创新绩效水平的提高。借鉴余泳泽（2009）的做法，本章采用制造业总产值/制造业企业单位数来表示制造业企业规模。

（10）制造业外商直接投资（fdi）。外商直接投资一方面可以通过知识或技术外溢方式提升本国制造业企业的研发创新效率；另一方面也可能通过挤占国内市场和技术壁垒，制约本国制造业企业的技术进步，从而对本国制造业企业的动态创新绩效水平产生一定的负向影响效应。根据数据的可得性的原则，借鉴韩庆潇等（2015）的做法，此处采用"三资"制造业企业总产值/制造业总产值来表示制造业外商直接投资。

（11）基础设施水平（infra）。基础设施是科技创新和知识流动的载体，基础设施的改善不仅有利于吸引高科技人才在地区的集聚，从而促进制造业企业研发创新，而且也有利于制造业企业之间知识、信息和技术的传播和共享，从而加快制造业企业技术进步，进而提升制造业动态创新绩效水平（王鹏和陆浩然，2012）。因此，我们也将基础设施这一变量纳入考虑。借鉴王凤荣和苗妙（2015）的做法，本章采用人均城市道路面积来表示基础设施水平。

根据数据的可得性和有效性等原则，本章选取了 2005～2012 年中国 25 个省级地区高技术产业面板数据[①]和中国制造业 20 个细分行业面板

---

① 其主要的原因在于：与一般制造业产业相比，高技术产业作为知识密集型和技术密集型产业，科技创新是其最重要的特征（郑坚和丁云龙，2008），因此，其参与科技创新的程度较高，也是产业集聚发展的重点对象，具有较强的代表性，能有效地保证研究结果的准确性（白俊红和卞元超，2015）。此外，由于内蒙古、海南、西藏、青海、宁夏、新疆等省级地区高技术产业部分年份数据缺失，并且也非高技术产业集聚地区，因此，上述地区没有包括在本章的研究样本中。

数据[1]对产业集聚对制造业静态创新绩效的影响进行分析，以及2003～2015年中国30个省级地区制造业面板数据和2003～2015年中国24个地区分组的制造业各细分行业面板数据对产业集聚对制造业动态创新绩效的影响进行分析。其中，各统计数据主要来源于历年《中国统计年鉴》《中国科技统计年鉴》《中国高技术产业统计年鉴》《中国工业经济统计年鉴》、国研网宏观经济数据库和国研网工业统计数据库，以及各省份的统计年鉴。个别年份缺失的数据，用插值法进行补充。

6.3 实证分析

6.3.1 研究方法的选择

为了得到较为稳健的结论，本章将分别采用固定效应模型（FE）、随机效应模型（RE）和可行的广义最小二乘法（FGLS）进行估计。分析软件为 Stata 12.0。

6.3.2 产业集聚对制造业静态创新绩效影响的实证分析

为了较为全面、精确地探究产业集聚能否有效促进制造业静态创新绩效提升和产业集聚对制造业静态创新绩效的影响是否存在区域差异与行业差异，本书具体的实证分析过程将细分为以下三部分：一是基于2005～2012年中国25个省级地区高技术产业面板数据的总体分

---

[1] 根据数据的可得性和一致性等原则，本章仅考虑以下20个制造业细分行业：C1. 农副食品加工业；C2. 食品制造业；C3. 饮料制造业；C4. 纺织业；C5. 纺织服装、鞋、帽制造业；C6. 造纸及纸制品业；C7. 石油加工、炼焦及核燃料加工业；C8. 化学原料及化学制品制造业；C9. 医药制造业；C10. 化学纤维制造业；C11. 非金属矿物制品业；C12. 黑色金属冶炼及压延加工业；C13. 有色金属冶炼及压延加工业；C14. 金属制品业；C15. 通用设备制造业；C16. 专用设备制造业；C17. 交通运输设备制造业；C18. 电气机械及器材制造业；C19. 通信设备、计算机及其他电子设备制造业；C20. 仪器仪表及文化、办公用机械制造业。其中，2012年中的汽车制造业，铁路、船舶、航空航天和其他运输设备制造业合并为交通运输设备制造业。

析；二是基于 2005~2012 年中国东部地区与中西部地区高技术产业分区域面板数据分析；三是基于 2005~2012 年地区分组的制造业 20 个细分行业面板数据分析。

1. 产业集聚对制造业静态创新绩效影响的总体分析

基于上文中实证模型式（6-1）和上一节的研究方法，首先，我们用 2005~2012 年中国 25 个省级地区高技术产业面板数据对各变量的系数进行估计，表 6-1 中的方程 1、方程 2 和方程 3 分别报告了以有效发明专利数作为被解释变量，固定效应模型（FE）、随机效应模型（RE）和可行的广义最小二乘法（FGLS）的估计结果；方程 4、方程 5 和方程 6 分别报告了以新产品产值作为被解释变量，固定效应模型（FE）、随机效应模型（RE）和可行的广义最小二乘法（FGLS）的估计结果。

表 6-1　　　产业集聚对制造业静态创新绩效的影响：总体分析

变量	被解释变量：有效发明专利数			被解释变量：新产品产值		
	方程 1（FE）	方程 2（RE）	方程 3（FGLS）	方程 4（FE）	方程 5（RE）	方程 6（FGLS）
lnagglo	0.9743*** (0.2157)	0.0487 (0.0862)	0.0160 (0.0506)	0.8446*** (0.1505)	0.4557*** (0.0635)	0.3949*** (0.0336)
lnstaff	0.3508** (0.1471)	0.2019 (0.1471)	0.0484 (0.1257)	0.0329 (0.1027)	0.0496 (0.0951)	0.0488 (0.0674)
lnfund	0.5069*** (0.1247)	0.7858*** (0.1246)	0.9031*** (0.1069)	0.5176*** (0.0870)	0.5706*** (0.0802)	0.6760*** (0.0589)
lnfdi	0.3370*** (0.1112)	0.2219** (0.0958)	0.0052 (0.0617)	0.0659 (0.0776)	0.0024 (0.0645)	0.0407 (0.0282)
lninsti	0.1127 (0.2399)	0.1263 (0.2436)	0.3115* (0.1839)	0.0208 (0.1673)	0.0178 (0.1573)	0.0726 (0.1228)
常数项	-8.2033*** (1.5224)	-8.1436*** (1.2169)	-4.0385*** (0.8298)	8.6726*** (1.0621)	7.1124*** (0.8232)	6.0793*** (0.4503)

续表

变量	被解释变量：有效发明专利数			被解释变量：新产品产值		
	方程1（FE）	方程2（RE）	方程3（FGLS）	方程4（FE）	方程5（RE）	方程6（FGLS）
时间虚拟变量	Yes	Yes	Yes	Yes	Yes	Yes
地区虚拟变量	Yes	Yes	Yes	Yes	Yes	Yes
Hausman 检验 p 值	0.0000			0.0364		
R²	0.6960	0.7944		0.8823	0.9097	
OBS	200	200	200	200	200	200

注：（1）括号中数值为标准误；（2）***、**、* 分别表示变量系数通过了1%、5%、10%的显著性检验；（3）OBS 表示样本观察值个数。

当被解释变量为有效发明专利数时，首先，根据 Hausman 检验，p 值为 0.0000，小于 0.05，拒绝原假设，因此，我们在方程 1 和方程 2 之间选择方程 1。其次，通过比较方程 1 和方程 3 的估计结果，可以发现，各变量系数的符号完全一致。由于可行的广义最小二乘法（FGLS）在一定程度上消除了可能存在的异方差性和序列相关性（Wooldridge，2002），因此，我们认为方程 3 的结果是稳健的。方程 3 的估计结果显示：在控制了科技人员投入、科技经费投入、外商直接投资和制度创新等条件的情况下，产业集聚对制造业静态创新绩效的影响为正，研究假说 H5 得到了证实。这表明我国各地区可以通过培育高技术产业集群来提高自身的静态创新绩效水平，从而促进党的十八大提出的"创新驱动发展战略"的实施，进而驱动制造业经济的可持续长效发展；此外，科技人员投入、科技经费投入、外商直接投资和制度创新对制造业创新绩效水平也有一定的促进作用。这表明高技术产业的科技人员投入、科技经费投入、外商直接投资和制度创新对我国各地区制造业创新绩效水平的提升也发挥着重要的作用。

当被解释变量为新产品产值时，首先，根据 Hausman 检验，p 值为 0.0364，小于 0.05，拒绝原假设，因此，我们在方程 4 和方程 5 之间选择方程 4。其次，通过比较方程 4 和方程 6 的估计结果，可以发现，各变量系数的符号完全一致。因此，我们认为方程 6 的结果是稳健的。通过比较方程 6 和方程 3 的估计结果，可以发现，变量系数的符号均一致。

因此，可以得出：无论采用有效发明专利数还是采用新产品产值来测度制造业静态创新绩效，在控制了科技人员投入、科技经费投入、外商直接投资和制度创新等条件下，产业集聚均有助于促进制造业静态创新绩效水平的提升；此外，科技人员投入、科技经费投入、外商直接投资和制度创新对制造业静态创新绩效水平的提升也有一定的促进作用。

2. 产业集聚对制造业静态创新绩效影响的分区域分析

由我国各地区高技术产业的发展现状可知，高技术产业集聚程度在东部地区与中西部地区间存在较大的空间异质性，那么这种差异是否会导致其对制造业静态创新绩效影响的区域差异？我们分别以东部地区与中西部地区为考察对象，探究产业集聚对制造业静态创新绩效影响的区域差异。借鉴杨浩昌等（2016）的做法，首先，将全国总体分成东部地区和中西部地区，然后以中西部地区为参照组，引入区域控制虚拟变量 east，当研究样本为东部地区时，east 取值为 1；为其他地区时，east 取值为 0。重新进行实证分析，实证方法和分析软件与前文保持一致。表 6 - 2 报告了分区域回归分析的结果。

表 6 - 2　　产业集聚对制造业静态创新绩效的影响：分区域分析

变量	被解释变量：有效发明专利数			被解释变量：新产品产值		
	方程 7（FE）	方程 8（RE）	方程 9（FGLS）	方程 10（FE）	方程 11（RE）	方程 12（FGLS）
lnagglo	0.7776 ***（0.2077）	0.0334（0.1516）	0.0837（0.0916）	0.8482 ***（0.1541）	0.5401 ***（0.1089）	0.2203 ***（0.0512）
lnstaff	0.1555（0.1449）	0.2179（0.1438）	0.0052（0.1141）	0.0365（0.1075）	0.0491（0.0955）	0.0166（0.0679）
lnfund	0.5368 ***（0.1178）	0.7507 ***（0.1217）	0.8812 ***（0.0985）	0.5170 ***（0.0874）	0.5706 ***（0.0807）	0.6396 ***（0.0595）

续表

变量	被解释变量：有效发明专利数			被解释变量：新产品产值		
	方程7 （FE）	方程8 （RE）	方程9 （FGLS）	方程10 （FE）	方程11 （RE）	方程12 （FGLS）
lnfdi	0.3930 *** （0.1056）	0.2990 *** （0.1001）	0.0682 （0.0612）	0.0669 （0.0783）	0.0250 （0.0685）	0.0730 ** （0.0309）
lninsti	0.1677 （0.2265）	0.2046 （0.2395）	0.5527 *** （0.1845）	0.0198 （0.1680）	0.0028 （0.1589）	0.0566 （0.1169）
east * lnagglo	1.7266 *** （0.3676）	0.3038 * （0.1803）	0.2300 ** （0.0937）	0.0318 （0.2726）	0.1315 （0.1333）	0.1830 *** （0.0553）
常数项	−8.9325 *** （1.4444）	−8.7330 *** （1.3147）	−5.0506 *** （0.8640）	8.6860 *** （1.0714）	7.4898 *** （0.9075）	5.5984 *** （0.4824）
时间虚拟变量	Yes	Yes	Yes	Yes	Yes	Yes
地区虚拟变量	Yes	Yes	Yes	Yes	Yes	Yes
Hausman 检验 p 值	0.0000			0.1676		
R^2	0.6026	0.7930		0.8837	0.9074	
OBS	200	200	200	200	200	200

注：（1）括号中数值为标准误；（2）***、**、*分别表示变量系数通过了1%、5%、10%的显著性检验；（3）OBS表示样本观察值个数。

当被解释变量为有效发明专利数时，首先，根据 Hausman 检验，p 值为0.0000，小于0.05，拒绝原假设，因此，我们在方程7和方程8之间选择方程7。其次，通过比较方程7和方程9的估计结果，可以发现，各变量系数的符号完全一致。因此，我们认为方程9的结果是稳健的。方程9的估计结果显示：产业集聚对制造业静态创新绩效的影响存在明显的区域差异，研究假说 H6 得到了证实。作为参照组的中西部地区，其高技术产业集聚对制造业创新绩效的影响系数为0.0837，但没有通过显著性检验；东部地区高技术产业集聚对制造业创新绩效的影响系数为0.3137（该系数为作为参照组的中西部地区的系数与东部地区虚拟变量的系数之和），且通过了5%的显著性检验。这表明东部地区与中西部地区高技术产业集聚均能促进制造业创新绩效提升，但存在明显的区域差异：东部地区高技术产业集聚对制造业创新绩效的促进作用明显大于中西部地区。

当被解释变量为新产品产值时，首先，根据 Hausman 检验，p 值为 0.1676，大于 0.05，接受原假设，因此，我们在方程 10 和方程 11 之间选择方程 11。其次，通过比较方程 11 和方程 12 的估计结果，可以发现，各变量系数的符号完全一致。因此，我们认为方程 12 的结果是稳健的。通过比较方程 12 和方程 9 的估计结果，可以发现，各变量系数的符号也均一致。

因此，可以得出：产业集聚对制造业静态创新绩效的影响均存在明显的区域差异：东部地区高技术产业集聚对制造业静态创新绩效的促进作用明显大于中西部地区。其主要原因可能在于：中国东部地区具有人力资本优势、技术优势、资金优势等条件，也具有较好的产业基础和区位优势（李廉水等，2014），上述原因导致东部地区高技术产业集聚程度较高，从而更有利于促进科技创新的产生和推进科技创新的扩散，而广大中西部地区高技术产业集聚程度较低。结合当前东部地区高技术产业集聚程度和制造业静态创新绩效水平明显高于中西部地区的事实，可以推导出区域间制造业创新绩效水平的差异将进一步扩大。

3. 产业集聚对制造业静态创新绩效影响的分行业分析

由中国制造业各细分行业的发展现状可知，中国制造业不同细分行业之间的产业集聚程度也已呈现出较大差异，为此，也很有必要进一步探究产业集聚对制造业静态创新绩效的影响在制造业各细分行业之间是否存在显著的差异。前面的分析证明了可行的广义最小二乘法（FGLS）的稳健性，因此，本书基于 2005 ~ 2012 年地区分组的制造业各细分行业面板数据，仅采用可行的广义最小二乘法（FGLS），进一步探究产业集聚对制造业静态创新绩效影响的行业差异，表 6 - 3 报告了分行业回归分析的结果。

表6-3　　产业集聚对制造业静态创新绩效的影响：分行业分析

行业	lnagglo	lnstaff	lnfund	lnfdi	lnminsti	常数项	地区和时间虚拟变量	OBS
农副食品加工业	0.1284*** (0.0299)	0.1610** (0.0711)	0.5924*** (0.0700)	0.1814*** (0.0267)	0.6553 (0.2025)	-3.9591*** (0.4115)	Yes	240
食品制造业	0.0919*** (0.0228)	0.1740** (0.0681)	0.5830*** (0.0651)	0.1646*** (0.0281)	-0.2617 (0.1648)	-3.3304*** (0.4704)	Yes	240
饮料制造业	0.2110*** (0.0224)	0.3082*** (0.0680)	0.3944*** (0.0683)	0.1430*** (0.0228)	0.2866 (0.1673)	-2.1775*** (0.4096)	Yes	240
纺织业	0.0408** (0.0176)	0.1206* (0.0660)	0.6466*** (0.0586)	0.1916*** (0.0297)	0.3114 (0.1645)	-3.9129*** (0.4216)	Yes	240
纺织服装、鞋、帽制造业	0.0233* (0.0139)	0.1120 (0.0698)	0.6675*** (0.0619)	0.1884*** (0.0309)	0.2559 (0.1688)	-3.9705*** (0.4486)	Yes	240
造纸及纸制品业	0.0982*** (0.0157)	0.1009 (0.0613)	0.6603*** (0.0566)	0.1317*** (0.0280)	-0.4888 (0.1567)	-3.2157*** (0.3868)	Yes	240
石油加工、炼焦及核燃料加工业	-0.0397** (0.0175)	0.1399** (0.0684)	0.6168*** (0.0660)	0.2131*** (0.0265)	-0.0763 (0.1792)	-3.9491*** (0.4195)	Yes	240
化学原料及化学制品制造业	0.1069*** (0.0196)	0.2681*** (0.0699)	0.4858*** (0.0658)	0.1745*** (0.0267)	-0.3842 (0.1558)	-3.3645*** (0.3747)	Yes	240

续表

行业	lnagglo	lnstaff	lnfund	lnfdi	lnminsti	常数项	地区和时间虚拟变量	OBS
医药制造业	0.0990 *** (0.0204)	0.1812 ** (0.0713)	0.5845 *** (0.0663)	0.1727 *** (0.0271)	-0.3861 (0.1694)	-3.6257 *** (0.3890)	Yes	240
化学纤维制造业	0.0750 *** (0.0093)	0.0069 (0.0650)	0.7828 *** (0.0584)	0.1063 *** (0.0307)	-0.2831 (0.1855)	-3.1393 *** (0.3979)	Yes	240
非金属矿物制品业	0.1420 *** (0.0256)	0.2466 *** (0.0704)	0.4987 *** (0.0693)	0.1536 *** (0.0271)	-0.5032 (0.1638)	-3.1559 *** (0.4297)	Yes	240
黑色金属冶炼及压延加工业	-0.0586 ** (0.0234)	0.0523 (0.0737)	0.7628 *** (0.0696)	0.2284 *** (0.0265)	-0.1466 (0.1699)	-4.8952 *** (0.3677)	Yes	240
有色金属冶炼及压延加工业	-0.0391 ** (0.0183)	0.0936 (0.0713)	0.7344 *** (0.0670)	0.2104 *** (0.0260)	-0.2156 (0.1747)	-4.8102 *** (0.3743)	Yes	240
金属制品业	0.1054 *** (0.0193)	0.2705 *** (0.0710)	0.4803 *** (0.0697)	0.1429 *** (0.0287)	-0.2675 (0.1660)	-2.6602 *** (0.5047)	Yes	240
通用设备制造业	0.0245 (0.0206)	0.0889 (0.0701)	0.6715 *** (0.0663)	0.2112 *** (0.0299)	0.2640 (0.1682)	-4.1556 *** (0.4895)	Yes	240
专用设备制造业	0.0422 ** (0.0197)	0.0759 (0.0704)	0.6842 *** (0.0668)	0.1996 *** (0.0278)	0.2910 (0.1692)	-4.0887 *** (0.4244)	Yes	240

续表

行业	lnagglo	lnstaff	lnfund	lnfdi	lninsti	常数项	地区和时间虚拟变量	OBS
交通运输设备制造业	0.0861*** (0.0136)	0.1767** (0.0698)	0.6169*** (0.0640)	0.1245*** (0.0286)	-0.3571 (0.1799)	-3.3635*** (0.4126)	Yes	240
电气机械及器材制造业	0.1525*** (0.0180)	0.3210*** (0.0636)	0.3918*** (0.0622)	0.1213*** (0.0260)	0.1205 (0.1674)	-1.8633*** (0.4455)	Yes	240
通信设备、计算机及其他电子设备制造业	0.0935*** (0.0124)	0.2090*** (0.0639)	0.5322*** (0.0616)	0.0969*** (0.0291)	0.0516 (0.1662)	-1.9493*** (0.4729)	Yes	240
仪器仪表及文化、办公用机械制造业	0.0530*** (0.0137)	0.0609 (0.0672)	0.7072*** (0.0603)	0.1533*** (0.0300)	0.1880 (0.1698)	-3.4707*** (0.4488)	Yes	240

注：(1) 括号中数值为标准误；(2) ***、**、*分别表示变量系数通过了1%、5%、10%的显著性检验；(3) OBS表示样本观察值个数。

通过观察表 6-3，可以发现，产业集聚对制造业静态创新绩效的影响存在显著的行业差异，研究假说 H7 得到了证实。在中国制造业 20 个细分行业中，农副食品加工业，食品制造业，饮料制造业，纺织业，纺织服装、鞋、帽制造业，造纸及纸制品业，化学原料及化学制品制造业，医药制造业，化学纤维制造业，非金属矿物制品业，金属制品业，通用设备制造业，专用设备制造业，交通运输设备制造业，电气机械及器材制造业，通信设备、计算机及其他电子设备制造业，以及仪器仪表及文化、办公用机械制造业等 17 个制造业细分行业的产业集聚对静态创新绩效水平具有一定的促进作用。这表明产业集聚对制造业静态创新绩效的正向影响作用在多数制造业细分行业中已经充分表现出来了。这些行业不仅包括金属制品业，通用设备制造业，专用设备制造业，交通运输设备制造业，电气机械及器材制造业，通信设备、计算机及其他电子设备制造业，以及仪器仪表及文化、办公用机械制造业等机械电子制造业[①]，还包括农副食品加工业，食品制造业，饮料制造业，纺织业，纺织服装、鞋、帽制造业，造纸及纸制品业等轻纺制造业。这是一个值得注意的发现，因为一般我们认为，轻纺制造业的产业集聚会抑制制造业静态创新绩效水平的提升，本章的研究发现，除了机械电子制造业的产业集聚会促进制造业静态创新绩效水平提升之外，轻纺制造业的产业集聚也会提升制造业静态创新绩效水平。这一发现为中国各地区根据自身的产业基础和区域特色，实施合理的制造业行业发展战略提供了理论基础。因此，为了推进制造业行业科技进步和提升制造业整体静态创新绩效水平，从而促进制造业产业转型升级和合理优化布局，中国东部地区可以根据自身的产业

---

① 借鉴李廉水和杜占元（2004）的做法，本章将上述中国制造业 20 个细分行业分成轻纺制造业、资源加工制造业、机械电子制造业三大类。其中，轻纺制造业包括农副食品加工业，食品制造业，饮料制造业，纺织业，纺织服装、鞋、帽制造业，造纸及纸制品业等 6 个制造业细分行业；资源加工制造业包括石油加工、炼焦及核燃料加工业，化学原料及化学制品制造业，医药制造业，化学纤维制造业，非金属矿物制品业，黑色金属冶炼及压延加工业，有色金属冶炼及压延加工业等 7 个制造业细分行业；机械电子制造业包括金属制品业，通用设备制造业，专用设备制造业，交通运输设备制造业，电气机械及器材制造业，通信设备、计算机及其他电子设备制造业，仪器仪表及文化、办公用机械制造业等 7 个制造业细分行业。

基础和区域特色等重点发展机械电子制造业,而中西部地区则可以选择优先培育轻纺制造业(杨浩昌等,2014)。

此外,不容忽视的是,石油加工、炼焦及核燃料加工业,黑色金属冶炼及压延加工业,有色金属冶炼及压延加工业等3个制造业细分行业的产业集聚对制造业静态创新绩效存在负向的影响作用,且均通过了5%的显著性检验。这表明石油加工、炼焦及核燃料加工业,黑色金属冶炼及压延加工业,有色金属冶炼及压延加工业等3个制造业细分行业的产业集聚会抑制制造业静态创新绩效水平的提升。这3个行业都是受资源禀赋优势影响较大的资源加工制造业,这在一定程度上表明资源加工制造业的产业集聚会对制造业静态创新绩效产生一定的抑制作用。其主要原因可能在于:资源加工制造业大多属于资源依赖型产业,过分依赖资源,使其自主创新的积极性减弱,从而在一定程度上限制了其静态创新绩效水平的提高。

6.3.3 产业集聚对制造业动态创新绩效影响的实证分析

前面的分析表明,产业集聚有助于促进制造业静态创新绩效水平提升以及产业集聚对制造业静态创新绩效的影响存在显著的区域差异与行业差异。那么,我们不禁要思考:产业集聚主要通过何种作用来提升制造业创新绩效?是通过提升制造业技术效率还是通过促进制造业技术进步抑或两者兼具?这种作用在不同区域之间和不同制造业细分行业之间是否也存在差异?本书我们将通过分析产业集聚对制造业动态创新绩效的影响及其区域差异与行业差异,来重点回答以上问题。其具体的实证分析过程可细分为以下三部分:一是基于2003~2015年中国30个省级地区制造业总体面板数据分析;二是基于2003~2015年东中西分区域制造业面板数据分析;三是基于2003~2015年中国24个地区分组的制造业各细分行业面板数据分析。

1. 产业集聚对制造业动态创新绩效影响的总体分析

根据上节中计量模型(6-5)、模型(6-6)和模型(6-7),基于2003~2015年中国30个省级地区制造业总体面板数据,我们首先对产业集聚对制造业动态创新绩效及其分解指标的影响进行总体分析。

表6-4给出了总体回归分析的结果。其中方程13、方程14、方程15分别报告了被解释变量为制造业动态创新绩效水平的固定效应模型（FE）、随机效应模型（RE）、可行的广义最小二乘法（FGLS）的估计结果；方程16、方程17、方程18分别报告了被解释变量为制造业技术效率指数的固定效应模型（FE）、随机效应模型（RE）、可行的广义最小二乘法（FGLS）的估计结果；方程19、方程20、方程21分别报告了被解释变量为制造业技术进步指数的固定效应模型（FE）、随机效应模型（RE）、可行的广义最小二乘法（FGLS）的估计结果。

首先，通过观察表6-4，我们可以发现，从Hausman检验的结果来看，当被解释变量为制造业动态创新绩效水平和制造业技术进步指数时，p值均小于0.05，而当被解释变量为制造业技术效率指数时，p值大于0.05。为此，当被解释变量为制造业动态创新绩效水平和制造业技术进步指数时，我们在固定效应模型（FE）和随机效应模型（RE）之间选择固定效应模型（FE），而当被解释变量为制造业技术效率指数时，我们在固定效应模型（FE）和随机效应模型（RE）之间选择随机效应模型（RE）。也就是说，根据Hausman检验，方程13的结果优于方程14，方程17的结果优于方程16，方程19的结果优于方程20。其次，通过比较方程13和方程15、方程17和方程18、方程19和方程21，可以发现，各变量系数的符号完全一致。由于可行的广义最小二乘法（FGLS）在一定程度上消除了可能存在的异方差性和序列相关性（Wooldridge，2002）。因此，我们在方程15、方程18和方程21估计结果的基础上分别讨论产业集聚对制造业动态创新绩效及其分解指标影响的总体回归分析的发现。

（1）由表6-4中方程15的估计结果可知，在控制了政府科技支持程度、人力资本投入、制造业企业规模，制造业外商直接投资和基础设施水平等条件下，产业集聚对制造业动态创新绩效的影响系数为正，且通过了1%的显著性检验。由表6-4中方程18的估计结果可知，产业集聚对制造业技术效率的影响系数也为正，且通过了5%的显著性检验；由表6-4中方程21的估计结果可知，产业集聚对制造业技术进步的影响系数虽为正，但却不显著。这表明从全国总体来看，

表6-4　产业集聚对制造业动态创新绩效影响的总体回归分析结果

变量	lndyinnmance			lninneffch			lnintechch		
	方程13	方程14	方程15	方程16	方程17	方程18	方程19	方程20	方程21
lnagglo	0.0868 * (0.1007)	0.0319 *** (0.0115)	0.0260 *** (0.0100)	0.1774 ** (0.1100)	0.0196 (0.0124)	0.0195 ** (0.0098)	0.0906 (0.0940)	0.0123 (0.0107)	0.0109 (0.0094)
L. lngov	0.0069 (0.0305)	0.0274 (0.0191)	0.0335 ** (0.0151)	0.0416 (0.0334)	0.0417 ** (0.0206)	0.0281 * (0.0154)	-0.0345 (0.0285)	-0.0142 (0.0176)	-0.0179 (0.0172)
lnh	0.5916 * (0.3286)	0.1878 (0.1565)	0.2251 ** (0.1051)	0.3062 (0.3592)	-0.1243 (0.1687)	-0.0984 (0.1350)	0.8969 *** (0.3068)	-0.0632 (0.1447)	0.1692 (0.1274)
lnscale	0.1240 ** (0.0482)	0.0674 ** (0.0314)	0.0800 ** (0.0224)	0.0572 (0.0527)	0.0439 (0.0338)	0.0345 (0.0253)	0.0668 (0.0450)	0.0234 (0.0290)	0.0606 ** (0.0265)
lnfdi	-0.1976 *** (0.0595)	-0.0457 ** (0.0211)	-0.0138 (0.0160)	-0.1409 ** (0.0651)	-0.0290 (0.0227)	-0.0322 ** (0.0164)	-0.0568 (0.0556)	-0.0167 (0.0195)	-0.0006 (0.0178)
lninfra	0.0647 (0.0779)	0.0332 (0.0390)	0.0446 (0.0288)	0.0944 (0.0851)	0.0086 (0.0420)	0.0167 (0.0356)	0.1591 ** (0.0727)	0.0246 (0.0360)	0.0031 (0.0341)
常数项	0.9140 (0.7071)	0.2188 (0.3719)	0.3606 (0.2475)	-0.1645 (0.7729)	0.2939 (0.4011)	0.1702 (0.3154)	1.0766 (0.6602)	-0.0758 (0.3441)	0.2306 (0.3059)
地区固定效应	Yes	Yes	Yes	Yes	Yes	Yes	Yes	Yes	Yes
时间固定效应	Yes	Yes	Yes	Yes	Yes	Yes	Yes	Yes	Yes
Hausman 检验 p 值	0.0432			0.1068			0.0166		
OBS	360	360	360	360	360	360	360	360	360

注：（1）括号中数值为标准误；（2）***、**、*分别表示变量系数通过了1%、5%、10%的显著性检验；（3）OBS表示样本观察值个数。

产业集聚也有利于提升制造业动态创新绩效水平，研究假说 H5 得到了证实，并且主要是通过提高制造业技术效率来实现的。其主要原因可能在于：产业集聚有利于产生规模经济效应，从而促进制造业企业研发创新规模效率的优化，进而促进制造业技术效率的提高，并最终实现制造业研发创新全要素生产率（动态创新绩效水平）的提升。而由于我国制造业产业总体上仍处于全球产业链的中低端，关键核心技术较缺乏，技术依赖性较强，以及世界制造业先进国家对我国实行的技术封锁、技术限制和技术壁垒，从而导致我国制造业产业集聚的知识或技术溢出效应不明显，进而使得其对制造业技术进步的促进作用并不显著。

（2）政府科技支持程度对制造业动态创新绩效和制造业技术效率的影响系数均显著为正，而对制造业技术进步却具有一定的负向影响作用。这表明政府科技支持对制造业动态创新绩效也存在显著的促进作用，且主要也是通过提升制造业技术效率来实现的。其主要原因可能在于：政府科技支持不仅有利于促进制造业企业扩大自身的研发创新投资，而且也有利于吸引更多的外部私人投资（Kleer，2010）。研发创新投入的持续增加有利于促进制造业企业产品结构的高级化，提高制造业企业产品的知识和技术含量，增加制造业企业产品的附加值，从而在产出不变的条件下能够有效地降低制造业企业研发创新活动资源的投入量，继而促进制造业技术效率的优化，进而促进制造业动态创新绩效水平的提升。但是，政府科技支持也会对制造业企业研发创新活动产生一定的替代效应和挤出效应，从而不利于促进制造业技术进步。

（3）人力资本水平对制造业动态创新绩效的影响系数也显著为正，而对制造业技术效率却具有一定的负向影响作用，以及对制造业技术进步的影响系数虽为正却并不显著。这表明人力资本水平的提高虽然有助于促进制造业动态创新绩效提升，但对制造业技术效率和技术进步的促进作用却并不明显甚至有一定的挤出效应。其主要原因可能在于：人力资本转化为现实创造力尚需要一定的时间和过程，因此不能及时地转变为创新能力促进制造业进行研发创新，从而导致对制造业技术效率和技术进步的促进作用不显著甚至表现为一定的负向影响作用。

（4）企业规模对制造业动态创新绩效和技术进步均具有显著的促进作用，而对制造业技术效率的影响系数虽为正却不显著。这表明制造业企业规模也能显著促进制造业动态创新绩效水平提升，并且这种促进作用主要是通过促进技术进步来实现的。其主要原因可能在于：现阶段我国制造业企业总体上存在规模收益递减，从而导致其对制造业技术效率的提升作用有限。

（5）外商直接投资对制造业动态创新绩效、技术效率和技术进步均存在一定的负向影响作用。这表明外商直接投资不利于促进制造业动态创新绩效水平和技术效率提升以及技术进步。其主要原因可能在于：虽然通过外商直接投资，本土制造业企业可以较为容易地获得知识或技术溢出，并且来自外资企业的竞争也会倒逼本土制造业企业进行研发创新。但是，外资的大量进入并不会把其原有的先进优势技术传授给本土制造业企业，而且高技术的外资还可能会导致本土制造业企业从外资企业手中转移技术，以此来代替自主研发创新，从而使得本土制造业企业产生"技术锁定"，甚至掉入"技术陷阱"（王然等，2010），进而不利于本土制造业企业动态创新绩效水平和技术效率的提升以及技术进步。

（6）基础设施水平对制造业动态创新绩效、技术效率和技术进步的影响系数虽均为正却都不显著。其主要原因可能在于：基础设施转化为现实研发创新能力也需要一定的时间和过程，因此导致其对制造业动态创新绩效、技术效率和技术进步的影响作用不明显，促进作用还尚未显现。

2. 产业集聚对制造业动态创新绩效影响的分区域分析

上述分析结果表明，产业集聚总体上对制造业动态创新绩效具有显著的促进作用。那么，这种作用在不同区域之间是否存在差异？因此，为了进一步探究产业集聚对制造业动态创新绩效影响的区域差异。本书将全国整体划分为东部、中部和西部三个区域，分别研究不同区域产业集聚对制造业动态创新绩效的具体影响。根据 Hausman 检验和可行的广义最小二乘法（FGLS）在一定程度上消除了可能存在的异方差性和序列相关性，因此基于 2003～2015 年东中西部分地区制造业面板数据，采用可行的广义最小二乘法（FGLS）对东中西部地区产业集聚对制造业动态创新绩效及其分解指标（技术效率指数和技术进步指数）的影响分别进行计量分析。表 6 - 5 给出了分区域的估计结果。其中，第 1～第 3 列分别报告了被解释变量为制造业动态创新绩效的东中西部地区估计结果；第 4～第 6 列分别报告了被解释变量为制造业技术效率指数的东中西部地区估计结果；第 7～第 9 列分别报告了被解释变量为制造业技术进步指数的东中西部地区估计结果。

由表 6-5 中第 1～第 3 列可见，东中西部各地区产业集聚对制造业动态创新绩效的影响系数均为正，并通过了至少 10% 的显著性检验，且大小各异。这表明东中西部地区产业集聚均有利于显著促进制造业动态创新绩效水平提升，但作用强度之间存在一定的差异。由表 6 - 5 中第 4～第 6 列可见，东中西部各地区产业集聚对制造业技术效率指数的影响系数也显著为正，且大小也各异。这表明东中西部地区产业集聚也都有利于显著提高制造业技术效率，但提升作用不同。由表 6 - 5 中第 7～第 9 列可见，东中西部各地区产业集聚对制造业技术进步指数的影响系数虽为正，却不显著。这表明东中西部地区产业集聚对制造业技术进步并没有显著的促进作用。由此可见，产业集聚对制造业动态创新绩效及其分解指标（技术效率和技术进步）的影响作用在中国东、中、西部地区之间存在明显的差异，研究假说 H6 得到了证实。同时，这也从一定程度上说明了东中西部地区产业集聚对制造业动态创新绩效的促进作用主要也是通过提高制造业技术效率来实现的。

在控制变量中，（1）在东部地区，政府科技支持并没有显著提高制造业动态创新绩效和技术效率，反而对制造业技术进步产生了一定的挤出作用。其主要原因可能在于：我国东部地区制造业由于具有较强的资本和技术等优势（李廉水等，2014），使得其自身的研发创新投入较多。而政府部门对制造业企业的科技支持，由于易受寻租活动和行政隶属关系的影响，会导致其对东部地区制造业企业自身的研发创新投入产生一定的替代作用或挤出作用，从而在一定程度上限制了东部地区制造业动态创新绩效和技术效率的提升。在中西部地区，政府

表6－5　产业集聚对制造业动态创新绩效影响的分区域回归分析结果

变量	lndyinnmance			lnineffch			lnintechch		
	东部地区	中部地区	西部地区	东部地区	中部地区	西部地区	东部地区	中部地区	西部地区
	1	2	3	4	5	6	7	8	9
lnagglo	0.0316** (0.0204)	0.0082 (0.0338)	0.0452* (0.0234)	0.0190* (0.0139)	0.0323** (0.0508)	0.0515** (0.0261)	0.0229 (0.0245)	0.0049 (0.0447)	0.0039 (0.0157)
L.lngov	0.0317 (0.0318)	0.0266* (0.0374)	0.0257** (0.0312)	0.0082 (0.0205)	0.0497** (0.0497)	0.0256** (0.0372)	-0.0160 (0.0362)	-0.0014 (0.0396)	-0.0109 (0.0301)
lnh	0.4283* (0.2455)	-0.8304** (0.3608)	-0.0523* (0.1955)	0.1191 (0.2517)	-0.2898 (0.5162)	-0.4403 (0.2621)	0.2436 (0.3188)	-0.6139 (0.4215)	-0.4866** (0.2240)
lnscale	0.0739* (0.0394)	0.1697*** (0.0522)	0.0414 (0.0504)	0.0399 (0.0374)	0.1037 (0.0792)	0.0329 (0.0565)	0.0499 (0.0514)	0.0989 (0.0676)	0.0835 (0.0434)
lnfdi	-0.0133 (0.0338)	-0.0191 (0.0413)	-0.0723** (0.0329)	-0.0511 (0.0320)	-0.0380 (0.0575)	-0.0784** (0.0365)	-0.0120 (0.0407)	-0.0214 (0.0490)	-0.0089 (0.0257)
lninfra	0.0149 (0.0503)	0.1231 (0.1130)	0.0718 (0.0910)	-0.0163 (0.0562)	-0.0386 (0.1614)	-0.0598 (0.1064)	0.0706 (0.0674)	0.0582 (0.1337)	0.1016 (0.0761)
常数项	0.9496 (0.5976)	1.5601* (0.8678)	-0.2530 (0.4612)	0.1404 (0.6445)	0.8948 (1.2413)	-0.9155 (0.5980)	0.5364 (0.8007)	1.0745 (1.0591)	0.6359 (0.4723)
地区固定效应	Yes	Yes	Yes	Yes	Yes	Yes	Yes	Yes	Yes
时间固定效应	Yes	Yes	Yes	Yes	Yes	Yes	Yes	Yes	Yes
OBS	132	96	132	132	96	132	132	96	132

注：(1) 括号中数值为标准误；(2) ***、**、*分别表示变量系数通过了1%、5%、10%的显著性检验；(3) OBS表示样本观察值个数。

科技支持有利于显著促进制造业动态创新绩效和技术效率的提升，而对制造业技术进步也产生了一定的挤出作用。其主要原因可能在于：政府科技支持可以有效弥补我国中西部地区制造业企业研发创新自有资金的不足，降低企业的创新风险，从而能够有效刺激中西部地区制造业企业加大研发创新投入（Hussinger，2008），有利于更充分地利用现有研发创新活动资源，并减少政府科技支持的替代效应或挤出效应，进而起到了积极的促进作用。（2）在东部地区，人力资本能够显著促进制造业动态创新绩效水平提升，而对制造业技术效率和技术进步的影响系数虽为正却不显著；在中西部地区，人力资本水平对制造业动态创新绩效具有显著的负向作用，且对制造业技术效率和技术进步也有一定的负向影响。其主要原因可能在于：我国东部地区具有较强的人才、资本、技术等优势，使得其人力资本水平较高且创新基础以及创新条件良好，从而可以较快地转化为研发创新能力，而中西部地区由于人才和资本缺失，导致其人力资本水平薄弱和研发创新能力不足，从而导致对制造业动态创新绩效及其分解指标（技术效率和技术进步）表现为一定的负向影响。（3）在东部和中部地区，企业规模对制造业动态创新绩效具有显著的促进作用，而对制造业技术效率和技术进步的影响系数虽为正却均不显著；在西部地区，企业规模对制造业动态创新绩效及其分解指标（技术效率和技术进步）的影响系数虽为正却都不显著。其主要原因可能在于：我国西部地区制造业企业规模相对较小，产生的规模经济效应还不明显，因此导致其对制造业动态创新绩效及其分解指标产生的正向作用尚未显现。（4）东中西部地区外商直接投资对制造业动态创新绩效及其分解指标（技术效率和技术进步）均具有一定的负向影响作用。其中，在西部地区，外商直接投资对制造业动态创新绩效和技术效率的影响系数显著为负。其主要原因可能在于：我国西部地区制造业技术水平相对较低，从而导致其不仅难以从外资企业获取先进的优势技术，反而还会导致产生"技术锁定"，甚至掉入"技术陷阱"，进而不利于提升动态创新绩效和技术效率。（5）东中西部地区基础设施水平对制造业动态创新绩效和技术进步的影响系数虽均为正却不显著，而对制造业技术效率具有一定的负向影响作用。

其主要原因可能在于：基础设施主要是起支撑作用，其转化为现实研发创新能力需要一定的过程和条件，从而导致其对东中西部地区制造业动态创新绩效、技术效率和技术进步的促进作用不显著甚至表现为一定的负向影响作用。

3. 产业集聚对制造业动态创新绩效影响的分行业分析

当前，随着中国制造业的不断发展，制造业各细分行业之间的产业集聚程度也已呈现出较大的行业异质性。有鉴于此，我们不禁要思考：产业集聚对制造业动态创新绩效及其分解指标的影响在各细分行业之间是否存在差异？因此，为了进一步探究产业集聚对制造业动态创新绩效影响的行业差异，本书将采用基于 2003 ~ 2015 年中国 24 个地区分组的制造业各细分行业面板数据，分别对上述 20 个制造业细分行业产业集聚对其动态创新绩效及其分解指标的具体影响进行回归分析。根据 Hausman 检验和可行的广义最小二乘法（FGLS）在一定程度上消除了可能存在的异方差性和序列相关性，因此我们采用可行的广义最小二乘法（FGLS）进行估计。同时，为了更加直观、清晰地比较中国制造业各细分行业产业集聚对其动态创新绩效及其分解指标的影响程度，借鉴李廉水和杜占元（2004）的做法，我们将上述中国制造业 20 个细分行业分成轻纺制造业、资源加工制造业、机械电子制造业三大类，结果见表 6 - 6。

通过观察表 6 - 6，可以发现，不同制造业各细分行业之间的产业集聚对其动态创新绩效及其分解指标的影响作用也显著不同，研究假说 H7 得到了证实。其中，（1）在轻纺制造业中，产业集聚对其动态创新绩效和技术效率的影响系数显著为正，而对其技术进步的影响系数虽为正却不显著；（2）在资源加工制造业中，产业集聚对其动态创新绩效和技术效率的影响系数也显著为正，但对其技术进步的影响系数却为负；（3）在机械电子制造业中，除了 C14 金属制品业的产业集聚对其技术进步的影响系数虽为正却不显著之外，其余所有制造业细分行业的产业集聚对其动态创新绩效及其分解指标（技术效率和技术进步）的影响系数均显著为正。由此可见，产业集聚对制造业动态创新绩效和技术效率的正向影响作用在所有的制造业细分行业中已经充分

表 6-6 产业集聚对制造业动态创新绩效影响的分行业回归分析结果

轻纺制造业

行业	Indyinnmance					Inineffch					Inintechch				
	lnagglo	控制变量	地区固定效应	时间固定效应	OBS	lnagglo	控制变量	地区固定效应	时间固定效应	OBS	lnagglo	控制变量	地区固定效应	时间固定效应	OBS
C1	0.0234** (0.0092)	Yes	Yes	Yes	288	0.0373*** (0.0124)	Yes	Yes	Yes	288	0.0023 (0.0111)	Yes	Yes	Yes	288
C2	0.0194** (0.0097)	Yes	Yes	Yes	288	0.0276** (0.0137)	Yes	Yes	Yes	288	0.0037 (0.0126)	Yes	Yes	Yes	288
C3	0.0343*** (0.0097)	Yes	Yes	Yes	288	0.0346*** (0.0121)	Yes	Yes	Yes	288	0.0041 (0.0113)	Yes	Yes	Yes	288
C4	0.0198*** (0.0071)	Yes	Yes	Yes	288	0.0264** (0.0105)	Yes	Yes	Yes	288	0.0025 (0.0102)	Yes	Yes	Yes	288
C5	0.0215*** (0.0067)	Yes	Yes	Yes	288	0.0265*** (0.0091)	Yes	Yes	Yes	288	0.0025 (0.0083)	Yes	Yes	Yes	288
C6	0.0235*** (0.0081)	Yes	Yes	Yes	288	0.0322*** (0.0105)	Yes	Yes	Yes	288	0.0009 (0.0094)	Yes	Yes	Yes	288

资源加工制造业

行业	lndyinnmance					lnineffch					lnintechch				
	lnagglo	控制变量	地区固定效应	时间固定效应	OBS	lnagglo	控制变量	地区固定效应	时间固定效应	OBS	lnagglo	控制变量	地区固定效应	时间固定效应	OBS
C7	0.0362*** (0.0091)	Yes	Yes	Yes	288	0.0190* (0.0115)	Yes	Yes	Yes	288	−0.0216** (0.0094)	Yes	Yes	Yes	288
C8	0.0240*** (0.0091)	Yes	Yes	Yes	288	0.0308*** (0.0116)	Yes	Yes	Yes	288	−0.0039 (0.0105)	Yes	Yes	Yes	288
C9	0.0156** (0.0078)	Yes	Yes	Yes	288	0.0219** (0.0098)	Yes	Yes	Yes	288	−0.0010 (0.0090)	Yes	Yes	Yes	288
C10	0.0181*** (0.0052)	Yes	Yes	Yes	288	0.0133** (0.0063)	Yes	Yes	Yes	288	−0.0077 (0.0051)	Yes	Yes	Yes	288
C11	0.0269*** (0.0087)	Yes	Yes	Yes	288	0.0374*** (0.0116)	Yes	Yes	Yes	288	−0.0001 (0.0102)	Yes	Yes	Yes	288
C12	0.0125* (0.0087)	Yes	Yes	Yes	288	0.0296** (0.0114)	Yes	Yes	Yes	288	−0.0015 (0.0103)	Yes	Yes	Yes	288
C13	0.0156** (0.0072)	Yes	Yes	Yes	288	0.0156* (0.0089)	Yes	Yes	Yes	288	−0.0036 (0.0083)	Yes	Yes	Yes	288

续表

机械电子制造业

行业	lndyjmmance					lnineffch					lnintechch				
	lnagglo	控制变量	地区固定效应	时间固定效应	OBS	lnagglo	控制变量	地区固定效应	时间固定效应	OBS	lnagglo	控制变量	地区固定效应	时间固定效应	OBS
C14	0.0317 *** (0.0084)	Yes	Yes	Yes	288	0.0335 *** (0.0103)	Yes	Yes	Yes	288	0.0047 (0.0091)	Yes	Yes	Yes	288
C15	0.0217 *** (0.0066)	Yes	Yes	Yes	288	0.0246 *** (0.0083)	Yes	Yes	Yes	288	0.0028 * (0.0075)	Yes	Yes	Yes	288
C16	0.0195 *** (0.0071)	Yes	Yes	Yes	288	0.0238 *** (0.0092)	Yes	Yes	Yes	288	0.0023 * (0.0083)	Yes	Yes	Yes	288
C17	0.0186 *** (0.0071)	Yes	Yes	Yes	288	0.0262 *** (0.0088)	Yes	Yes	Yes	288	0.0029 ** (0.0079)	Yes	Yes	Yes	288
C18	0.0394 *** (0.0075)	Yes	Yes	Yes	288	0.0338 *** (0.0094)	Yes	Yes	Yes	288	0.0084 * (0.0081)	Yes	Yes	Yes	288
C19	0.0208 *** (0.0070)	Yes	Yes	Yes	288	0.0165 ** (0.0084)	Yes	Yes	Yes	288	0.0049 * (0.0075)	Yes	Yes	Yes	288
C20	0.0193 *** (0.0055)	Yes	Yes	Yes	288	0.0190 *** (0.0069)	Yes	Yes	Yes	288	0.0033 * (0.0060)	Yes	Yes	Yes	288

注：（1）括号中数值为标准误差；（2）***、**、*分别表示变量系数通过了1%、5%、10%的显著性检验；（3）OBS表示样本观察值个数；（4）限于篇幅，本处没有列出各控制变量的系数，显著性及标准误差。

表现出来了，这些行业不仅包括机械电子制造业，还包括轻纺制造业和资源加工制造业。这是一个值得注意的发现，因为一般我们认为，轻纺制造业和资源加工制造业等产业集聚会抑制其动态创新绩效水平和技术效率的提升，本书的研究发现，除了机械电子制造业产业集聚会显著提升其动态创新绩效水平和技术效率之外，轻纺制造业和资源加工制造业产业集聚也有利于显著促进其动态创新绩效水平和技术效率提升。同时，这也从侧面上说明了制造业各细分行业的产业集聚对其动态创新绩效的促进作用也主要是通过提高制造业技术效率来实现的。

此外，不容忽视的是，资源加工制造业产业集聚对其技术进步存在一定的负向影响作用，这表明资源加工制造业产业集聚不利于其技术进步指数的提高。其主要原因可能在于：我国制造业产业总体上仍处于全球产业链的中低端，关键核心技术较缺乏，技术依赖性较强，而资源加工制造业又大多属于资源依赖型产业，过分依赖资源，使其自主创新的积极性减弱，从而导致制造业产业集聚产生的知识或技术溢出效应并不明显，进而在一定程度上限制了其技术进步。

6.4 稳健性检验或内生性检验

为了进一步增强上述回归分析结果的可靠性和准确性，本书将分别对上述产业集聚对制造业静态创新绩效影响的总体和分区域分析结果进行稳健性检验，并对分行业分析结果进行内生性检验。此外，还将进一步对产业集聚对制造业动态创新绩效影响的总体和分区域分析结果进行内生性检验。

6.4.1 产业集聚对制造业静态创新绩效影响的总体稳健性检验

首先，基于 2005 ~ 2012 年中国 25 个省级地区高技术产业面板数据，我们采用区位商来度量各地区高技术产业集聚程度，对上述产业集聚对制造业静态创新绩效影响的总体回归分析结果进行稳健性检验。表 6 - 7 中的方程 22、方程 23 和方程 24 分别报告了以有效发明专利数作为被解释变量时，固定效应模型（FE）、随机效应模型（RE）和可行的广义最小二乘法（FGLS）的估计结果；方程 25、方程 26 和方程 27 分别报告了以新产品产值作为被解释变量时，固定效应模型（FE）、随机效应模型（RE）和可行的广义最小二乘法（FGLS）的估计结果。

表 6 - 7　　　　　　　　　　总体稳健性检验回归分析结果

变量	被解释变量：有效发明专利数			被解释变量：新产品产值		
	方程 22 (FE)	方程 23 (RE)	方程 24 (FGLS)	方程 25 (FE)	方程 26 (RE)	方程 27 (FGLS)
lnagglo	0.0170 (0.1054)	0.0358 (0.0969)	0.0209 (0.0727)	0.2656*** (0.0729)	0.3397*** (0.0672)	0.4355*** (0.0451)
lnstaff	0.4817*** (0.1527)	0.1792 (0.1454)	0.0592 (0.1268)	0.1487 (0.1055)	0.1633* (0.0991)	0.0111 (0.0700)
lnfund	0.5903*** (0.1333)	0.7982*** (0.1282)	0.9260*** (0.1134)	0.5231*** (0.0922)	0.5031*** (0.0871)	0.6394*** (0.0668)
lnfdi	0.5189*** (0.1108)	0.1960** (0.0890)	0.0083 (0.0578)	0.0506 (0.0766)	0.1158* (0.0641)	0.1597*** (0.0293)
lninsti	0.1392 (0.2547)	0.1337 (0.2438)	0.2997 (0.1840)	0.0094 (0.1761)	0.0325 (0.1669)	0.2041 (0.1452)
常数项	-12.6316*** (1.3517)	-7.7388*** (1.0969)	-4.4104*** (0.7826)	6.2510*** (0.9344)	5.4228*** (0.7872)	4.5016*** (0.4353)
时间虚拟变量	Yes	Yes	Yes	Yes	Yes	Yes
地区虚拟变量	Yes	Yes	Yes	Yes	Yes	Yes
Hausman 检验 p 值	0.0000			0.0000		
R^2	0.7695	0.7965		0.8846	0.8902	
OBS	200	200	200	200	200	200

注：(1) 括号中数值为标准误；(2) ***、**、* 分别表示变量系数通过了 1%、5%、10% 的显著性检验；(3) OBS 表示样本观察值个数。

当被解释变量为有效发明专利数时，首先，根据 Hausman 检验，p 值为 0.0000，小于 0.05，拒绝原假设，因此，我们在方程 22 和方程 23 之间选择方程 22。其次，通过比较方程 22 和方程 24 的估计结果，可以发现，各变量系数的符号完全一致。因此，我们认为方程 24 的结果是稳健的。通过比较方程 24 和方程 23 的估计结果，可以发现，变量系数的符号均一致。

当被解释变量为新产品产值时，首先，根据 Hausman 检验，p 值为 0.0000，小于 0.05，拒绝原假设，因此，我们在方程 25 和方程 26 之间选择方程 25。其次，通过比较方程 25 和方程 27 的估计结果，可以发现，各变量系数的符号完全一致。因此，我们认为方程 27 的结果是稳健的。通过比较方程 27 和方程 3 的估计结果，可以发现，变量系数的符号也均一致。

因此，可以进一步得出：无论采用有效发明专利数还是采用新产品产值来测度制造业静态创新绩效，在控制了科技人员投入、科技经费投入、外商直接投资和制度创新等条件时，产业集聚均有助于促进制造业静态创新绩效水平的提升，研究假说 H5 进一步得到了证实；此外，科技人员投入、科技经费投入、外商直接投资和制度创新对制造业静态创新绩效也有一定的促进作用。

6.4.2　产业集聚对制造业静态创新绩效影响的分区域稳健性检验

接下来，我们分别以东部地区和中西部地区为考察对象，采用区位商来度量各地区高技术产业集聚程度，对上述产业集聚对制造业静态创新绩效影响的分区域回归分析结果进行稳健性检验。表 6-8 报告了分区域稳健性检验回归分析的结果。其中，方程 28、方程 29 和方程 30 分别为以有效发明专利数作为被解释变量时，固定效应模型（FE）、随机效应模型（RE）和可行的广义最小二乘法（FGLS）的估计结果；方程 31、方程 32 和方程 33 分别报告了以新产品产值作为被解释变量时，固定效应模型（FE）、随机效应模型（RE）和可行的广义最小二乘法（FGLS）的估计结果。

表 6 - 8   分区域稳健性检验回归分析结果

变量	被解释变量：有效发明专利数			被解释变量：新产品产值		
	方程 28（FE）	方程 29（RE）	方程 30（FGLS）	方程 31（FE）	方程 32（RE）	方程 33（FGLS）
lnagglo	0.0185 (0.1142)	0.0005 (0.1108)	0.0818 (0.0899)	0.2510 *** (0.0789)	0.2459 *** (0.0741)	0.1274 ** (0.0516)
lnstaff	0.4824 *** (0.1543)	0.1676 (0.1442)	0.0611 (0.1153)	0.1424 (0.1066)	0.1173 (0.0976)	0.0236 (0.0717)
lnfund	0.5899 *** (0.1342)	0.8116 *** (0.1268)	0.9333 *** (0.1049)	0.5269 *** (0.0927)	0.5292 *** (0.0852)	0.6289 *** (0.0668)
lnfdi	0.5183 *** (0.1126)	0.2313 *** (0.0886)	0.0500 (0.0554)	0.0566 (0.0778)	0.0884 (0.0645)	0.1497 *** (0.0288)
lninsti	0.1402 (0.2568)	0.1603 (0.2391)	0.4876 *** (0.1808)	0.0183 (0.1774)	0.0530 (0.1626)	0.0734 (0.1233)
east × lnagglo	0.0091 (0.2561)	0.0785 (0.1796)	0.3069 *** (0.1113)	0.0868 (0.1769)	0.2285 * (0.1347)	0.4264 *** (0.0700)
常数项	- 12.6209 *** (1.3886)	- 8.0399 *** (1.0965)	- 4.9426 *** (0.7529)	6.1493 *** (0.9592)	5.6066 *** (0.7888)	4.6885 *** (0.4374)
时间虚拟变量	Yes	Yes	Yes	Yes	Yes	Yes
地区虚拟变量	Yes	Yes	Yes	Yes	Yes	Yes
Hausman 检验 p 值	0.0000			0.8739		
R²	0.7693	0.7949		0.8897	0.9087	
OBS	200	200	200	200	200	200

注：（1）括号中数值为标准误；（2）***、**、*分别表示变量系数通过了 1%、5%、10% 的显著性检验；（3）OBS 表示样本观察值个数。

当被解释变量为有效发明专利数时，首先，根据 Hausman 检验，p 值为 0.0000，小于 0.05，拒绝原假设，因此，我们在方程 28 和方程 29 之间选择方程 28。其次，通过比较方程 28 和方程 30 的估计结果，可以发现，各变量系数的符号完全一致。因此，我们认为方程 30 的结果是稳健的。通过比较方程 30 和方程 9 的估计结果，可以发现，变量系数的符号也均一致。

当被解释变量为新产品产值时，首先，根据 Hausman 检验，p 值为 0.8739，大于 0.05，接受原假设，因此，我们在方程 31 和方程 32 之间选择方程 32。其次，通过比较方程 32 和方程 33 的估计结果，可以发现，各变量系数的符号完全一致。因此，我们认为方程 33 的结果是稳健的。通过比较方程 33 和方程 9 的估计结果，可以发现，变量系数的符号也均一致。

因此，可以进一步得出：产业集聚对制造业静态创新绩效的影响作用确实存在明显的区域差异：东部地区高技术产业集聚对静态创新绩效的促进作用明显大于中西部地区，研究假说 H6 进一步得到了证实。结合当前东部地区高技术产业集聚程度和静态创新绩效水平明显高于中西部地区的事实，可以推导出区域间制造业静态创新绩效水平的差异将进一步扩大。

6.4.3 产业集聚对制造业静态创新绩效影响的分行业内生性检验

产业集聚有利于制造业科技创新的产生，而且为制造业科技创新的扩散创造了良好条件，从而有助于促进制造业静态创新绩效提升，反过来，静态创新绩效水平的提高也有利于促进相关制造业产业的进一步集聚。也就是说，产业集聚与制造业静态创新绩效存在相互影响的关系，即存在内生性问题。为此，本书还将使用系统 GMM 方法来克服模型中被解释变量的内生性问题。因此，我们引入制造业静态创新绩效的一阶滞后项将其扩展为一个动态模型[①]，进一步分析产业集聚对制造业静态创新绩效的影响作用是否存在显著的行业差异。所有供分析的面板数据和选用的计量分析软件与前文保持一致。表 6 - 9 报告了基于地区分组的制造业各细分行业面板数据，产业集聚对制造业静态

---

① $\text{lnstinnmance}_{it} = \alpha_0 + \delta \text{lnstinnmance}_{i,t-1} + \alpha_1 \text{lnagglo}_{it} + \alpha_2 \text{lnstaff}_{it} + \alpha_3 \text{lnfund}_{it} + \alpha_4 \text{lnfdi}_{it} + \alpha_5 \text{lninsti}_{it} + \mu_i + \nu_t + \varepsilon_{it}$。其中，$\text{lnstinnmance}_{i,t-1}$ 是被解释变量（制造业静态创新绩效水平）的一阶滞后项，其他符号同表达式 (6 - 1)。

表 6 - 9

分行业内生性检验回归分析结果

行业	lnagglo	lnstaff	lnfund	lnfdi	lninsti	常数项	地区和时间虚拟变量	AR (1)	AR (2)	Hansen检验	OBS
农副食品加工业	0.0929 * (0.0541)	0.3083 *** (0.0836)	0.6224 *** (0.1101)	0.1792 *** (0.0289)	1.1920 (0.1510)	- 5.8354 *** (0.7054)	Yes	0.343	0.731	0.584	210
食品制造业	0.0720 *** (0.0246)	0.1700 * (0.0907)	0.5815 *** (0.0924)	0.3941 *** (0.0559)	- 1.0543 (0.1066)	- 6.8216 *** (1.0195)	Yes	0.644	0.922	0.504	210
饮料制造业	0.0770 (0.0714)	- 0.3406 (0.0919)	0.7760 *** (0.0820)	0.5672 *** (0.0892)	0.8015 *** (0.1626)	- 6.0327 *** (1.2547)	Yes	0.860	0.554	0.577	210
纺织业	0.1182 *** (0.0182)	0.3883 *** (0.0596)	0.4265 *** (0.0242)	0.4982 *** (0.0448)	- 0.0041 (0.1257)	- 7.5440 *** (0.4462)	Yes	0.880	0.744	0.496	210
纺织服装、鞋、帽制造业	0.1613 *** (0.0113)	0.1106 *** (0.0255)	0.5635 *** (0.0141)	0.1194 *** (0.0286)	0.7231 *** (0.1089)	- 1.3459 *** (0.4288)	Yes	0.485	0.628	0.514	210
造纸及纸制品业	0.0415 *** (0.0075)	0.3498 *** (0.0497)	0.5874 *** (0.0391)	0.1463 *** (0.0257)	- 0.0351 (0.1389)	- 4.6314 *** (0.4256)	Yes	0.386	0.569	0.501	210
石油加工、炼焦及核燃料加工业	- 0.0697 *** (0.0131)	- 0.0624 (0.0291)	0.6308 *** (0.0202)	0.6333 *** (0.0263)	0.0078 (0.0575)	- 7.7402 *** (0.3272)	Yes	0.797	0.709	0.521	210
化学原料及化学制品制造业	0.3683 *** (0.0412)	0.2682 *** (0.0465)	0.4796 *** (0.0421)	0.0915 *** (0.0336)	- 1.1261 (0.1427)	- 3.3782 *** (0.3744)	Yes	0.244	0.808	0.596	210

续表

行业	lnagglo	lnstaff	lnfund	lnfdi	lninsti	常数项	地区和时间虚拟变量	AR (1)	AR (2)	Hansen检验	OBS
医药制造业	0.1465*** (0.0556)	-0.0413 (0.0754)	0.8027*** (0.0489)	0.3411*** (0.0541)	-2.0834 (0.1629)	-7.4982*** (0.5578)	Yes	0.542	0.955	0.735	210
化学纤维制造业	0.0761*** (0.0151)	0.9213*** (0.1312)	0.1167 (0.1020)	-0.1723 (0.0598)	2.2950*** (0.2003)	1.4317*** (0.5376)	Yes	0.759	0.989	0.618	210
非金属矿物制品业	0.1820*** (0.0316)	0.6533*** (0.0840)	0.4060*** (0.0600)	0.0167 (0.0314)	-2.2497 (0.3476)	-4.7963*** (0.6697)	Yes	0.298	0.908	0.586	210
黑色金属冶炼及压延加工业	-0.3135*** (0.0170)	0.1403*** (0.0407)	0.4581*** (0.0518)	0.1766*** (0.0318)	0.5551*** (0.0890)	-2.1923*** (0.1922)	Yes	0.291	0.742	0.504	210
有色金属冶炼及压延加工业	-0.0754*** (0.0158)	-0.0096 (0.0413)	0.9035*** (0.0455)	0.4579*** (0.0420)	-3.1537 (0.2972)	-10.605*** (0.5883)	Yes	0.688	0.606	0.520	210
金属制品业	0.1395*** (0.0232)	0.2256*** (0.0722)	0.6197*** (0.0887)	0.1598*** (0.0389)	-1.0918 (0.1714)	-4.6973*** (0.3641)	Yes	0.388	0.647	0.520	210
通用设备制造业	0.3507*** (0.0194)	-0.3872*** (0.0717)	0.9068*** (0.0710)	0.0022 (0.0561)	0.4936*** (0.1838)	-0.1670 (0.5591)	Yes	0.247	0.607	0.524	210
专用设备制造业	0.0675*** (0.0177)	0.4963*** (0.0170)	0.4262*** (0.0314)	0.0652*** (0.0151)	0.7221*** (0.1184)	-2.6061*** (0.4074)	Yes	0.337	0.981	0.505	210

续表

行业	lnagglo	lnstaff	lnfund	lnfdi	lninsti	常数项	地区和时间虚拟变量	AR（1）	AR（2）	Hansen检验	OBS
交通运输设备制造业	0.3325 *** (0.0178)	0.5314 *** (0.0410)	0.4571 *** (0.0350)	−0.3225 (0.0299)	−1.4853 (0.1647)	0.3625 (0.4389)	Yes	0.599	0.928	0.540	210
电气机械及器材制造业	0.1564 *** (0.0184)	0.3199 *** (0.0560)	0.6304 *** (0.0571)	0.1180 *** (0.0187)	−2.6590 *** (0.1143)	−5.9406 *** (0.4927)	Yes	0.443	0.962	0.549	210
通信设备、计算机及其他电子设备制造业	0.1797 *** (0.0095)	0.1721 ** (0.0682)	0.7331 *** (0.0506)	−0.0790 (0.0290)	−0.8323 (0.1708)	−2.2638 *** (0.5014)	Yes	0.535	0.557	0.505	210
仪器仪表及文化、办公用机械制造业	0.0872 *** (0.0102)	0.6198 *** (0.0302)	0.0482 ** (0.0221)	0.3041 *** (0.0333)	0.9693 *** (0.1693)	−2.0582 *** (0.5006)	Yes	0.830	0.550	0.606	210

注：（1）括号中数值为标准误；（2）***、**、* 分别表示变量系数通过了 1%、5%、10% 的显著性检验；（3）AR（1）、AR（2）和 Hansen 检验下方的数值为所对应的各检验量的 p 值；（4）OBS 表示样本观察值个数。

创新绩效影响的内生性检验回归分析结果，采用的方法为两步系统GMM估计方法①。

通过观察表6-9，我们可以发现，AR（1）检验量的p值均大于0.1，接受原假设，这表明估计方程的残差项不存在一阶序列相关；AR（2）检验量的p值均大于0.1，接受原假设，这表明估计方程的残差项不存在二阶序列相关。AR（1）和AR（2）检验表明，我们设立的模型是合理的；Hansen检验的p值均大于0.1，接受原假设，这表明回归方程中使用的工具变量是合适的，即产业集聚与制造业静态创新绩效之间确实存在相互影响的关系，即存在内生性问题。表6-9中的分行业内生性检验回归分析结果显示：产业集聚对制造业静态创新绩效的影响作用也存在显著的行业差异，研究假说H7进一步得到了证实。在中国制造业20个细分行业中，农副食品加工业，食品制造业，饮料制造业，纺织业，纺织服装、鞋、帽制造业，造纸及纸制品业，化学原料及化学制品制造业，医药制造业，化学纤维制造业，非金属矿物制品业，金属制品业，通用设备制造业，专用设备制造业，交通运输设备制造业，电气机械及器材制造业，通信设备、计算机及其他电子设备制造业，以及仪器仪表及文化、办公用机械制造业等17个制造业细分行业的产业集聚对制造业静态创新绩效具有一定的促进作用，而石油加工、炼焦及核燃料加工业，黑色金属冶炼及压延加工业，有色金属冶炼及压延加工业等3个制造业细分行业的产业集聚对制造业静态创新绩效却存在一定的负向影响作用。这表明上一节地区分组的制造业各细分行业的回归分析结果是稳健的。

因此，可以进一步得出：产业集聚对制造业静态创新绩效的影响作用确实存在显著的行业差异：其中，多数机械电子制造业和轻纺制造业的产业集聚有利于提升制造业静态创新绩效水平，而部分资源加工制造业的产业集聚则在一定程度上抑制了制造业静态创新绩效水平

---

① 系统GMM估计方法有一步系统GMM估计（one-step system GMM estimation）和两步系统GMM估计（two-step system GMM estimation）。借鉴刘修岩和殷醒民（2008）的研究，本书最终采用了两步系统GMM估计方法对各变量系数进行估计。

的提高。

6.4.4 产业集聚对制造业动态创新绩效影响的内生性检验

上述产业集聚对制造业动态创新绩效影响的回归分析虽然能够解决可能存在的异方差性和序列相关性，但是并不能解决内生性问题。并且，从理论上来说，产业集聚与动态创新绩效水平确实可能存在一定的内生性问题。其主要可能来源于以下两个方面：一是由于产业集聚与动态创新绩效存在反向因果导致的内生性问题。产业集聚程度较高的地区，其动态创新绩效水平相对较高；反过来，动态创新绩效水平越高的地区，将越有可能通过制造业企业部门的扩张效应和虹吸效应，进一步吸引外部相关产业和劳动力进入，进而促进该地区产业集聚程度的继续提升。二是由于可能存在遗漏变量而引起的内生性问题。动态创新绩效水平会受到诸多因素的影响，尽管本章在计量分析中尽可能控制了一系列与动态创新绩效相关的变量，但在实际模型构建中，由于数据可得性等限制，仍无法避免遗漏部分变量。这样遗漏变量的影响就被纳入了误差项中，当该遗漏变量与其他变量之间存在很强的相关性时，就会产生内生性问题。

为了有效解决上述两方面原因可能导致的内生性问题，本书尝试寻找产业集聚的工具变量以缓解内生性问题所造成的估计偏误。按照构建工具变量的基本思路和逻辑，本书主要参考西科恩（Ciccone，2002）和范剑勇（2006）的做法，选取地区土地面积作为产业集聚的工具变量。我们选择这一变量作为工具变量主要基于以下两方面考虑：一是理论上认为，当地区就业人数相同时，土地面积越小，其就业密度就越大（产业集聚程度越高），因此我们可以相信地区土地面积与产业集聚之间存在着重要的相关关系；二是各地区的存在与划分具有较长的历史性和稳定性，其边界和土地面积是经过长久的历史时期逐步形成的，且当前各个地区的土地面积基本上都在本书研究数据的时间之前就已经确定下来了，因此我们也可以相信地区土地面积除了通过影响产业集聚从而影响制造业动态创新绩效之外，与制造业动态创新绩效之间并不存在其他的作用机制，为此地区土地面积作为产业集聚的工具变量又具备了外生性，满足工具变量选取的外生性原则。

首先，为了验证产业集聚是否为内生解释变量，在假定工具变量有效的前提下，我们进行了异方差稳健的"杜宾－吴－豪斯曼检验（Durbin－Wu－Hausman Test，简记 DWH 检验）"，发现 DWH 检验的 p 值均小于 0.1，这表明产业集聚确实存在内生性。其次，为了进一步验证地区土地面积作为产业集聚的工具变量是否有效，我们对产业集聚与地区土地面积这两个变量的关系进行检验时，发现土地面积与产业集聚之间呈现 1% 的显著负向关系，与理论预期一致。并且基于固定效应模型，运用两阶段估计方法（2SLS）的各回归分析结果也显示，第一阶段回归的 F 值均大于 10，并通过了 1% 的显著性检验，这表明所选择的工具变量（地区土地面积）与内生解释变量（产业集聚）之间存在高度相关性，以及地区土地面积并不存在弱工具变量问题。为此，我们可以认为将地区土地面积作为产业集聚的工具变量的选择是有效的。因此，基于固定效应模型，运用两阶段最小二乘法（2SLS），本章将分别对前文中总体和东中西部分地区回归分析结果进行内生性分析。

1. 总体内生性分析

首先，基于 2003～2015 年中国 30 个省级地区制造业总体面板数据，运用两阶段最小二乘法（2SLS），我们再次实证分析了产业集聚对制造业动态创新绩效及其分解指标的影响，结果见表 6－10。

表 6－10　　　　　　　　总体内生性分析结果

变量	lndyinnmance	lnineffch	lnintechch
	1	2	3
lnagglo	0.0190 ** (0.0245)	0.0131 * (0.0268)	0.0058 (0.0225)
L. lngov	0.0282 ** (0.0200)	0.0421 ** (0.0197)	−0.0138 (0.0227)
lnh	0.1164 * (0.1829)	−0.0881 (0.1819)	0.0278 (0.1692)

续表

变量	lndyinnmance	lnineffch	lnintechch
	1	2	3
lnscale	0. 0587 * （0. 0348）	0. 0395 （0. 0321）	0. 0192 ** （0. 0306）
lnfdi	− 0. 0332 （0. 0293）	− 0. 0226 （0. 0333）	− 0. 0105 （0. 0265）
lninfra	0. 0364 （0. 0337）	0. 0102 （0. 0381）	0. 0262 （0. 0354）
常数项	0. 1159 （0. 3758）	0. 2418 （0. 3823）	− 0. 1269 （0. 3468）
第一阶段回归结果			
lnarea	− 0. 7024 *** （0. 0710）	− 0. 7024 *** （0. 0710）	− 0. 7024 *** （0. 0710）
F	175. 44 ***	175. 44 ***	175. 44 ***
p	0. 0000	0. 0000	0. 0000
地区固定效应	Yes	Yes	Yes
时间固定效应	Yes	Yes	Yes
控制变量	有	有	有
OBS	360	360	360

注：（1）括号中数值为标准误；（2）***、**、*分别表示变量系数通过了1%、5%、10%的显著性检验；（3）OBS 表示样本观察个数。

由表 6 − 10 中第 1 ～ 第 3 列可见，在控制了政府科技支持程度、人力资本投入、制造业企业规模，制造业外商直接投资和基础设施水平等条件下，产业集聚对制造业动态创新绩效和技术效率的影响系数显著为正，而对制造业技术进步的影响系数虽为正却不显著。这再次表明，从全国总体来看，产业集聚有利于提升制造业动态创新绩效水平，研究假说 H5 进一步得到了证实，并且主要是通过提高制造业技术效率来实现的。此外，其余各控制变量的系数符号及显著性与表 6 − 4 中的估计结果保持一致。因此，可以进一步得出：（1）从全国总体来看，产业集聚有利于提升制造业动态创新绩效水平，并且主要是通过提高制造业技术效率来实现的。（2）政府科技支持对制造业动态创新绩效也有显著的促进作用，且主要也是通过提升制造业技术效率来实现的。（3）人力资本水平的提高虽然有助于促进制造业动态创新绩效提升，但对制造业技术效率和技术进步的促进作用却并不明显甚至有一定的挤出效应。（4）制造业企业规模也能显著促进制造业动态创新绩效水平提升，并且这种促进作用主要是通过促进技术进步来实现的。（5）外商直接投资不利于促进制造业动态创新绩效水平和技术效率提升以及技术进步。（6）基础设施对制造业动态创新绩效及其分解指标的促进作用尚未显现。

2. 分区域内生性分析

基于 2003～2015 年东中西部分地区制造业面板数据，运用两阶段最小二乘法（2SLS），我们再次实证分析了产业集聚对制造业动态创新绩效及其分解指标影响的区域差异，结果见表 6-11。

由表 6-11 中第 1～第 3 列可见，东中西部各地区产业集聚对制造业动态创新绩效的影响系数均显著为正，且大小各异。这再次表明，东中西部地区产业集聚均有利于显著促进制造业动态创新绩效水平提升，但作用大小之间存在一定的差异。由表 6-11 中第 4～第 6 列可见，东中西部各地区产业集聚对制造业技术效率指数的影响系数也均显著为正，且大小也各异。这再次表明，东中西部地区产业集聚也均有利于显著提高制造业技术效率，但提升作用不同。由表 6-11 中第 7～第 9 列可见，东中西部各地区产业集聚对制造业技术进步指数的影响系数虽为正却不显著。这再次表明，东中西部各地区产业集聚对制造业技术进步的促进作用还尚未显现。由此可见，产业集聚对制造业动态创新绩效及其分解指标（技术效率和技术进步）的影响作用在中国东、中、西部地区之间确实存在明显的差异，研究假说 H6 进一步得到了证实。并且，这也从一定程度上说明了东中西部地区产业集聚对制造业动态创新绩效的促进作用也主要是通过提高制造业技术效率来实现的。此外，其余各控制变量的系数符号及显著性也与表 6-5 中的估计结果保持一致。

表6-11　分区域内生性分析结果

变量	lndyinmmance			lnineffch			lnintechch		
	东部地区	中部地区	西部地区	东部地区	中部地区	西部地区	东部地区	中部地区	西部地区
	1	2	3	4	5	6	7	8	9
lnagglo	0.7114** (8.6142)	0.0523* (0.0750)	0.0020* (0.0401)	0.2482** (3.7727)	0.0177* (0.0856)	0.0092** (0.0415)	0.9603 (1.8782)	0.0697 (0.0732)	0.0073 (0.0239)
L.lngov	0.0173 (0.4126)	0.0071* (0.0424)	0.0785* (0.0404)	0.0346 (0.1827)	0.0261** (0.0527)	0.0802* (0.0450)	-0.0519 (0.5761)	-0.0329 (0.0507)	-0.0015 (0.0364)
lnh	5.9949** (3.2459)	-0.7806* (0.4125)	-0.2613* (0.2929)	1.9682 (2.1396)	-0.1421 (0.5639)	-0.1872 (0.3267)	7.9694 (1.9756)	-0.6379 (0.4405)	-0.4477* (0.2314)
lnscale	0.6805* (8.3279)	0.1251** (0.0810)	0.1208 (0.0714)	0.1981 (3.6451)	0.0589 (0.1021)	0.0367 (0.0680)	0.8794 (1.4712)	0.0664 (0.0725)	0.0840 (0.0442)
lnfdi	-0.3602 (3.5958)	-0.0275 (0.0581)	-0.0427* (0.0477)	-0.0620 (1.5872)	-0.0252 (0.0730)	-0.0429 (0.0525)	-0.4227 (4.9735)	-0.0524 (0.0583)	-0.0002 (0.0308)
lninfra	0.4448 (5.3050)	0.2406 (0.1482)	0.0026 (0.1371)	-0.1293 (2.3407)	-0.0487 (0.2019)	-0.1003 (0.1354)	0.5745 (7.3254)	0.1913 (0.1801)	0.0975 (0.0728)
常数项	11.2511 (7.7320)	1.1035 (0.9961)	0.6020 (0.7157)	-3.5552 (6.4876)	0.3094 (1.3998)	-0.0246 (0.7984)	4.8176 (9.8511)	0.7948 (1.0881)	0.6258 (0.5164)

续表

第一阶段回归结果

变量	lndyinnmance			lnineffch			lnintechch		
	东部地区	中部地区	西部地区	东部地区	中部地区	西部地区	东部地区	中部地区	西部地区
	1	2	3	4	5	6	7	8	9
lnarea	-0.0128*** (0.1543)	-1.1032*** (0.1279)	-0.8241*** (0.0939)	-0.0128*** (0.1543)	-1.1032*** (0.1279)	-0.8241*** (0.0939)	-0.0128*** (0.1543)	-1.1032*** (0.1279)	-0.8241*** (0.0939)
F	26.18***	66.30***	176.71***	26.18***	66.30***	176.71***	26.18***	66.30***	176.71***
p	0.0000	0.0000	0.0000	0.0000	0.0000	0.0000	0.0000	0.0000	0.0000
地区固定效应	Yes	Yes	Yes	Yes	Yes	Yes	Yes	Yes	Yes
时间固定效应	Yes	Yes	Yes	Yes	Yes	Yes	Yes	Yes	Yes
控制变量	有	有	有	有	有	有	有	有	有
OBS	132	96	132	132	96	132	132	96	132

注：(1) 括号中数值为标准误；(2) ***、**、* 分别表示变量系数通过了 1%、5%、10% 的显著性检验；(3) OBS 表示样本观察个数。

因此，可以进一步得出：（1）产业集聚对制造业动态创新绩效及其分解指标（技术效率和技术进步）的影响作用在中国东、中、西部地区之间确实存在明显的差异。（2）在东部地区，政府科技支持并没有显著提高制造业动态创新绩效和技术效率，反而对制造业技术进步产生了一定的挤出作用。而在中西部地区，政府科技支持有利于显著促进制造业动态创新绩效和技术效率的提升，但对制造业技术进步却产生了一定的挤出作用。（3）在东部地区，人力资本能够显著促进制造业动态创新绩效水平提升，而对制造业技术效率和技术进步的影响系数虽为正却不显著；在中西部地区，人力资本水平对制造业动态创新绩效具有显著的负向作用，且对制造业技术效率和技术进步也有一定的负向影响。（4）在东部和中部地区，企业规模对制造业动态创新绩效具有显著的促进作用，而对制造业技术效率和技术进步的影响系数虽为正却均不显著；在西部地区，企业规模对制造业动态创新绩效及其分解指标的影响系数虽为正却都不显著。（5）东中西部地区外商直接投资对制造业动态创新绩效及其分解指标均具有一定的负向影响作用。（6）东中西部地区基础设施水平对制造业动态创新绩效和技术进步的影响系数虽均为正却不显著，而对制造业技术效率具有一定的负向影响作用。

6.5 本章小结

本章首先分别设定了产业集聚对制造业静态创新绩效影响和产业集聚对制造业动态创新绩效影响的实证模型，然后，分别基于2005～2012年中国25个省级地区高技术产业面板数据和中国制造业20个细分行业面板数据，实证分析了产业集聚对制造业静态创新绩效的影响及其区域差异与行业差异。此外，分别基于2003～2015年中国制造业总体面板数据、东中西部分地区制造业面板数据以及2003～2015年中国24个地区分组的制造业各细分行业面板数据，实证分析了产业集聚对制造业动态创新绩效的影响及其区域差异与行业差异。研究结果

显示:

（1）从全国总体来看，首先，产业集聚均有利于促进制造业静态创新绩效水平和动态创新绩效水平的提升，并且主要是通过提高制造业技术效率来实现的。其次，科技人员投入、科技经费投入、外商直接投资和制度创新对制造业创新绩效也有一定的促进作用。此外，政府科技支持对制造业动态创新绩效也有显著的促进作用，且主要也是通过提升制造业技术效率来实现的；人力资本水平的提高虽然有助于促进制造业动态创新绩效提升，但对制造业技术效率和技术进步的促进作用却并不明显甚至有一定的挤出效应；制造业企业规模也能显著促进制造业动态创新绩效水平提升，并且这种促进作用主要是通过促进技术进步来实现的；外商直接投资不利于促进制造业动态创新绩效水平和技术效率提升以及技术进步；基础设施对制造业动态创新绩效及其分解指标的促进作用尚未显现。

（2）分区域来看，产业集聚对制造业静态创新绩效和动态创新绩效及其分解指标的影响作用也存在明显的区域差异。其中，东部地区高技术产业集聚对制造业静态创新绩效的促进作用明显大于中西部地区。此外，东中西部地区产业集聚虽均有利于显著促进制造业动态创新绩效水平提升，但是作用大小之间却存在一定的差异；东中西部地区产业集聚也都有利于显著提高制造业技术效率，但提升作用不同；东中西部各地区产业集聚对制造业技术进步指数的影响系数虽为正，却不显著。这也在一定程度上说明了东中西部地区产业集聚对制造业动态创新绩效的促进作用主要也是通过提高制造业技术效率来实现的。

（3）分行业来看，产业集聚对制造业静态创新绩效和动态创新绩效的影响作用还存在显著的行业差异。其中，多数机械电子制造业和轻纺制造业的产业集聚有利于提升制造业静态创新绩效，而部分资源加工制造业的产业集聚则在一定程度上抑制了制造业静态创新绩效水平的提高。此外，在轻纺制造业中，产业集聚能够显著提升制造业动态创新绩效水平和技术效率，而对制造业技术进步的影响系数虽为正却不显著；在资源加工制造业中，产业集聚也有利于显著促进制造业动态创新绩效水平和技术效率，但对制造业技术进步却存在一定的负向影响作用；在机械电子制造业中，除金属制品业的产业集聚对其技术进步的影响系数虽为正却不显著外，其余所有制造业细分行业的产业集聚均有利于显著提升其动态创新绩效水平和技术效率以及促进其技术进步。

第 7 章

产业集聚对制造业能源绩效的影响研究

第 5 章和第 6 章分别从经济绩效和创新绩效等角度探究了产业集聚对制造业发展绩效的影响，然而，这只是产业集聚对制造业发展绩效影响研究中的一部分。纵观国内外现有文献，可以发现，已有研究较少从能源绩效和环境绩效等方面对此展开分析。第 3 章的理论分析也表明，产业集聚对制造业能源绩效①存在显著的正向影响和负向影响。因此，本章将深入分析产业集聚对制造业能源绩效的影响，同时，重点关注这种影响在不同区域和不同行业之间是否存在差异，进而对第 3 章中提出的产业集聚对制造业能源绩效影响的研究假说进行实证检验。

7.1 引　言

在中国经济快速成长为世界第二大经济体的进程中，制造业的贡献尤为突出，"中国制造"享誉全球，大量产品远销海外，给中国经济创造了一个又一个奇迹，中国也因此逐渐成为世界制造业第一大国。回顾中国制造业的发展历程，"资源红利"曾是中国制造业创造经济增长奇迹的主要原动力之一（李兰冰，2015）。然而，随着能源要素价格

---

① 根据第 2 章中界定的制造业能源绩效的内涵，在本章的研究体系中，制造业能源绩效包括无环境约束下的制造业能源绩效和环境约束下的制造业能源绩效两个方面。

的大幅提高，节能减排压力的日益增大和环境质量问题的急剧恶化（陈诗一，2009），传统的"资源红利"正在逐渐消失，中国制造业过去建立在过度消耗能源和较为严重的环境污染基础上的，以支付昂贵的资源和环境为代价（朱平辉等，2010），以"高能耗、高排放、高污染、低效率"为主要特征的粗放型经济增长方式已难以持续。周五七和聂鸣（2012）也提出未来中国制造业必须走节能减排、可持续发展的"绿色制造"道路，过度依赖人力、资本和能源等要素投入扩张的制造业增长模式是不可持续的，中国制造业发展方式必须从要素扩张型向效率增进型转变。党的十七大报告明确指出"促进国民经济又好又快发展，必须把建设资源节约型、环境友好型社会放在工业化、现代化发展战略的突出位置"。党的十八届五中全会也明确提出了"创新、协调、绿色、开放、共享"的五大发展理念，坚持节约资源和环境保护的基本国策，坚持可持续发展。因此，在能源与环境约束的双重压力下，为了实现中国制造业的绿色发展和可持续性发展，以达到经济增长、能源节约和环境保护的多赢，从而促进我国经济又好又快地发展，提高制造业能源绩效和环境绩效已经成为了当前亟待解决的突出问题。

作为当今全球制造业第一大国，中国制造业创造经济增长奇迹也是产业集聚不断深化的过程（师博和沈坤荣，2013）。改革开放以来，中国的工业化进程普遍伴随着其经济活动的地理空间集聚程度的提高而不断向前推进，产业集聚因此成为了当前中国经济活动最显著的特征之一，中国制造业产业集聚现象亦日趋明显（范剑勇，2004）。近年来，在中国尤其是东部沿海地区已经形成了相当数量的制造业产业集聚成功的典范。制造业产业集聚，一方面可以通过规模报酬递增、知识和技术外溢、交易成本降低以及不完全竞争所形成的节能减排激励机制等集聚效应，对地区或行业的制造业能源使用中的投入产出绩效产生积极效应；另一方面也会通过所产生的负外部性造成资源的垄断，从而导致资源配置扭曲和能源低效利用，进而抑制能源绩效的改进。因此，在能源紧缺、环境污染与经济可持续发展的矛盾日益严峻的背景下，深入研究制造业产业集聚对其能源绩效的影响并探寻提升中国制造业能源绩效和环境绩效水平的可行途径和对策，对于实现中国经济的可持续性增长、能源的集约高效利用、环境质量问题的改善，以及加快"两型社会"的构建、"生态文明"的践行和"绿色制造"的推进等具有十分重要的理论研究意义和实践指导价值。

本章余下部分的结构安排如下：第二部分构建产业集聚对制造业能源绩效影响的实证模型，并对变量的指标选取做出简要说明；第三部分基于 2003～2015 年中国制造业总体面板数据和东中西分区域制造业面板数据以及 24 个地区分组的制造业各细分行业面板数据，实证分析产业集聚对制造业静态和动态能源绩效的影响及其区域差异与行业差异；第四部分选取合适的工具变量，并运用两阶段最小二乘估计方法（2SLS）对上述总体和分区域回归分析结果进行内生性检验；第五部分为本章小结。

7.2 模型构建与变量说明

7.2.1 实证模型构建

为对第 3 章中产业集聚对制造业能源绩效影响的研究假说进行验证，首先必须建立一套科学、合理的实证模型。结合第 3 章中产业集聚对制造业能源绩效影响的理论分析，并借鉴费希尔 – 范登等（Fisher – Vanden et al., 2004）的研究，本章主要从制造业企业生产的 Cobb – Douglas 成本函数出发，构建产业集聚对制造业能源绩效影响的实证模型。设制造业企业的成本函数为：

$$C(P_K, P_L, P_E, Q) = A^{-1}(agglo)^{-\lambda}P_K^{\alpha_K}P_L^{\alpha_L}P_E^{\alpha_E}Q \qquad (7-1)$$

其中，A 表示制造业企业全要素生产率，agglo 表示制造业产业集聚程度，λ 表示产业集聚对制造业企业生产成本的影响弹性（可正可负），P_K、P_L、P_E 分别表示制造业企业资本、劳动、能源等投入要素的名义价格，α_K、α_L、α_E 分别表示各投入要素的产出弹性，Q 表示制造业企业的产出水平。

根据谢泼德引理（Shephard's Lemma），通过成本函数对能源要素价格 P_E 求偏导，可得到能源需求量函数 E：

$$E = \frac{\alpha_E A^{-1}(agglo)^{-\lambda} P_K^{\alpha_K} P_L^{\alpha_L} P_E^{\alpha_E} Q}{P_E} \qquad (7-2)$$

在此基础上，我们假定市场结构是完全竞争的，即从长期来看，如果忽略全要素生产率和产业集聚的影响，制造业企业的总收益应该等于总成本，也就是说：

$$C = P_Q Q \qquad (7-3)$$

其中，P_Q 表示制造业企业的产出价格。

由此，我们可以进一步得出：

$$P_Q = P_K^{\alpha_K} P_L^{\alpha_L} P_E^{\alpha_E} \qquad (7-4)$$

这表明如果不考虑全要素生产率和产业集聚的差异，制造业企业的产出价格由资本、劳动、能源等投入要素的价格共同决定。

我们将式（7-4）代入式（7-2），可得：

$$\frac{Q}{E} = \alpha_E^{-1} A(agglo)^{\lambda} \frac{P_E}{P_Q} \qquad (7-5)$$

由式（7-5）可以看出，制造业能源绩效（能源效率）不仅和制造业企业全要素生产率与实际能源价格有关，而且也受制造业产业集聚程度的影响。并且，制造业能源绩效与全要素生产率、实际能源价格 $\frac{P_E}{P_Q}$ 均成正比关系，而与产业集聚程度的关系则不确定[①]。

一般来说，全要素生产率与实际能源价格主要由经济发展水平（Yang，2000；Soytas and Sari，2003；Yuan et al.，2008）、企业规模（Soete，1979；Jefferson et al.，2006；孙晓华和王昀，2014）、FDI（Miller and Upadhyay，2000；张公嵬等，2013）、产权结构（Fisher - Vanden et al.，2004；张红凤和张肇中，2013）和环境规制强度（Porter and Linde，1995；Lanjouw and Mody，1996；张成等，2011；王杰和刘斌，2014）共同决定。因此，我们对全要素生产率和实际能源价格

---

① λ 系数可正可负。

的表述如下：

$$A_{it}\left(\frac{P_E}{P_Q}\right)_{it} = f(pgdp_{it}, \ scale_{it}, \ fdi_{it}, \ prostr_{it}, \ regu_{it}) + \mu_i + \nu_t + \varepsilon_{it}$$

$$(7-6)$$

其中，pgdp 表示制造业经济发展水平，scale 表示制造业企业规模，fdi 表示制造业外商直接投资，prostr 表示制造业产权结构，regu 表示环境规制强度，下标 i 表示地区或行业[①]，t 表示年份，μ_i 表示地区或行业虚拟变量，用以捕捉不随时间变化的固定效应，ν_t 表示时间虚拟变量，用以捕捉各省市共同的时间趋势，ε_{it} 表示随机误差项。

综合式（7-5）和式（7-6），我们将产业集聚对制造业能源绩效影响的实证模型设定如下：

$$lnenemance_{it} = \alpha_0 + \lambda lnagglo_{it} + \sum \beta lnx_{it} + \mu_i + \nu_t + \varepsilon_{it} \quad (7-7)$$

其中，enemance 为被解释变量，表示制造业能源绩效，agglo 为解释变量，表示制造业产业集聚程度，x 为控制变量，表示影响制造业能源绩效的其他重要因素。结合上面的分析，本章我们考虑了以下 5 个变量作为控制影响制造业能源绩效的其他重要因素：制造业经济发展水平（pgdp）、制造业企业规模（scale）、制造业外商直接投资（fdi）、制造业产权结构（prostr）和环境规制强度（regu）。

由产业集聚对制造业能源绩效影响的理论分析可知，一方面，产业集聚可以通过产生集聚效应，提升制造业能源绩效；另一方面，产业集聚也存在影响制造业能源绩效的负外部性。因此，为了验证产业集聚对制造业能源绩效的影响是否存在非线性关系，我们在式（7-7）的基础上引入产业集聚的二次项，从而得到：

$$\begin{aligned} lnenemance_{it} &= \alpha_0 + \lambda_1 lnagglo_{it} + \lambda_2 (lnagglo_{it})^2 + \sum \beta lnx_{it} + \mu_i + \nu_t + \varepsilon_{it} \\ &= \alpha_0 + \lambda_1 lnagglo_{it} + \lambda_2 (lnagglo_{it})^2 + \beta_1 lnpgdp_{it} + \beta_2 lnscale_{it} \\ &\quad + \beta_3 lnfdi_{it} + \beta_4 lnprostr_{it} + \beta_5 lnregu_{it} + \mu_i + \nu_t + \varepsilon_{it} \end{aligned}$$

$$(7-8)$$

---

① 其中，地区为中国的省级地理单元，行业为中国制造业各细分行业。

此外，为了进一步检验制造业能源绩效与经济发展水平之间是否存在"环境库兹涅茨假说"，我们借鉴格罗斯曼和克鲁格（Grossman and Krueger，1991）提出的环境库兹涅茨曲线（EKC）模型，在式（7-8）的基础上进一步引入经济发展水平的二次项，最终得到：

$$\text{lnenemance}_{it} = \alpha_0 + \lambda_1 \text{lnagglo}_{it} + \lambda_2 \left(\text{lnagglo}_{it}\right)^2 + \beta_1 \text{lnpgdp}_{it} + \beta_2 \left(\text{lnpgdp}_{it}\right)^2$$
$$+ \beta_3 \text{lnscale}_{it} + \beta_4 \text{lnfdi}_{it} + \beta_5 \text{lnprostr}_{it} + \beta_6 \text{lnregu}_{it} + \mu_i + \nu_t + \varepsilon_{it}$$

$$(7-9)$$

7.2.2　变量说明与数据来源

根据数据的可得性和有效性等原则，本章选取了 2003～2015 年中国 30 个省级地区制造业面板数据和 2003～2015 年中国 24 个地区分组的制造业各细分行业面板数据进行分析。其中，各统计数据主要来源于历年《中国统计年鉴》《中国工业经济统计年鉴》《中国劳动统计年鉴》《中国价格统计年鉴》、国研网宏观经济数据库和国研网工业统计数据库，以及各省（直辖市、自治区）的统计年鉴。其中，2003～2012 年制造业总产值的统计口径为"规模以上工业企业总产值"，2013～2015 年制造业总产值的统计口径为"规模以上工业企业销售产值"。个别年份缺失的数据，用插值法进行补充。接下来，我们将对上述实证模型中各变量的理论基础和指标进行简要说明。

（1）被解释变量（enemance）。本章的被解释变量为制造业静态能源绩效和动态能源绩效，其具体的测算方法见第 4 章，这里不再赘述。

（2）解释变量（agglo）。本章的解释变量为制造业产业集聚程度。关于制造业产业集聚程度，根据第 4 章的分析研究，本章主要采用就业（产值）密度方法来进行度量，其具体的测算方法这里不再赘述。

（3）控制变量。根据上述构建的实证模型，本章的控制变量分别为制造业经济发展水平（pgdp）、制造业企业规模（scale）、制造业外商直接投资（fdi）、制造业产权结构（prostr）和环境规制强度（regu）。

①制造业经济发展水平（pgdp）。经济发展水平是影响能源利用效率或环境全要素生产率的重要因素（Murty et al.，2006；史丹等，2008）。一般而言，当一个国家或地区的经济发展水平较低时，能源消

耗较少，所带来的环境污染程度也通常较轻，随着经济发展水平的不断提高，对能源的需求量将越来越大，所造成的环境恶化程度也将逐渐加剧；但是当该国家或地区的经济发展达到一定的水平后，人们的环境保护的诉求和环境保护意识会越来越强烈，这会倒逼该国家或地区政府必须改变过去那种高投入、高污染、低效益的粗放型发展模式，从而使得能源利用效率逐渐由低向高转变，环境质量也逐渐得到改善。也就是说，经济发展水平与能源绩效（或环境绩效）之间会呈现出"U型"关系，这种现象也被称为"环境库兹涅茨假说"。本章我们采用制造业人均产值来表示制造业经济发展水平，并通过实证分析，进一步检验"环境库兹涅茨假说"的存在性。

②制造业企业规模（scale）。制造业企业生产的平均规模一定程度上反映了制造业规模经济特征。规模经济效应有利于减少单位产出的资本、劳动和能源等投入，从而降低平均生产成本，减少能源消耗，进而提高能源绩效。"熊彼特假说（Schumpeter's Hypotheses）"也认为，制造业企业规模越大，越有利于其技术创新，生产率相对也越高（Schumpeter，1912）。借鉴余泳泽（2009）的做法，我们采用制造业总产值/制造业企业单位数来表示制造业企业规模，并通过实证分析，进一步检验"熊彼特假说"的存在性。

③制造业外商直接投资（fdi）。一方面，由于存在知识和技术溢出效应，外商直接投资可以通过示范模仿效应、人员培训效应、竞争效应和联系效应等途径为东道国带来先进的工艺设备和节能减排技术，从而有利于提升东道国制造业企业的能源利用效率和降低环境污染（Hatzipanayotou et al.，2002）；另一方面，由于跨国公司所采取的技术封锁或知识产权保护等措施，导致中国制造业企业难以真正获取利用外资的技术溢出效应（马林和章凯栋，2008），以及发达国家的环境规制较严，外商直接投资也会导致将污染程度较高的落后制造业产业转移到环境规制较弱的发展中国家，即存在著名的"污染避难所"假说（Akbostanci et al.，2007），从而不利于发展中国家制造业企业提高能源利用效率和改善环境质量。借鉴韩庆潇等（2015）的研究，我们采用"三资"制造业企业总产值/制造业总产值来表示制造业外商直接投

资，并通过实证分析，进一步检验"污染避难所"假说的存在性。

④制造业产权结构（prostr）。制造业产权结构集中反映了制造业产业结构调整情况。产权结构的优化有利于激活制造业企业的生产和创新积极性，从而提高制造业企业的劳动生产率，进而带动制造业企业能源绩效的提升。借鉴范丹和王维国（2013）的研究，我们采用规模以上国有控股工业企业总产值占制造业总产值的比重来表示制造业产权结构。

⑤环境规制强度（regu）。环境规制也是影响制造业能源绩效的重要决定要素。"波特假说"认为，合适的环境规制能够有效刺激被规制的制造业企业在变动约束条件下，进一步优化资源配置效率和改进技术水平，激发"创新补偿"效应，从而不仅可以弥补制造业企业的"遵循成本"，还能有效提升制造业企业的生产率（Porter and Linde，1995；张成等，2011），进而促进制造业企业能源绩效提升。借鉴张成等（2011）的研究，我们采用污染治理投资额占制造业总产值的比重来表示环境规制强度，并考虑滞后一期①，同时通过实证分析，进一步检验"波特假说"的存在性。

7.3　实证检验

为了较为全面、精确地探究中国制造业产业集聚与制造业能源绩效之间是否呈现出明显的"U型"关系，和制造业产业集聚是否会导致其能源绩效的区域差异与行业差异，本章将采用固定效应模型（FE）和随机效应模型（RE）等方法，通过基于面板数据的实证分析来检验第3章中提出的产业集聚对制造业能源绩效影响的研究假说，其具体的实证分析过程可细分为以下三部分：一是基于2003～2015年中国制造业总体面板数据，实证分析产业集聚对制造业静态和动态能源绩效

---

① 由于环境规制从实施到取得效果需要一定的时间，即制造业能源绩效对环境规制强度的反应存在一定的滞后期，借鉴已有文献的研究，本章考虑滞后一期。

的影响；二是基于 2003～2015 年东中西分区域制造业面板数据，实证分析产业集聚对制造业静态和动态能源绩效影响的区域差异；三是基于 2003～2015 年中国 24 个地区分组的制造业各细分行业面板数据，实证分析产业集聚对制造业静态和动态能源绩效影响的行业差异。

7.3.1 产业集聚对制造业能源绩效影响的总体分析

基于上节中实证模型式（7-9），本章利用 2003～2015 年中国 30 个省级地区制造业面板数据，对产业集聚对制造业静态能源绩效和动态能源绩效及其分解指标（能源技术效率和能源技术进步）的影响进行总体回归分析。

1. 产业集聚对制造业静态能源绩效影响的总体分析

首先，基于 2003～2015 年中国制造业总体面板数据，我们实证分析了产业集聚对制造业静态能源绩效的影响。表 7-1 中方程 1 和方程 2 分别报告了无环境约束下的固定效应模型（FE）和随机效应模型（RE）的各变量系数的估计结果；方程 3 和方程 4 分别报告了环境约束下的固定效应模型（FE）和随机效应模型（RE）的各变量系数的估计结果。

表 7-1　产业集聚对制造业静态能源绩效影响的总体回归分析结果

变量	无环境约束下		环境约束下	
	方程 1（FE）	方程 2（RE）	方程 3（FE）	方程 4（RE）
lnagglo	-0.1061 * (0.0643)	0.0205 (0.0276)	-0.5732 *** (0.0975)	-0.0623 ** (0.0276)
$(lnagglo)^2$	0.0273 *** (0.0082)	0.0142 *** (0.0049)	0.0330 ** (0.0140)	0.0008 (0.0055)
lnpgdp	-0.4202 *** (0.1389)	-0.4583 *** (0.1403)	-0.7164 * (0.3805)	-0.8820 ** (0.3695)
$(lnpgdp)^2$	0.1246 *** (0.0162)	0.1146 *** (0.0164)	0.0556 *** (0.0195)	0.0616 *** (0.0189)

续表

变量	无环境约束下		环境约束下	
	方程 1（FE）	方程 2（RE）	方程 3（FE）	方程 4（RE）
lnscale	0.2297 *** (0.0375)	0.2282 *** (0.0360)	0.0770 * (0.0421)	0.0626 * (0.0377)
lnfdi	−0.0284 (0.0230)	−0.0013 (0.0200)	−0.1129 *** (0.0346)	−0.0495 ** (0.0251)
lnprostr	−0.0730 * (0.0451)	−0.1610 *** (0.0342)	−0.2838 *** (0.0525)	−0.1706 *** (0.0386)
L. lnregu	0.0348 *** (0.0099)	0.0291 *** (0.0099)	0.0895 *** (0.0143)	0.0799 *** (0.0147)
常数项	−0.9199 *** (0.3261)	−0.5555 * (0.3054)	1.0147 (1.9006)	1.4407 (1.8428)
Hausman 检验 p 值	0.0017		0.0000	
R^2	0.9260	0.8039	0.7506	0.6554
OBS	360	360	360	360

注：（1）括号中数值为标准误；（2）***、**、*分别表示变量系数通过了1%、5%、10%的显著性检验；（3）OBS 表示样本观察个数。

通过观察表7-1，我们可以发现：从 Hausman 检验的结果来看，在无环境约束和环境约束两种情形下，p 值均小于0.05，为此，我们在固定效应模型（FE）和随机效应模型（RE）之间选择固定效应模型（FE）。也就是说，根据 Hausman 检验，方程1的结果优于方程2，方程3的结果优于方程4。因此，我们在方程1和方程3估计结果的基础上分别讨论无环境约束下和环境约束下的总体回归分析的发现。

（1）在控制了制造业经济发展水平，制造业企业规模，制造业外商直接投资，制造业产权结构和环境规制强度等条件下，无论在无环境约束下还是在环境约束下，式（7-9）中 λ_1 均小于0，λ_2 均大于0，且通过了至少10%的显著性检验，这表明从全国总体来看，中国制造业产业集聚与其静态能源绩效之间存在明显的"U"型曲线关系，即在产业集聚形成的初期阶段，其对制造业静态能源绩效的负向影响占主导地位，但是随着产业集聚效应的逐渐显现及增强，产业集聚所带来的劳动力、基础设施和信息共享，规模经济效应，知识和技术溢出等正外部性将越来越显著，从而使得产业集聚对制造业静态能源绩效的促进作用不断上升，并逐渐占主导地位。研究假说 H8 得到了验证。

（2）在无环境约束和环境约束两种情形下，制造业经济发展水平一次项系数均显著为负，二次项系数均显著为正，这表明制造业经济发展水平与静态能源绩效之间也会呈现出显著的"U"型关系，即"环境库兹涅茨假说"在中国制造业中显著存在。

（3）无论在无环境约束下还是在环境约束下，企业规模对制造业静态能源绩效的影响均显著为正，这表明规模经济效应的发挥也有利于提升中国制造业静态能源绩效，即在一定程度上验证了"熊彼特假说"的显著存在性。

（4）外商直接投资对制造业静态能源绩效的影响为负，这表明中国制造业企业不仅难以真正获取利用外资所带来的知识和技术及管理溢出效应，反而还会因引进外资导致其静态能源绩效水平下降。其主要原因可能在于：干部考核机制有待进一步完善，部分地方政府为了片面追求经济增长和个人政绩，在大力引进外资时缺乏有效甄别机制，并在政策制定上"向环境标准底线赛跑"，甚至不惜以支付昂贵的资源和环境为代价，盲目引进发达国家淘汰的"高能耗、高排放、高污染、低效率"的低端制造业企业外资项目，同时又存在环境监管力度不足等问题，从而抑制了地区内制造业企业静态能源绩效水平的提升和环境质量的改善，即在一定程度上支持了"污染避难所"假说。

（5）产权结构对制造业静态能源绩效的影响也显著为负，这表明国有控股工业企业总产值占制造业总产值的提高会制约制造业静态能源绩效水平的提升。其主要原因可能在于：一般而言，垄断会带来低效率（杨德勇和王桂贤，2001）。一个地区制造业企业的国有控股比例越高，其生产效率往往越低下，从而导致其单位产出的资本、劳动和能源等投入大幅增加，进而加大能源消耗，不利于静态能源绩效水平的提升。为此，中国制造业企业应积极优化产权结构，适当增加非公有制经济的比重，从而激活制造业企业的生产和创新积极性，进而提高制造业企业的生产效率，最终带动制造业企业静态能源绩效水平的提升。

（6）环境规制强度对制造业静态能源绩效的影响则显著为正，这表明适当的环境规制有利于提升制造业静态能源绩效水平，即支持了"波特假说"。张平等（2016）的研究结果也表明，投资型环境规制对企业技术创新会产生显著的"激励效应"，从而在一定程度上支持了"波特假说"。为此，中央政府应当努力改变长期以来"唯GDP论英雄"的干部考核机制，加强对地方政府的环境约束和环境监管，矫正地方政府片面追求经济增长的短视行为，并及时根据客观情况为各地区环境保护和污染治理制定更具针对性的考核目标，促使地方政府在发展经济的同时加大对环境保护和污染治理的力度，倒逼被规制的制造业企业进行生产技术变革和治污技术创新，从而促进制造业企业能源利用效率的提升和污染排放量的减少，进而实现我国经济增长和节能减排的双赢。

2. 产业集聚对制造业动态能源绩效影响的总体分析

基于2003~2015年中国制造业总体面板数据，运用固定效应模型（FE）[①]，我们进一步实证分析了产业集聚对制造业动态能源绩效及其分解指标（能源技术效率和能源技术进步）的影响。表7-2中第1、第2、第3列分别是被解释变量为无环境约束下的制造业动态能源绩效及其分解指标的估计结果；第4、第5、第6列分别是被解释变量为环境约束下的制造业动态能源绩效及其分解指标的估计结果。

表7-2 产业集聚对制造业动态能源绩效影响的总体回归分析结果

变量	无环境约束下			环境约束下		
	lnenemance	lneneffch	lnenetech	lnenemance	lneneffch	lnenetech
	1	2	3	4	5	6
lnagglo	-0.0023 (0.0664)	0.0138 (0.0467)	-0.0172 (0.0643)	0.1051* (0.1479)	0.0673 (0.0545)	0.0364* (0.1335)
(lnagglo)^2	0.0637*** (0.0087)	0.0391*** (0.0061)	0.0246*** (0.0084)	0.1526*** (0.0193)	0.0430*** (0.0071)	0.1097*** (0.0174)

[①] 前面的分析证明了固定效应模型（FE）的稳健性，因此本书仅用这一方法对各变量的系数进行估计（下文同）。

续表

变量	无环境约束下			环境约束下		
	lnenemance	lneneffch	lnenetech	lnenemance	lneneffch	lnenetech
	1	2	3	4	5	6
lnpgdp	- 0. 3527 ** (0. 1625)	0. 9848 *** (0. 1144)	- 1. 3376 *** (0. 1575)	- 1. 0040 *** (0. 3623)	0. 7535 *** (0. 1335)	- 1. 7580 *** (0. 3270)
(lnpgdp)²	0. 1262 *** (0. 0187)	- 0. 0357 *** (0. 0132)	0. 1619 *** (0. 0182)	0. 2624 *** (0. 0418)	- 0. 0095 * (0. 0154)	0. 2719 *** (0. 0377)
lnscale	0. 0996 ** (0. 0406)	0. 0888 *** (0. 0286)	0. 0115 (0. 0393)	0. 5709 *** (0. 0904)	0. 0041 (0. 0333)	0. 5667 *** (0. 0816)
lnfdi	- 0. 0428 * (0. 0233)	- 0. 0053 (0. 0164)	- 0. 0476 ** (0. 0226)	- 0. 0423 (0. 0520)	- 0. 0098 (0. 0192)	- 0. 0322 (0. 0469)
lnprostr	- 0. 2600 *** (0. 0470)	- 0. 0207 (0. 0331)	- 0. 2811 *** (0. 0455)	- 0. 3079 *** (0. 1047)	- 0. 0557 (0. 0386)	- 0. 2513 *** (0. 0945)
L. lnregu	0. 0208 ** (0. 0099)	0. 0085 (0. 0070)	0. 0123 (0. 0096)	0. 1299 *** (0. 0221)	0. 0140 * (0. 0081)	0. 1159 *** (0. 0200)
常数项	- 0. 9018 ** (0. 3832)	- 3. 1972 *** (0. 2698)	2. 2996 *** (0. 3714)	- 1. 9022 ** (0. 8541)	- 3. 0448 *** (0. 3147)	1. 1470 (0. 7709)
R²	0. 9556	0. 8766	0. 9145	0. 7817	0. 8143	0. 6725
OBS	330	330	330	330	330	330

注：（1）括号中数值为标准误；（2） *** 、 ** 、 * 分别表示变量系数通过了 1% 、5% 、10% 的显著性检验；（3）OBS 表示样本观察个数。

由表 7 - 2 中第 1 ~ 第 3 列可见，在无环境约束下，在控制了制造业经济发展水平、制造业企业规模、制造业外商直接投资、制造业产权结构和环境规制强度等条件时，式（7 - 9）中 λ_2 的估计结果都大于0，并通过了 1% 的显著性检验；由表 7 - 3 中第 4 ~ 第 6 列可见，在环境约束下，在控制了制造业经济发展水平、制造业企业规模、制造业外商直接投资、制造业产权结构和环境规制强度等条件时，式（7 - 9）中 λ_2 的估计结果也都显著大于0。这表明从全国总体来看，无论在无环境约束下还是在环境约束下，产业集聚与制造业动态能源绩效及其分解指标之间均存在明显的"U"型曲线关系。也就是说，产业集聚在其形成的初期阶段将不利于提高制造业动态能源绩效水平和能源技术效率以及促进制造业能源技术进步，而随着产业集聚效应的逐渐显现及增强，产业集聚对制造业动态能源绩效及其分解指标（能源技术效率和能源技术进步）的促进作用将会不断上升，并逐渐占主导地位。这进一步验证了我们提出的研究假说 H8。

在控制变量中，（1）根据制造业经济发展水平的一次项和二次项系数的符号和显著性检验可知，在无环境约束和环境约束两种情形下，制造业经济发展水平与制造业动态能源绩效和能源技术进步之间均存在明显的"U"型曲线关系，而与制造业能源技术效率之间却存在明显的倒"U"型曲线关系。这表明制造业经济发展水平与动态能源绩效和能源技术进步之间的关系，符合环境库兹涅茨曲线（EKC），一定程度上支持了"环境库兹涅茨假说"，而制造业经济发展水平与能源技术效率之间的关系却与环境库兹涅茨曲线（EKC）恰好相反。为此，中国制造业经济发展方式必须加快由粗放型向集约型转变，努力提高能源等资源的配置效率，从而促进能源技术效率的有效提升。（2）在无环境约束和环境约束两种情形下，制造业企业规模和环境规制强度均有利于提升制造业动态能源绩效，这进一步验证了"熊彼特假说"和"波特假说"。（3）无论在无环境约束下还是在环境约束下，制造业外商直接投资和产权结构对制造业动态能源绩效均具有一定的负向影响作用，这进一步支持了"污染避难所"假说。

7.3.2　产业集聚对制造业能源绩效影响的分区域分析

上述总体分析结果表明，产业集聚与制造业静态和动态能源绩效之间均存在明显的"U"型曲线关系。为了进一步探究中国制造业发展的当前阶段，产业集聚对制造业能源绩效究竟存在何种影响，即产业集聚对制造业静态能源绩效和动态能源绩效及其分解指标（能源技术效率和能源技术进步）的影响究竟处于"U"型曲线的哪一侧。基于2003～2015 年东中西分区域制造业面板数据，我们将对此进行深入探讨，并着重分析在不同的区域这种影响是否存在差异。

1. 产业集聚对制造业静态能源绩效影响的分区域分析

首先，基于 2003～2015 年东中西分区域制造业面板数据，我们分别实证分析了东中西部三个区域的产业集聚对制造业静态能源绩效的影响。表7-3 中第1、第2、第3列分别报告了无环境约束下的东中西部各区域变量系数的估计结果；第4、第5、第6列分别报告了环境约束下的东中西部各区域变量系数的估计结果。

表7-3　　产业集聚对制造业静态能源绩效影响的分区域回归分析结果

变量	无环境约束下			环境约束下		
	东部地区	中部地区	西部地区	东部地区	中部地区	西部地区
	1	2	3	4	5	6
lnagglo	0.2197 ** (0.0887)	0.3432 *** (0.0706)	-0.1561 * (0.1528)	-0.4278 *** (0.0794)	-0.2702 *** (0.0826)	-0.6874 *** (0.1279)
lnpgdp	-1.1522 *** (0.2890)	0.2732 (0.2157)	-0.0440 (0.3411)	-2.3939 *** (0.8608)	3.5080 *** (1.2584)	-3.6511 *** (0.6312)
(lnpgdp)²	0.1983 *** (0.0331)	0.0685 *** (0.0256)	0.1048 *** (0.0324)	0.1124 *** (0.0421)	-0.1259 * (0.0653)	0.2193 *** (0.0313)
lnscale	0.1680 ** (0.0701)	0.2533 *** (0.0544)	0.1624 * (0.0837)	0.2851 *** (0.0992)	0.2822 *** (0.0661)	0.0364 (0.1057)
lnfdi	0.3743 *** (0.0661)	-0.0500 (0.0411)	-0.0253 (0.0324)	0.3752 *** (0.0846)	-0.1050 * (0.0600)	-0.0330 (0.0441)
lnprostr	-0.1427 ** (0.0634)	-0.1739 (0.0770)	-0.0530 (0.1275)	-0.4008 *** (0.0903)	-0.1234 (0.0763)	-0.0490 (0.1560)
L. lnregu	0.0344 *** (0.0130)	0.0160 (0.0200)	0.0050 (0.0196)	0.0096 (0.0196)	0.0120 (0.0244)	0.1600 *** (0.0267)
常数项	0.5878 (0.7289)	-2.9768 *** (0.4940)	-1.9500 ** (0.8310)	12.7848 *** (4.5043)	-21.9855 *** (6.1845)	13.8614 *** (3.2754)
R²	0.9313	0.9706	0.9402	0.8239	0.9542	0.8451
OBS	132	96	132	132	96	132

注：（1）括号中数值为标准误；（2）***、**、*分别表示变量系数通过了1%、5%、10%的显著性检验；（3）OBS 表示样本观察个数。

　　由表 7-3 中第 1～第 3 列可见，在无环境约束下，产业集聚对东部和中部两个地区制造业静态能源绩效的影响系数大于 0，并通过了至少 5% 的显著性检验，而对西部地区制造业静态能源绩效的影响系数却小于 0，且通过了 10% 的显著性检验，这表明在无环境约束情形下，东部和中部两个地区产业集聚对制造业静态能源绩效的影响均处于"U"型曲线的右侧，而西部地区产业集聚对制造业静态能源绩效的影响却处于"U"型曲线的左侧。也就是说，在无环境约束情形下，现阶段东部和中部两个地区产业集聚均能够显著促进制造业静态能源绩效水平提升，但西部地区产业集聚对制造业静态能源绩效却存在一定的负向影响。其主要原因可能在于：中国东部和中部地区产业集聚程度较高，其所带来的能源正外部性要大于能源负外部性，而西部地区由于产业集聚程度相对较低，尚处于产业集聚的初期阶段，从而导致产生的能源负外部性暂时还高于能源正外部性，负向影响作用仍占主导地位。

　　而在环境约束下，产业集聚对东中西部各地区制造业静态能源绩效的影响系数虽然均显著小于 0（通过了 1% 的显著性检验），但却存在一定的差异，这表明在环境约束情形下，东中西部各地区产业集聚对制造业静态能源绩效的影响虽均处于"U"型曲线的左侧，但作用大小却各异。其主要原因可能在于：虽然在无环境约束下，中国东部和中部地区产业集聚所带来的能源正外部性要大于能源负外部性，但是在环境约束下，由于纳入了能源使用所导致的污染物排放，而东部和中部地区制造业能源使用所导致的污染物排放通常较高，这在一定程度上会抵消产业集聚所带来的部分能源正外部性，从而导致在环境约束下，中国东部和中部地区产业集聚也不利于提升制造业静态能源绩效水平。并且，由于中国东、中、西部各地区产业集聚程度存在较大的空间差异，从而导致其对制造业静态能源绩效影响的作用大小在区域间也存在差异。

　　由此可见，在无环境约束和环境约束两种情形下，产业集聚对制造业静态能源绩效的影响作用在中国东、中、西部区域之间均存在明显的差异，即产业集聚对制造业静态能源绩效的影响作用存在明显的区域差异。研究假说 H9 得到了验证。

在控制变量中，（1）根据制造业经济发展水平的一次项和二次项系数的符号和显著性检验可知，在无环境约束下，东中西部各地区制造业经济发展水平与静态能源绩效之间均存在明显的"U"型曲线关系，支持了"环境库兹涅茨假说"，而在环境约束下，仅有东部和西部地区制造业经济发展水平与静态能源绩效之间存在"U"型曲线关系，中部地区制造业经济发展水平与静态能源绩效之间的关系与环境库兹涅茨曲线（EKC）相反。（2）在无环境约束和环境约束两种情形下，东中西部各地区制造业企业规模和环境规制强度对静态能源绩效均具有一定的促进作用，支持了"熊彼特假说"和"波特假说"，这表明东中西部各地区制造业应积极推动企业规模的扩张和适当加大环境规制强度，从而促进制造业静态能源绩效水平的提升。（3）无论在无环境约束下还是在环境约束下，中西部地区制造业外商直接投资对静态能源绩效均具有一定的负向影响，一定程度上从侧面印证了"污染避难所"假说，而东部地区制造业外商直接投资对静态能源绩效却具有显著的促进作用，这表明在东部地区，"污染避难所"假说不成立。其主要原因可能在于：一方面，由于中国东部地区具有人力资本优势、技术优势、资金优势等条件，从而不仅使得东部地区制造业受到跨国公司所采取的技术封锁或知识产权保护等措施的影响较小，而且也使得东部地区制造业可以通过引进外资获得较多的技术溢出效应；另一方面，中国东部地区的环境规制相对较严，从而使得发达国家通过外商直接投资将污染程度较高的落后制造业产业转移到东部地区的比例也一般较小。（4）在无环境约束和环境约束两种情形下，东中西部各地区制造业产权结构对静态能源绩效均具有一定的负向影响作用，这表明东中西部各地区应积极优化制造业产权结构，大力加快制造业企业所有制改革，从而提高制造业企业中非公有制经济的比重，激发制造业企业生产和创新的积极性，进而带动制造业企业能源绩效水平的提升。

2. 产业集聚对制造业动态能源绩效影响的分区域分析

基于 2003～2015 年东中西分区域制造业面板数据，我们将进一步分别实证分析东中西部三个区域的产业集聚对制造业动态能源绩效及其分解指标的影响。表 7-4 报告了在无环境约束和环境约束两种情形

表 7 - 4　产业集聚对制造业动态能源绩效影响的分区域回归分析结果

无环境约束下

变量	Inenemance			Ineneffch			Inenetech		
	东部地区 1	中部地区 2	西部地区 3	东部地区 4	中部地区 5	西部地区 6	东部地区 7	中部地区 8	西部地区 9
lnagglo	0.4492 *** (0.1052)	0.6274 *** (0.1167)	0.2231 ** (0.0870)	0.3141 *** (0.0912)	0.2573 *** (0.0564)	0.0417 (0.0826)	0.1324 * (0.0983)	0.3683 *** (0.0904)	-0.1823 (0.1159)
lnpgdp	-0.6724 * (0.3549)	-0.2807 (0.4154)	-0.0972 (0.1966)	-0.0713 (0.3077)	1.2987 *** (0.2008)	1.3905 *** (0.1866)	-0.5885 * (0.3315)	-1.5780 *** (0.3216)	-1.4887 *** (0.2620)
$(lnpgdp)^2$	0.1935 *** (0.0415)	0.1424 *** (0.0479)	0.1061 *** (0.0191)	0.0862 ** (0.0360)	-0.0466 ** (0.0232)	-0.0772 *** (0.0181)	0.1057 *** (0.0388)	0.1888 *** (0.0371)	0.1835 *** (0.0255)
lnscale	-0.4891 *** (0.0828)	-0.0264 (0.1014)	0.1684 *** (0.0525)	-0.1799 ** (0.0718)	0.1666 *** (0.0490)	0.0983 * (0.0498)	-0.3075 *** (0.0774)	-0.1925 ** (0.0785)	0.0713 (0.0699)
lnfdi	0.5600 *** (0.0943)	-0.0468 (0.0645)	-0.0133 (0.0178)	0.2313 *** (0.0818)	0.0337 (0.0312)	0.0109 (0.0169)	0.3259 *** (0.0881)	-0.0778 (0.0499)	0.0025 (0.0237)
lnprostr	-0.1244 * (0.0698)	-0.2371 * (0.1335)	-0.0052 (0.0714)	0.1157 * (0.0605)	0.0700 (0.0645)	-0.0904 (0.0678)	-0.2413 *** (0.0652)	-0.3069 *** (0.1033)	0.0844 (0.0951)
L. lnregu	0.0006 (0.0135)	0.0510 (0.0348)	0.0107 (0.0110)	0.0088 (0.0117)	-0.0034 (0.0168)	0.0004 (0.0104)	0.0091 (0.0127)	0.0540 ** (0.0270)	0.0111 (0.0146)

续表

无环境约束下

变量	Inenemance			Ineneffch			Inenetech		
	东部地区	中部地区	西部地区	东部地区	中部地区	西部地区	东部地区	中部地区	西部地区
	1	2	3	4	5	6	7	8	9
常数项	-1.4477* (0.8640)	-2.0849** (0.9530)	-0.7836 (0.4908)	-1.6482** (0.7491)	-4.3467*** (0.4607)	-3.6914*** (0.4657)	0.1844 (0.8071)	2.2663*** (0.7377)	2.9090*** (0.6539)
R^2	0.9610	0.9645	0.9847	0.7317	0.9545	0.9388	0.9521	0.9494	0.9318
OBS	121	88	121	121	88	121	121	88	121

环境约束下

变量	Inenemance			Ineneffch			Inenetech		
	东部地区	中部地区	西部地区	东部地区	中部地区	西部地区	东部地区	中部地区	西部地区
	1	2	3	4	5	6	7	8	9
lnagglo	0.6469*** (0.2125)	0.6338*** (0.1020)	1.6140*** (0.4231)	0.2328*** (0.0815)	0.2680*** (0.0557)	0.3633*** (0.1227)	0.4136* (0.2223)	0.3631*** (0.0788)	-1.2491*** (0.3550)
lnpgdp	-1.3249* (0.7167)	-0.6159* (0.3631)	-1.1162 (0.9560)	-0.1962 (0.2748)	1.2768*** (0.1984)	1.1525*** (0.2773)	-1.1310 (0.7498)	-1.8937*** (0.2806)	-2.2691*** (0.8020)
$(lnpgdp)^2$	0.2973*** (0.0839)	0.1837*** (0.0419)	0.3316*** (0.0929)	0.0776** (0.0322)	-0.0429* (0.0229)	-0.0275 (0.0270)	0.2199** (0.0877)	0.2265*** (0.0324)	0.3591*** (0.0780)

续表

环境约束下

变量	Inenemance			Ineneffch			Inenetech		
	东部地区	中部地区	西部地区	东部地区	中部地区	西部地区	东部地区	中部地区	西部地区
	1	2	3	4	5	6	7	8	9
lnscale	-1.1128*** (0.1673)	-0.0907 (0.0886)	-0.6837*** (0.2551)	-0.1507** (0.0641)	0.1520*** (0.0484)	-0.0749 (0.0740)	-0.9620*** (0.1750)	-0.2416*** (0.0685)	-0.6085*** (0.2140)
lnfdi	0.0724 (0.1904)	-0.0455 (0.0564)	-0.1289 (0.0866)	-0.0150 (0.0730)	0.0306 (0.0308)	0.0191 (0.0251)	0.0875 (0.1992)	-0.0753* (0.0436)	0.1098 (0.0727)
lnprostr	0.5458 (0.1410)	-0.1777 (0.1167)	1.4039 (0.3472)	0.0349 (0.0541)	0.0778 (0.0638)	0.2182 (0.1007)	0.5106 (0.1475)	-0.2569*** (0.0902)	1.1851 (0.2912)
L.lnregu	0.1354*** (0.0274)	0.0503 (0.0305)	-0.1767 (0.0533)	0.0073 (0.0105)	0.0016 (0.0166)	0.0392 (0.0155)	0.1428 (0.0286)	0.0518** (0.0235)	-0.1375*** (0.0447)
常数项	-1.9202 (1.7446)	-1.4434* (0.8329)	-1.4080 (2.3863)	-1.1045 (0.6689)	-4.3598*** (0.4551)	-3.8645*** (0.6923)	-0.8101 (1.8251)	2.9283*** (0.6437)	2.4590 (2.0019)
R^2	0.8469	0.9716	0.6557	0.7204	0.9557	0.8432	0.7761	0.9590	0.5406
OBS	121	88	121	121	88	121	121	88	121

注：（1）括号中数值为标准误；（2）***、**、*分别表示变量系数通过了1%、5%、10%的显著性检验；（3）OBS表示样本观察个数。

下的分区域估计结果。其中，第1~第3列是被解释变量为动态能源绩效的分区域估计结果；第4~第6列是被解释变量为能源技术效率的分区域估计结果；第7~第9列是被解释变量为能源技术进步的分区域估计结果。

由表7-4中第1~第3列可见，在无环境约束和环境约束两种情形下，产业集聚对东中西部各地区制造业动态能源绩效的影响系数均为正，并通过了至少5%的显著性检验，这表明无论在无环境约束下还是在环境约束下，东中西部各地区产业集聚对制造业动态能源绩效的影响均处于"U"型曲线的右侧，即东中西部各地区产业集聚均能够显著促进制造业动态能源绩效水平提升。由表7-4中第4~第6列可见，在无环境约束和环境约束两种情形下，产业集聚对东中西部各地区产业集聚对制造业能源技术效率的影响系数均为正，并通过了至少10%的显著性检验，这表明无论在无环境约束下还是在环境约束下，东中西部各地区产业集聚对制造业能源技术效率的影响也均处于"U"型曲线的右侧，即东中西部各地区产业集聚也均有利于提升制造业能源技术效率。由表7-4中第7~第9列可见，在无环境约束和环境约束两种情形下，产业集聚仅对东部和中部两个地区制造业能源技术进步的影响系数显著为正，而对西部地区制造业能源技术进步的影响系数却小于0，这表明无论在无环境约束下还是在环境约束下，东部和中部两个地区产业集聚对制造业能源技术进步的影响均处于"U"型曲线的右侧，而西部地区产业集聚对制造业能源技术进步的影响却处于"U"型曲线的左侧。

由此可见，产业集聚对制造业动态能源绩效的影响作用也存在明显的区域差异，这进一步验证了我们提出的研究假说H9。其中，无论在无环境约束下还是在环境约束下，产业集聚均能显著促进东部和中部地区制造业动态能源绩效和能源技术效率提升以及制造业能源技术进步，而在西部地区，产业集聚仅能显著提升制造业动态能源绩效和能源技术效率。因此，国家产业规划部门和相关政府部门应当制定各种优惠政策，积极引导东部地区的部分边际产业向西部地区适度转移（李廉水等，2014），从而进一步提升西部地区产业集聚程度，推动西部地区产业集聚程度由"U"型曲线的临界点从左侧向右侧跨越，进而推进西部地区跨期能源技术边界移动，最终促进西部地区制造业能源技术进步。此外，这也从侧面说明了东部和中部地区产业集聚主要通过能源技术效率跨期提高和能源技术跨期进步，进而促进制造业动态能源绩效水平的提升，而西部地区产业集聚则主要通过能源技术效率跨期提高来推动制造业动态能源绩效水平的提升。

7.3.3　产业集聚对制造业能源绩效影响的分行业分析

当前，随着中国制造业的不断发展，不同制造业各细分行业之间产业集聚程度也已呈现出较大的行业异质性，为此，很有必要进一步探究制造业产业集聚对静态能源绩效和动态能源绩效及其分解指标（能源技术效率和能源技术进步）的影响在各细分行业之间是否存在差异，即产业集聚的差异是否会导致对制造业能源绩效影响的行业差异。因此，本书采用产值密度方法来度量中国制造业各细分行业的产业集聚程度，然后基于 2003～2015 年中国 24 个地区分组的制造业各细分行业面板数据，并运用固定效应模型（FE）这一计量分析方法[①]，分别对 21 个制造业细分行业产业集聚对其静态能源绩效和动态能源绩效及其分解指标（能源技术效率和能源技术进步）的影响进行了回归分析。同时，为了更加直观、清晰地比较中国制造业各细分行业产业集聚对其能源绩效的影响程度，我们借鉴王杰和刘斌（2014）的分类方法，将上述 21 个制造业细分行业分为：轻度污染行业、中度污染行业和重度污染行业[②]等三大类，结果分别见表 7 - 5 和表 7 - 6。

---

① 经过 Hausman 检验，本书最终采用固定效应模型（FE）这一方法来进行估计。
② 轻度污染行业包括：烟草制品业，纺织服装、鞋、帽制造业，通用设备制造业，专用设备制造业，电气机械及器材制造业，通信设备、计算机及其他电子设备制造业，仪器仪表及文化、办公用机械制造业等 7 个制造业细分行业；中度污染行业包括：农副食品加工业，食品制造业，饮料制造业，医药制造业，金属制品业，交通运输设备制造业等 6 个制造业细分行业；重度污染行业包括：纺织业，造纸及纸制品业，石油加工、炼焦及核燃料加工业，化学原料及化学制品制造业，化学纤维制造业，非金属矿物制品业，黑色金属冶炼及压延加工业，有色金属冶炼及压延加工业等 8 个制造业细分行业。

表 7 – 5 　 产业集聚对制造业静态能源绩效影响的分行业回归分析结果

行业	无环境约束下			环境约束下		
	lnagglo	控制变量	OBS	lnagglo	控制变量	OBS
轻度污染行业						
C4	0.0598 * (0.0429)	Yes	288	0.1584 *** (0.0538)	Yes	288
C6	0.0046 (0.0193)	Yes	288	0.0297 (0.0285)	Yes	288
C16	0.1244 *** (0.0246)	Yes	288	0.1365 *** (0.0356)	Yes	288
C17	0.0713 *** (0.0226)	Yes	288	0.0641 ** (0.0299)	Yes	288
C19	0.0883 *** (0.0202)	Yes	288	0.1144 *** (0.0279)	Yes	288
C20	0.0402 *** (0.0095)	Yes	288	0.0190 (0.0130)	Yes	288
C21	0.0256 *** (0.0078)	Yes	288	0.0233 ** (0.0106)	Yes	288
中度污染行业						
C1	0.0007 (0.0361)	Yes	288	– 0.0048 (0.0496)	Yes	288
C2	0.0203 (0.0218)	Yes	288	– 0.0989 *** (0.0290)	Yes	288
C3	0.0306 (0.0285)	Yes	288	– 0.0996 ** (0.0480)	Yes	288
C10	0.0705 ** (0.0331)	Yes	288	0.0900 ** (0.0451)	Yes	288
C15	0.0183 (0.0232)	Yes	288	0.1267 *** (0.0333)	Yes	288

续表

行业	无环境约束下			环境约束下		
	lnagglo	控制变量	OBS	lnagglo	控制变量	OBS
中度污染行业						
C18	0.0278 (0.0257)	Yes	288	0.0677 ** (0.0331)	Yes	288
重度污染行业						
C5	0.1313 *** (0.0229)	Yes	288	− 0.1218 *** (0.0343)	Yes	288
C7	0.1167 *** (0.0257)	Yes	288	− 0.1093 *** (0.0416)	Yes	288
C8	0.0027 (0.0216)	Yes	288	− 0.0385 (0.0304)	Yes	288
C9	0.1297 *** (0.0275)	Yes	288	− 0.1244 *** (0.0380)	Yes	288
C11	0.0158 ** (0.0076)	Yes	288	− 0.0130 (0.0099)	Yes	288
C12	0.0598 * (0.0326)	Yes	288	− 0.1207 ** (0.0532)	Yes	288
C13	0.0729 *** (0.0188)	Yes	288	− 0.0042 (0.0287)	Yes	288
C14	0.0141 (0.0174)	Yes	288	− 0.0091 (0.0239)	Yes	288

注：（1）括号中数值为标准误；（2） ***、**、* 分别表示变量系数通过了1%、5%、10%的显著性检验；（3）OBS 表示样本观察值个数；（4）限于篇幅，本处我们没有列出各控制变量的系数、显著性及标准误。

首先，通过观察表 7 - 5，可以发现，不同制造业各细分行业之间产业集聚对其静态能源绩效的影响作用也显著不同。其中，（1）在无环境约束下，中国制造业所有的 21 个细分行业的产业集聚对制造业静态能源绩效的影响系数虽然均为正，但是显著性和大小却各异，这表明在无环境约束下，虽然各制造业细分行业的产业集聚均有助于促进制造业静态能源绩效提升，但是影响程度却存在一定的差异；（2）在环境约束下，仅有 C4 烟草制品业，C6 纺织服装、鞋、帽制造业，C10 医药制造业，C15 金属制品业，C16 通用设备制造业，C17 专用设备制造业，C18 交通运输设备制造业，C19 电气机械及器材制造业，C20 通信设备、计算机及其他电子设备制造业，C21 仪器仪表及文化、办公用机械制造业等 10 个制造业细分行业的产业集聚能够提升制造业静态能源绩效，而 C1 农副食品加工业，C2 食品制造业，C3 饮料制造业，C5 纺织业，C7 造纸及纸制品业，C8 石油加工、炼焦及核燃料加工业，C9 化学原料及化学制品制造业，C11 化学纤维制造业，C12 非金属矿物制品业，C13 黑色金属冶炼及压延加工业，C14 有色金属冶炼及压延加工业等 11 个制造业细分行业的产业集聚对制造业静态能源绩效却具有一定的负向影响。由此可见，无论在无环境约束下还是在环境约束下，产业集聚对制造业静态能源绩效的影响作用均存在显著的行业差异。研究假说 H10 得到了验证。

其次，通过将上述 21 个制造业细分行业分为轻度污染行业、中度污染行业和重度污染行业，还可以发现，在无环境约束下，轻度污染行业、中度污染行业和重度污染行业这三大类制造业细分行业的产业集聚均能够显著促进制造业静态能源绩效提升，而在环境约束下，仅有轻度污染行业和部分中度污染行业（C10 医药制造业、C15 金属制品业、C18 交通运输设备制造业）的产业集聚能够提升制造业静态能源绩效。其主要原因可能在于：在环境约束下，重度污染行业的产业集聚虽然也能够产生能源正外部性，但是由于其所导致的污染物排放量一般较高，故而会带来相对更多的环境污染负外部性，从而导致在环境约束下，抑制了制造业静态能源绩效水平的提升。

此外，值得注意的是，通过对比无环境约束下和环境约束下的分行业回归分析结果，可以发现，在环境约束下，C1 农副食品加工业，C2 食品制造业，C3 饮料制造业等中度污染行业的产业集聚也不利于提升制造业静态能源绩效。其主要原因可能在于：长期以来，我国主要重视的是制定造纸业、石油加工和金属冶炼等重度污染行业的环境治理政策，却忽视了食品类行业等中度污染行业的污染减排，从而导致食品类等行业产生的大量污染物仍以未处理的方式排出，尚未得到应有的治理（王杰和刘斌，2014）。因此，为了有效提升中国制造业整体静态能源绩效，各地区应进一步优化制造业内部产业结构，实施科学合理的制造业行业发展策略。

表7-6　产业集聚对制造业动态能源绩效影响的分行业回归分析结果

| 行业 | 无环境约束下 | | | | | | | | |
| | lnenemance | | | lneneffch | | | lnenetech | | |
	lnagglo	控制变量	OBS	lnagglo	控制变量	OBS	lnagglo	控制变量	OBS
轻度污染行业									
C4	0.1674 *** (0.0512)	Yes	264	0.0126 (0.0350)	Yes	264	0.1553 *** (0.0430)	Yes	264
C6	0.0059 (0.0235)	Yes	264	0.0083 (0.0157)	Yes	264	0.0021 (0.0198)	Yes	264
C16	0.2332 *** (0.0288)	Yes	264	0.1198 *** (0.0203)	Yes	264	0.1133 *** (0.0266)	Yes	264
C17	0.0949 *** (0.0273)	Yes	264	0.0628 *** (0.0182)	Yes	264	0.0315 (0.0236)	Yes	264
C19	0.0908 *** (0.0251)	Yes	264	0.0265 (0.0171)	Yes	264	0.0643 *** (0.0214)	Yes	264
C20	0.0549 *** (0.0108)	Yes	264	0.0215 *** (0.0075)	Yes	264	0.0334 *** (0.0094)	Yes	264
C21	0.0341 *** (0.0093)	Yes	264	0.0194 *** (0.0063)	Yes	264	0.0147 * (0.0081)	Yes	264
中度污染行业									
C1	-0.0927 ** (0.0458)	Yes	264	-0.0240 (0.0308)	Yes	264	-0.0695 * (0.0387)	Yes	264

续表

行业	无环境约束下								
	lnenemance			lneneffch			lnenetech		
	lnagglo	控制变量	OBS	lnagglo	控制变量	OBS	lnagglo	控制变量	OBS
中度污染行业									
C2	-0.0488^{*} (0.0272)	Yes	264	-0.0191 (0.0183)	Yes	264	-0.0304 (0.0231)	Yes	264
C3	-0.0791^{**} (0.0366)	Yes	264	-0.0498^{**} (0.0245)	Yes	264	-0.0298 (0.0311)	Yes	264
C10	0.1941^{***} (0.0403)	Yes	264	0.0748^{***} (0.0278)	Yes	264	0.1182^{***} (0.0349)	Yes	264
C15	0.0080 (0.0289)	Yes	264	0.0160 (0.0193)	Yes	264	0.0235 (0.0244)	Yes	264
C18	0.1062^{***} (0.0312)	Yes	264	0.0488^{**} (0.0211)	Yes	264	0.0572^{**} (0.0267)	Yes	264
重度污染行业									
C5	0.0934^{***} (0.0301)	Yes	264	0.0528^{**} (0.0202)	Yes	264	0.0402 (0.0258)	Yes	264
C7	0.0346 (0.0332)	Yes	264	0.0522^{**} (0.0219)	Yes	264	0.0177 (0.0280)	Yes	264
C8	0.0136 (0.0285)	Yes	264	0.0288 (0.0189)	Yes	264	0.0424^{*} (0.0239)	Yes	264
C9	0.0441 (0.0404)	Yes	264	0.0525^{*} (0.0268)	Yes	264	0.0084 (0.0342)	Yes	264
C11	0.0039 (0.0094)	Yes	264	0.0161^{***} (0.0061)	Yes	264	-0.0123 (0.0079)	Yes	264
C12	-0.0128 (0.0417)	Yes	264	-0.0114 (0.0278)	Yes	264	-0.0024 (0.0352)	Yes	264

续表

| 行业 | 无环境约束下 | | | | | | | | |
| | lnenemance | | | lneneffch | | | lnenetech | | |
	lnagglo	控制变量	OBS	lnagglo	控制变量	OBS	lnagglo	控制变量	OBS
重度污染行业									
C13	0.0446 * (0.0239)	Yes	264	0.0015 (0.0161)	Yes	264	0.0430 ** (0.0201)	Yes	264
C14	-0.0281 (0.0220)	Yes	264	-0.0106 (0.0147)	Yes	264	-0.0389 ** (0.0185)	Yes	264

| 行业 | 环境约束下 | | | | | | | | |
| | lnenemance | | | lneneffch | | | lnenetech | | |
	lnagglo	控制变量	OBS	lnagglo	控制变量	OBS	lnagglo	控制变量	OBS
C4	0.1609 *** (0.0510)	Yes	264	0.0146 (0.0350)	Yes	264	0.1466 *** (0.0428)	Yes	264
C6	0.0096 (0.0233)	Yes	264	0.0085 (0.0157)	Yes	264	0.0012 (0.0196)	Yes	264
C16	0.2260 *** (0.0288)	Yes	264	0.1215 *** (0.0203)	Yes	264	0.1042 *** (0.0265)	Yes	264
C17	0.0981 *** (0.0271)	Yes	264	0.0657 *** (0.0182)	Yes	264	0.0324 (0.0234)	Yes	264
C19	0.0752 *** (0.0252)	Yes	264	0.0245 (0.0172)	Yes	264	0.0508 ** (0.0213)	Yes	264
C20	0.0574 *** (0.0107)	Yes	264	0.0217 *** (0.0075)	Yes	264	0.0356 *** (0.0093)	Yes	264
C21	0.0355 *** (0.0093)	Yes	264	0.0198 *** (0.0063)	Yes	264	0.0155 * (0.0080)	Yes	264

续表

行业	环境约束下								
	lnenemance			lneneffch			lnenetech		
	lnagglo	控制变量	OBS	lnagglo	控制变量	OBS	lnagglo	控制变量	OBS
中度污染行业									
C1	-0.0734 (0.0457)	Yes	264	-0.0181 (0.0308)	Yes	264	-0.0557 (0.0385)	Yes	264
C2	-0.0491* (0.0271)	Yes	264	-0.0200 (0.0183)	Yes	264	-0.0294 (0.0229)	Yes	264
C3	-0.0779** (0.0364)	Yes	264	-0.0493** (0.0245)	Yes	264	-0.0291 (0.0309)	Yes	264
C10	0.1823*** (0.0403)	Yes	264	0.0771*** (0.0278)	Yes	264	0.1045*** (0.0348)	Yes	264
C15	0.0056 (0.0288)	Yes	264	0.0168 (0.0193)	Yes	264	0.0223 (0.0242)	Yes	264
C18	0.1113*** (0.0309)	Yes	264	0.0484** (0.0211)	Yes	264	0.0627** (0.0264)	Yes	264
重度污染行业									
C5	0.0980*** (0.0299)	Yes	264	0.0532*** (0.0202)	Yes	264	0.0442* (0.0256)	Yes	264
C7	0.0430 (0.0329)	Yes	264	0.0521** (0.0219)	Yes	264	-0.0098 (0.0278)	Yes	264
C8	0.0054 (0.0283)	Yes	264	0.0316* (0.0189)	Yes	264	-0.0364 (0.0237)	Yes	264
C9	0.0341 (0.0402)	Yes	264	0.0492* (0.0268)	Yes	264	-0.0157 (0.0339)	Yes	264
C11	0.0044 (0.0093)	Yes	264	0.0157** (0.0062)	Yes	264	-0.0113 (0.0078)	Yes	264

续表

行业	环境约束下								
	lnenemance			lneneffch			lnenetech		
	lnagglo	控制变量	OBS	lnagglo	控制变量	OBS	lnagglo	控制变量	OBS
重度污染行业									
C12	-0.0092 (0.0415)	Yes	264	-0.0078 (0.0279)	Yes	264	-0.0015 (0.0349)	Yes	264
C13	0.0496^{**} (0.0237)	Yes	264	0.0002 (0.0161)	Yes	264	0.0490^{**} (0.0199)	Yes	264
C14	-0.0371^{*} (0.0218)	Yes	264	-0.0083 (0.0147)	Yes	264	-0.0458^{**} (0.0182)	Yes	264

注：（1）括号中数值为标准误；（2）***、**、*分别表示变量系数通过了1%、5%、10%的显著性检验；（3）OBS表示样本观察值个数；（4）限于篇幅，本处我们没有列出各控制变量的系数、显著性及标准误。

通过观察表7-6，可以发现，不同制造业各细分行业之间产业集聚对制造业动态能源绩效及其分解指标（能源技术效率和能源技术进步）的影响作用同样显著不同。

（1）在无环境约束下，除了C1农副食品加工业，C2食品制造业，C3饮料制造业，C12非金属矿物制品业，C14有色金属冶炼及压延加工业等5个制造业细分行业的产业集聚对制造业动态能源绩效及其分解指标（能源技术效率和能源技术进步）和C11化学纤维制造业产业集聚对制造业能源技术进步具有一定的负向影响之外，其余制造业细分行业的产业集聚均能促进制造业动态能源绩效和能源技术效率提升以及能源技术进步。这表明在无环境约束下，产业集聚对制造业动态能源绩效及其分解指标（能源技术效率和能源技术进步）的正向影响作用在多数制造业细分行业中已经充分表现出来了。这些行业不仅包括全部的轻度污染行业，而且也包括部分中度污染行业和重度污染行业。

（2）在环境约束下，除了 C1 农副食品加工业，C2 食品制造业，C3 饮料制造业等 3 个中度污染行业和 C12 非金属矿物制品业，C14 有色金属冶炼及压延加工业等 2 个重度污染行业的产业集聚对制造业动态能源绩效及其分解指标（能源技术效率和能源技术进步）以及 C7 造纸及纸制品业，C8 石油加工、炼焦及核燃料加工业，C9 化学原料及化学制品制造业，C11 化学纤维制造业等 4 个重度污染行业的产业集聚对制造业能源技术进步具有一定的负向影响之外，所有的轻度污染行业和其余的中度污染行业和重度污染行业的产业集聚均有利于提升制造业动态能源绩效和能源技术效率以及促进能源技术进步。

由此可见，无论在无环境约束下还是在环境约束下，产业集聚对制造业动态能源绩效及其分解指标（能源技术效率和能源技术进步）的影响作用同样也存在显著的行业差异。研究假说 H10 进一步得到了验证。

此外，值得注意的是，通过对比无环境约束下和环境约束下的分行业回归分析结果，我们还可以发现，加入了能源使用所导致的污染物排放后，C7 造纸及纸制品业，C8 石油加工、炼焦及核燃料加工业，C9 化学原料及化学制品制造业等 3 个重度污染行业的产业集聚对制造业能源技术进步的影响作用将由正变负。其主要原因可能在于：这 3 个行业大多属于能源依赖性和高耗能高污染高排放低效率产业，一方面其技术创新的积极性较缺乏，另一方面能源使用过多，而所导致的污染物排放又得不到有效的控制和治理，从而在一定程度上制约了其能源技术的革新和改进。

7.4　内生性检验

上述研究存在较严重的内生性问题，其主要可能来源于以下两个方面：第一个方面，模型设定偏误，即由遗漏变量引起。制造业能源绩效作为被解释变量，除了受到式（7-9）所列变量的影响之外，还受其他变量的影响，但在实际模型构建中，由于数据可得性等限制，因此无法将所有影响制造业能源绩效的变量全部列出，也就是说会造成变量遗漏。这样遗漏变量的影响就被纳入了误差项中，当该遗漏变量与其他变量之间存在很强的相关性时，就会产生内生性问题。为了解决因遗漏变量而产生的内生性问题，借鉴张伟和吴文元（2011）的研究，本章采用面板数据的固定效应模型剔除不可观测因素引起的偏误。第二个方面，被解释变量制造业能源绩效与解释变量产业集聚之间存在双向交互影响。产业集聚程度高的地区，其能源绩效水平相对较高；反过来，能源绩效水平高的地区也有利于吸引外部相关产业和劳动力进入，从而进一步提高该地区的产业集聚程度。

为了解决上述的内生性问题，本书参考西科恩（2002）和范剑勇（2006）的做法，以地区土地面积作为产业集聚的工具变量。我们选择这一变量作为工具变量主要基于以下两方面考虑：一是理论上认为，当地区就业人数相同时，土地面积越小，其就业密度就越大（产业集聚程度越高），因此我们可以相信地区土地面积与产业集聚之间存在着重要的相关关系；二是各地区的存在与划分具有较长的历史性和稳定性，其边界和土地面积是经过长久的历史时期逐步形成的，且当前各个地区的土地面积基本上都在本章研究数据的时间之前就已经确定下来了，因此我们也可以相信地区土地面积除了通过影响产业集聚从而影响制造业能源绩效之外，与制造业能源绩效之间并不存在其他的作用机制，为此地区土地面积作为产业集聚的工具变量又具备了外生性，满足工具变量选取的外生性原则。

首先，为了验证产业集聚是否为内生解释变量，在假定工具变量有效的前提下，我们进行了异方差稳健的"杜宾－吴－豪斯曼检验（Durbin－Wu－Hausman Test，简记 DWH 检验）"，发现 DWH 检验的 p 值均小于 0.1，这表明产业集聚确实存在内生性。其次，为了进一步验证地区土地面积作为产业集聚的工具变量是否有效，我们对产业集聚与地区土地面积这两个变量的关系进行检验时，发现土地面积与产业集聚之间呈现 1% 的显著负向关系，与理论预期一致。并且基于固定效应模型，运用两阶段估计方法（2SLS）的各回归分析结果也显示，第一阶段回归的 F 值均大于 10，并通过了 1% 的显著性检验，这表明所选择的工具变量（地区土地面积）与内生解释变量（产业集聚）之间存在高度相关性，以及地区土地面积并不存在弱工具变量问题，因此我们可以认为工具变量的选择是有效的。因此，基于固定效应模型，运用两阶段最小二乘估计方法（2SLS），本章将分别对上述总体和分区域回归分析结果进行内生性检验。

7.4.1　总体内生性检验

首先，基于 2003 ~ 2015 年中国制造业总体面板数据，我们再次实证分析了在无环境约束和环境约束两种情形下产业集聚对制造业静态能源绩效和动态能源绩效及其分解指标的影响，结果见表 7 - 7。

根据表 7 - 7 中第 1 ~ 第 2 列，可以发现，在控制了制造业经济发展水平、制造业企业规模、制造业外商直接投资、制造业产权结构和环境规制强度等条件时，无论在无环境约束下还是在环境约束下，产业集聚的一次项系数均显著为负，产业集聚的二次项系数均显著为正，这表明从全国总体来看，产业集聚与制造业静态能源绩效之间依然均存在显著的"U"型曲线关系。研究假说 H8 再次得到了验证。

根据表 7 - 7 中第 3 ~ 第 8 列，可以发现，在控制了制造业经济发展水平、制造业企业规模、制造业外商直接投资、制造业产权结构和环境规制强度等条件时，无论在无环境约束下还是在环境约束下，从全国总体来看，产业集聚与制造业动态能源绩效及其分解指标（能源技术效率和能源技术进步）之间也呈现出显著的"U"型曲线关系。研究假说 H8 进一步得到了验证。

因此，可以进一步得出：从全国总体来看，在无环境约束和环境约束两种情形下，产业集聚对制造业静态能源绩效和动态能源绩效及其分解指标（能源技术效率和能源技术进步）的影响均符合显著的"U"型曲线关系。

表7-7　总体内生性检验回归分析结果

变量	静态能源绩效		动态能源绩效					
	无环境约束下	环境约束下	无环境约束下			环境约束下		
	lnenemance	lnenemance	lnenemance	lneneffch	lnenetech	lnenemance	lneneffch	lnenetech
	1	2	3	4	5	6	7	8
lnagglo	-0.0400* (0.0235)	-0.1021** (0.0434)	-0.1423*** (0.0367)	-0.1074*** (0.0281)	-0.0345 (0.0360)	-0.3491*** (0.1127)	-0.1274*** (0.0302)	-0.2217** (0.0888)
(lnagglo)²	0.0204*** (0.0033)	0.0183** (0.0077)	0.0122** (0.0051)	0.0098** (0.0045)	0.0024* (0.0060)	0.0630*** (0.0161)	0.0141*** (0.0044)	0.0489*** (0.0126)
lnpgdp	-0.3840* (0.1987)	-1.5169*** (0.4672)	-0.6877 (0.4320)	-0.2535 (0.3025)	-0.4329 (0.2747)	-2.3799*** (0.8364)	-0.4298 (0.3597)	-1.9483*** (0.5881)
(lnpgdp)²	0.0883*** (0.0226)	0.0898*** (0.0237)	0.1681*** (0.0500)	-0.0703** (0.0349)	0.0977*** (0.0327)	0.4321*** (0.1004)	-0.0984** (0.0413)	0.3335*** (0.0726)
lnscale	0.0367 (0.0246)	0.0765** (0.0376)	0.0700 (0.0506)	0.0565 (0.0466)	0.1263** (0.0505)	0.7295*** (0.1402)	0.1366*** (0.0445)	0.5931*** (0.1114)
lnfdi	-0.0038 (0.0147)	-0.0505** (0.0210)	-0.0650** (0.0282)	-0.0220 (0.0181)	-0.0428* (0.0226)	-0.0281 (0.0636)	-0.0389* (0.0204)	-0.0672 (0.0499)
lnprostr	-0.1529*** (0.0263)	-0.0571 (0.0352)	-0.0242 (0.0335)	-0.0600** (0.0241)	-0.0356 (0.0382)	-0.0637 (0.0661)	-0.0329 (0.0243)	-0.0961* (0.0533)

续表

变量	静态能源绩效		动态能源绩效					
	无环境约束下	环境约束下	无环境约束下			环境约束下		
	lnenemance	lnenemance	lnenemance	lneneffch	lnenetech	lnenemance	lneneffch	lnenetech
	1	2	3	4	5	6	7	8
L.lnregu	0.0064 (0.0136)	0.0430** (0.0210)	0.0316 (0.0212)	0.0105 (0.0173)	0.0214 (0.0223)	0.0606 (0.0568)	0.0009 (0.0178)	0.0599 (0.0441)
常数项	-0.7259* (0.4237)	5.0262** (2.2770)	0.9230 (0.9150)	0.3539 (0.6399)	0.5660 (0.5617)	2.6619 (1.6664)	0.5117 (0.7576)	2.1451* (1.1288)
第一阶段回归结果								
lnarea	-0.5306*** (0.0648)	-0.5221*** (0.0628)	-0.5384*** (0.0662)	-0.5384*** (0.0662)	-0.5384*** (0.0662)	-0.5384*** (0.0662)	-0.5384*** (0.0662)	-0.5384*** (0.0662)
F	425.04***	377.78***	398.03***	398.03***	398.03***	398.03***	398.03***	398.03***
p	0.0000	0.0000	0.0000	0.0000	0.0000	0.0000	0.0000	0.0000
控制变量	有	有	有	有	有	有	有	有
OBS	360	360	330	330	330	330	330	330

注：(1) 括号中数值为标准误差；(2) ***、**、* 分别表示变量系数通过了 1%、5%、10% 的显著性检验；(3) OBS 表示样本观察个数。

7.4.2 分区域内生性检验

为了深入探究中国制造业发展的当前阶段，产业集聚对制造业能源绩效究竟存在何种影响，即产业集聚对制造业静态能源绩效和动态能源绩效及其分解指标（能源技术效率和能源技术进步）的影响究竟处于"U"型曲线的哪一侧。基于 2003～2015 年东中西部分地区制造业面板数据，我们再次实证分析了在无环境约束和环境约束两种情形下东中西部地区产业集聚对制造业静态能源绩效和动态能源绩效及其分解指标的影响，结果见表 7-8。

根据表 7-8 中第 1～第 3 列，可以发现，无论在无环境约束下还是在环境约束下，产业集聚对制造业静态能源绩效的影响作用在中国东、中、西部地区之间均存在明显的差异，即产业集聚对制造业静态能源绩效的影响作用存在明显的区域差异。研究假说 H9 再次得到了验证。其中，在无环境约束情形下，东部和中部两个地区产业集聚对制造业静态能源绩效的影响均处于"U"型曲线的右侧，而西部地区产业集聚对制造业静态能源绩效的影响却处于"U"型曲线的左侧。而在环境约束情形下，东中西部各地区产业集聚对制造业静态能源绩效的影响虽均处于"U"型曲线的左侧，但作用大小却各异。

根据表 7-8 中第 4～第 12 列，可以发现，产业集聚对制造业动态能源绩效及其分解指标（能源技术效率和能源技术进步）的影响作用在中国东、中、西部地区之间也存在明显的差异。研究假说 H9 进一步得到了验证。其中，在无环境约束和环境约束两种情形下，产业集聚均能显著促进东部和中部地区制造业动态能源绩效和能源技术效率提升以及制造业能源技术进步，而在西部地区，产业集聚仅能显著提升制造业动态能源绩效和能源技术效率。并且，这也再次表明了东部和中部地区产业集聚主要通过能源技术效率跨期提高和能源技术跨期进步，进而促进制造业动态能源绩效水平的提升，而西部地区产业集聚则主要通过能源技术效率跨期提高来推动制造业动态能源绩效水平的提升。

表7-8　分区域内生性检验回归分析结果

无环境约束下

变量	静态能源绩效			动态能源绩效			能源技术效率			能源技术进步		
	东部地区	中部地区	西部地区	东部地区	中部地区	西部地区	东部地区	中部地区	西部地区	东部地区	中部地区	西部地区
	1	2	3	4	5	6	7	8	9	10	11	12
lnagglo	0.0262* (0.0204)	0.0299** (0.0358)	-0.0177* (0.0123)	0.0835*** (0.0230)	0.4595*** (0.0886)	0.1157*** (0.0250)	0.0271* (0.0154)	0.2633*** (0.0889)	0.0280 (0.0190)	0.1102*** (0.0288)	0.1964*** (0.0597)	-0.0872*** (0.0168)
lnpgdp	-1.2415*** (0.3938)	-0.6451** (0.2683)	-0.6315** (0.2696)	1.1908 (0.7835)	0.7959 (0.6594)	-1.2556* (0.5396)	-0.8050* (0.4481)	1.6492* (0.5051)	-0.8186** (0.3955)	-2.0017** (0.8951)	-0.8515* (0.5100)	-0.4366 (0.3569)
(lnpgdp)²	0.1821*** (0.0463)	0.1226*** (0.0322)	0.1354*** (0.0324)	0.0664* (0.0903)	-0.0125 (0.0833)	0.2633*** (0.0610)	0.1188*** (0.0505)	-0.1814*** (0.0642)	0.1625*** (0.0479)	0.1857*** (0.1024)	0.1686*** (0.0636)	0.1009** (0.0405)
lnscale	0.0212 (0.0349)	0.0580 (0.0363)	0.0657 (0.0471)	0.1219** (0.0707)	0.4597*** (0.0914)	-0.0855 (0.1046)	-0.0925*** (0.0347)	0.3088*** (0.0787)	-0.1266 (0.0819)	0.2138** (0.0957)	0.1511** (0.0590)	0.0398 (0.0616)
lnfdi	0.1989*** (0.0342)	-0.0833*** (0.0251)	-0.0625*** (0.0227)	-0.2448*** (0.0425)	0.1360 (0.0756)	0.2263 (0.0395)	-0.0917*** (0.0221)	0.0474 (0.0442)	0.1180 (0.0297)	-0.1534*** (0.0474)	0.0869 (0.0539)	0.1082*** (0.0245)
lnprostr	-0.1443*** (0.0321)	-0.0320 (0.0583)	-0.0272 (0.0589)	0.0199 (0.0397)	0.7521 (0.1633)	0.4133*** (0.1136)	0.1138*** (0.0284)	0.4388*** (0.1332)	0.3305*** (0.0929)	-0.0934 (0.0608)	0.3131 (0.1254)	0.0848 (0.0622)
L.lnregu	0.0765*** (0.0201)	0.0272 (0.0194)	0.0323 (0.0273)	0.0952** (0.0435)	-0.0157 (0.0489)	0.0094 (0.0397)	-0.0215 (0.0209)	-0.0384 (0.0375)	-0.0035 (0.0292)	0.1166** (0.0565)	0.0227 (0.0390)	0.0128 (0.0259)
常数项	0.9412 (0.8181)	-0.6170 (0.6239)	-0.8261 (0.5211)	-3.3629** (1.6205)	-3.0795** (1.3971)	2.2851** (1.1647)	1.4077 (0.9449)	-4.0122*** (1.1998)	1.4381* (0.7919)	-4.7833*** (1.8196)	0.9262 (1.0559)	0.8432 (0.7518)

续表

无环境约束下

第一阶段回归结果

变量	静态能源绩效			动态能源绩效			能源技术效率			能源技术进步		
	东部地区	中部地区	西部地区	东部地区	中部地区	西部地区	东部地区	中部地区	西部地区	东部地区	中部地区	西部地区
	1	2	3	4	5	6	7	8	9	10	11	12
lnarea	-0.7820*** (0.0925)	-1.0043*** (0.0960)	-0.8864*** (0.0656)	-0.8665*** (0.0922)	-1.0483*** (0.0944)	-0.8824*** (0.0700)	-0.8665*** (0.0922)	-1.0483*** (0.0944)	-0.8824*** (0.0700)	-0.8665*** (0.0922)	-1.0483*** (0.0944)	-0.8824*** (0.0700)
F	37.10***	91.26***	190.27***	33.53***	95.08***	192.09***	33.53***	95.08***	192.09***	33.53***	95.08***	192.09***
p	0.0000	0.0000	0.0000	0.0000	0.0000	0.0000	0.0000	0.0000	0.0000	0.0000	0.0000	0.0000
控制变量	有	有	有	有	有	有	有	有	有	有	有	有
OBS	132	96	132	121	88	121	121	88	121	121	88	121

环境约束下

变量	静态能源绩效			动态能源绩效			能源技术效率			能源技术进步		
	东部地区	中部地区	西部地区	东部地区	中部地区	西部地区	东部地区	中部地区	西部地区	东部地区	中部地区	西部地区
	1	2	3	4	5	6	7	8	9	10	11	12
lnagglo	-0.2363 (0.1473)	-0.2066*** (0.0563)	-0.0062 (0.0167)	0.0432 (0.0395)	0.4248*** (0.0835)	0.0685* (0.0776)	0.0194* (0.0134)	0.2377*** (0.0803)	0.0510* (0.0261)	0.0625* (0.0415)	0.1876*** (0.0604)	-0.0175* (0.0592)
lnpgdp	-1.2226 (2.0178)	0.7949 (1.2628)	-3.8332*** (0.4611)	-1.7461* (0.9600)	0.5213 (0.6675)	-2.1349* (1.2244)	-0.8107* (0.3505)	1.5923*** (0.4698)	-1.0788* (0.5273)	-0.9300 (0.9287)	-1.0656*** (0.5041)	-1.0545 (0.8671)

续表

环境约束下

变量	静态能源绩效			动态能源绩效			能源技术效率			能源技术进步		
	东部地区	中部地区	西部地区	东部地区	中部地区	西部地区	东部地区	中部地区	西部地区	东部地区	中部地区	西部地区
	1	2	3	4	5	6	7	8	9	10	11	12
$(\ln pgdp)^2$	0.0364* (0.0928)	-0.0179 (0.0638)	0.2014*** (0.0238)	0.3156*** (0.1118)	0.0385 (0.0826)	0.4822*** (0.1504)	0.1154*** (0.0395)	-0.1650*** (0.0588)	0.2113*** (0.0616)	0.1996* (0.1091)	0.2028*** (0.0628)	0.2708** (0.1138)
lnscale	0.4171** (0.1848)	0.0432 (0.0622)	0.1820*** (0.0694)	0.5553 (0.1147)	0.3531*** (0.0826)	1.4202 (0.3683)	-0.0808 (0.0193)	0.2631*** (0.0713)	-0.3571*** (0.0966)	-0.4745*** (0.1145)	0.0915 (0.0599)	-1.0643*** (0.3123)
lnfdi	0.0441 (0.0465)	-0.1769*** (0.0375)	-0.0674** (0.0273)	-0.4011*** (0.0583)	0.0961 (0.0717)	0.0559 (0.1473)	-0.1191*** (0.0175)	0.0260 (0.0411)	0.0912* (0.0486)	-0.2829*** (0.0555)	0.0713 (0.0516)	-0.0359 (0.1083)
lnprostr	-0.1007** (0.0403)	-0.1523** (0.0893)	-0.0463 (0.0683)	0.0790* (0.0417)	0.8331*** (0.1622)	0.3496 (0.3187)	0.1035*** (0.0206)	0.4642*** (0.1192)	0.3255*** (0.1267)	-0.0237 (0.0431)	0.3692 (0.1291)	0.0244 (0.2391)
L.lnregu	0.0656** (0.0280)	0.0602 (0.0270)	0.0743* (0.0306)	-0.2085 (0.0631)	0.0013 (0.0483)	0.0901 (0.1117)	0.0230 (0.0142)	-0.0274 (0.0341)	-0.0556 (0.0387)	-0.1859 (0.0600)	0.0264 (0.0390)	-0.0347 (0.0864)
常数项	6.8819 (10.9751)	-7.8928 (6.3344)	16.7407*** (2.2181)	0.2281 (2.0220)	-2.6721* (1.4540)	1.2933 (2.4126)	1.3969* (0.7573)	-3.9702*** (1.1121)	1.2899 (1.0728)	-1.1819 (1.9395)	1.2921 (1.0787)	-0.0031 (1.6238)

续表

第一阶段回归结果

变量	环境约束下											
	静态能源绩效			动态能源绩效			能源技术效率			能源技术进步		
	东部地区	中部地区	西部地区	东部地区	中部地区	西部地区	东部地区	中部地区	西部地区	东部地区	中部地区	西部地区
	1	2	3	4	5	6	7	8	9	10	11	12
lnarea	-0.2306*** (0.0803)	-0.9281*** (0.1197)	-0.8799*** (0.0659)	-0.8665*** (0.0922)	-1.0483*** (0.0944)	-0.8824*** (0.0700)	-0.8665*** (0.0922)	-1.0483*** (0.0944)	-0.8824*** (0.0700)	-0.8665*** (0.0922)	-1.0483*** (0.0944)	-0.8824*** (0.0700)
F	67.10***	58.57***	151.06***	33.53***	95.08***	192.09***	33.53***	95.08***	192.09***	33.53***	95.08***	192.09***
p	0.0000	0.0000	0.0000	0.0000	0.0000	0.0000	0.0000	0.0000	0.0000	0.0000	0.0000	0.0000
控制变量	有	有	有	有	有	有	有	有	有	有	有	有
OBS	132	96	132	121	88	121	121	88	121	121	88	121

注：(1) 括号中数值为标准误；(2) ***、**、* 分别表示变量系数通过了 1%、5%、10% 的显著性检验；(3) OBS 表示样本观察个数。

因此，可以进一步得出：无论在无环境约束下还是在环境约束下，产业集聚对制造业静态能源绩效和动态能源绩效及其分解指标（能源技术效率和能源技术进步）的影响作用在中国东、中、西部地区之间均存在明显的差异，即在无环境约束和环境约束两种情形下，产业集聚对制造业能源绩效的影响作用均存在明显的区域差异。

7.5　本章小结

本章首先从制造业企业生产的 Cobb – Douglas 成本函数出发，构建了产业集聚对制造业能源绩效影响的实证模型。然后，基于 2003 ~ 2015 年中国制造业总体面板数据和东中西部分地区制造业面板数据以及中国 24 个地区分组的制造业各细分行业面板数据，实证分析了产业集聚对制造业静态和动态能源绩效的影响及其区域差异与行业差异，并运用两阶段最小二乘估计方法（2SLS）对总体和分区域回归分析结果进行了内生性检验，同时也对第 3 章中提出的产业集聚对制造业能源绩效影响的研究假说进行了实证检验，研究结果显示：

（1）从全国总体来看，在控制了制造业经济发展水平、制造业企业规模、制造业外商直接投资、制造业产权结构和环境规制强度等条件下，无论在无环境约束下还是在环境约束下，产业集聚与制造业静态能源绩效和动态能源绩效及其分解指标之间均存在明显的"U"型曲线关系。其次，制造业经济发展水平与静态能源绩效和动态能源绩效以及能源技术进步之间也会呈现出显著的"U"型关系，即"环境库兹涅茨假说"在中国制造业中显著存在，而与制造业能源技术效率之间却存在明显的倒"U"型曲线关系。再次，制造业企业规模和环境规制强度均有利于提升制造业静态能源绩效和动态能源绩效，验证了"熊彼特假说"和"波特假说"。此外，制造业外商直接投资和产权结构对制造业静态能源绩效和动态能源绩效均具有一定的负向影响作用，支持了"污染避难所"假说。

（2）在无环境约束和环境约束两种情形下，产业集聚对制造业静态能源绩效和动态能源绩效及其分解指标的影响作用在中国东、中、西部地区之间均存在明显的差异。其中，产业集聚均能显著提升东部和中部地区制造业动态能源绩效和能源技术效率以及促进东部和中部地区制造业能源技术进步，而在西部地区，产业集聚仅能显著提升制造业动态能源绩效和能源技术效率。

（3）无论在无环境约束下还是在环境约束下，产业集聚对制造业静态能源绩效和动态能源绩效及其分解指标（能源技术效率和能源技术进步）的影响作用均存在显著的行业差异。其中，在无环境约束下，轻度污染行业、中度污染行业和重度污染行业这三大类制造业细分行业的产业集聚均能够显著促进制造业静态能源绩效水平的提升，而在环境约束下，仅有轻度污染行业和部分中度污染行业（医药制造业、金属制品业、交通运输设备制造业）的产业集聚能够提升制造业静态能源绩效水平。此外，加入能源使用所导致的污染物排放后，造纸及纸制品业，石油加工、炼焦及核燃料加工业，化学原料及化学制品制造业等3个重度污染行业的产业集聚对制造业能源技术进步的影响作用将由正变负。

第8章

结论与政策建议

　　绩效水平不高已逐渐成为当前制约中国制造业由大变强所面临的
亟待解决的突出问题,产业集聚也已成为中国制造业发展中在地理空
间结构上表现出来的一种基本趋势。产业集聚对制造业发展绩效的影
响存在显著的正外部性和负外部性,即产业集聚不仅有利于促进制造
业发展绩效水平提升,而且也会对制造业发展绩效水平产生一定的抑
制作用,具体影响取决于其正外部性和负外部性的综合比较。同时,
中国制造业产业集聚程度在区域间和行业间已表现出较大差异,即存
在显著的空间异质性和行业异质性,这种差异可能会导致制造业发展
绩效水平的差异。因此,本书首先分别从经济绩效、创新绩效和能源
绩效等角度论述了产业集聚对制造业发展绩效影响的理论机制,其次
分别对产业集聚程度与制造业发展绩效水平进行了测算和分析,最后
分别研究了产业集聚对制造业经济绩效、创新绩效和能源绩效的影响
及其区域差异与行业差异,以此对提出的研究假说进行实证检验,同
时探究了其中的内在机理。

8.1　研究结论

　　基于以上各章的研究,本书得出以下主要研究结论:
　　(1)理论分析表明:①产业集聚主要通过深化劳动分工和专业化
生产,获取竞争效应和协作效应,以及产生知识和技术溢出等方式来

促进制造业经济绩效水平的提升。并且，产业集聚会导致区域间制造业经济绩效水平的差异。同时，产业集聚带来的拥挤效应也会导致产生一连串不利于经济绩效水平提升的严重后果。此外，产业集聚对制造业经济绩效的影响与区域经济发展水平之间的关系会呈现出明显的倒"U"型曲线。②产业集聚主要通过促进科技创新成果的产生和推进科技创新成果的扩散等方式提升制造业静态创新绩效水平。并且，产业集聚主要通过减少制造业创新投入并有效增加制造业创新产出，从而提升制造业动态创新绩效水平。同时，产业集聚导致的同质化恶性竞争和知识产权保护意识不强，技术模仿和复制现象时有发生，对制造业静态创新绩效和动态创新绩效会产生的一定负向影响作用。③产业集聚主要通过带来劳动力、基础设施和信息共享，规模经济效应，以及知识和技术溢出等外部性有利于提升制造业能源绩效水平。同时，产业集聚导致的资源配置扭曲、能源低效利用，资源浪费，跨区域内污染物的叠加，能源损耗和环境破坏，以及政府政策失灵等会造成制造业整体能源绩效水平和环境绩效水平的降低。此外，产业集聚与制造业能源绩效（或环境绩效）之间也会呈现出明显的"U"型关系。

（2）产业集聚与制造业发展绩效的测算及其结果分析表明：①中国制造业产业集聚程度总体上呈现出不断提高的发展趋势，并逐渐形成了以东部沿海地区为中心，中部、东北、西部等地区为外围的制造业产业集聚模式；同时，中国制造业产业集聚程度不仅存在显著的区域差异：东部沿海地区明显高于其他地区，中部地区次之，东北地区再次之，西部地区最低，而且也存在明显的行业差异：制造业各细分行业之间产业集聚程度表现出较大差异。②制造业经济绩效水平总体上也呈现出不断上升的发展趋势，并且存在显著的区域差异。其中，天津、河北、山东等属于高劳动投入—高经济产出的地区，内蒙古、辽宁、吉林等属于低劳动投入—较高经济产出的地区，而浙江和福建等属于高劳动投入—较低经济产出的地区，江西和云南等则属于低劳动投入—低经济产出的地区。③制造业静态和动态创新绩效水平总体上均呈现出不断提升的发展趋势，并且在区域间的差异也十分突出。其中，东部地区制造业静态创新绩效水平远高于东北、中部和西部地区。北京、江苏、山东、广东等属于高创新投入—高创新产出的地区；辽宁、黑龙江、安徽、湖北、江西、湖南、河南属于较高创新投入—较高创新产出的地区；青海、陕西、贵州、四川、新疆、宁夏、甘肃、海南等属于低创新投入—较高创新产出的地区；天津、河北、浙江、福建等属于高创新投入—较低创新产出的地区；山西、云南、重庆、吉林、内蒙古等属于低创新投入—低创新产出的地区。④制造业能源绩效水平总体上也呈现出不断上升的发展趋势，并且，能源技术进步已经逐渐成为中国制造业能源绩效水平提升的主要驱动力，而制造业能源技术效率并未出现明显的"追赶效应"。同时，中国制造业能源绩效水平也存在明显的区域差异。在无环境约束下，北京、天津、上海、江苏、浙江、山东、广东等属于高能源投入—高经济产出的地区；内蒙古属于低能源投入—较高经济产出的地区；黑龙江、云南、宁夏、重庆、青海等属于低能源投入—低经济产出的地区。在环境约束下，高能源绩效的地区增加了海南，低能源绩效的地区则减少了云南、宁夏和青海。

（3）产业集聚对制造业经济绩效的影响研究表明：①在控制了人均资本投入、人力资本水平、对外开放制度、基础设施以及产业结构等条件下，产业集聚对制造业经济绩效的影响，总体上显著存在"威廉姆森假说"。且现阶段产业集聚仍然能够显著提升中国制造业经济绩效水平，即中国制造业由产业过度集聚向产业扩散的转移阶段尚未到来。②东部地区产业集聚对制造业经济绩效的影响，也显著存在"威廉姆森假说"，而中西部地区产业集聚对制造业经济绩效的影响，则不存在所谓的"威廉姆森假说"。现阶段东部地区制造业产业集聚仍然能够显著提升其经济绩效水平，并随着经济发展水平的提高而呈现出逐渐上升的发展趋势。同时，东部地区产业集聚对制造业经济绩效水平的促进作用显著大于中西部地区，结合当前中国东部地区制造业产业集聚程度和经济绩效水平明显高于中西部地区的事实，可以进一步推导出东部地区与中西部地区之间制造业经济绩效水平的差异将不断扩大。这就是说，现阶段，制造业产业集聚也会导致产业集聚区（中心区）与产业非集聚区（外围区）之间经济绩效水平差距的不断扩大。

③产业集聚对制造业经济绩效水平的影响也存在明显的行业差异：劳动密集型产业和资源密集型产业集聚对其经济绩效水平的影响，均显著存在"威廉姆森假说"，即存在产业过度集聚现象，而技术密集型产业中除了医药制造业存在一定的产业过度集聚现象，其余的行业均不存在产业过度集聚现象。也就是说，现阶段产业过度集聚现象主要存在于劳动密集型产业和资源密集型产业集聚中。④人均资本投入、人力资本水平、基础设施、产业结构对制造业经济绩效水平也具有一定的正向促进作用，而对外开放制度对制造业经济绩效水平则具有一定的负向挤出效应。

（4）产业集聚对制造业创新绩效的影响研究表明：①总体上，产业集聚均有利于促进制造业静态创新绩效水平和动态创新绩效水平的提升，并且主要是通过提高制造业技术效率来实现的。并且，科技人员投入、科技经费投入、外商直接投资和制度创新对制造业静态创新绩效也有一定的促进作用。此外，政府科技支持对制造业动态创新绩效也有显著的促进作用，且主要也是通过提升制造业技术效率来实现的；人力资本水平的提高虽然有助于促进制造业动态创新绩效提升，但对制造业技术效率和技术进步的促进作用却并不明显甚至有一定的挤出效应；制造业企业规模也能显著促进制造业动态创新绩效水平提升，并且这种促进作用主要是通过促进技术进步来实现的；外商直接投资不利于促进制造业动态创新绩效水平和技术效率提升以及技术进步；基础设施对制造业动态创新绩效及其分解指标的促进作用尚未显现。②产业集聚对制造业静态创新绩效和动态创新绩效及其分解指标的影响作用存在明显的区域差异。其中，东部地区高技术产业集聚对制造业静态创新绩效的促进作用明显大于中西部地区。东中西部地区产业集聚虽均有利于显著促进制造业动态创新绩效水平和技术效率提升，但是作用大小之间却存在一定的差异。③产业集聚对制造业静态创新绩效和动态创新绩效的影响作用也存在显著的行业差异。其中，多数机械电子制造业和轻纺制造业的产业集聚有利于提升制造业静态创新绩效，而部分资源加工制造业的产业集聚则在一定程度上抑制了制造业静态创新绩效水平的提高。此外，在轻纺制造业中，产业集聚能够显著提升制造业动态创新绩效水平和技术效率，而对制造业技术进步的影响系数虽为正却不显著；在资源加工制造业中，产业集聚也有利于显著促进制造业动态创新绩效水平和技术效率，但对制造业技术进步却存在一定的负向影响作用；在机械电子制造业中，除金属制品业的产业集聚对其技术进步的影响系数虽为正却不显著外，其余所有制造业细分行业的产业集聚均有利于显著提升其动态创新绩效水平和技术效率以及促进其技术进步。

（5）产业集聚对制造业能源绩效的影响研究表明：①首先，从全国总体来看，在控制了制造业经济发展水平、制造业企业规模、制造业外商直接投资、制造业产权结构和环境规制强度等条件时，无论在无环境约束下还是在环境约束下，产业集聚与制造业静态能源绩效和动态能源绩效及其分解指标（能源技术效率和能源技术进步）之间均存在明显的"U"型曲线关系。其次，制造业经济发展水平与静态能源绩效和动态能源绩效以及能源技术进步之间也会呈现出显著的"U"型关系，即"环境库兹涅茨假说"在中国制造业中显著存在，而与制造业能源技术效率之间却存在明显的倒"U"型曲线关系。再次，制造业企业规模和环境规制强度均有利于提升制造业静态能源绩效和动态能源绩效，验证了"熊彼特假说"和"波特假说"。此外，制造业外商直接投资和产权结构对制造业静态能源绩效和动态能源绩效均具有一定的负向影响作用，支持了"污染避难所"假说。②在无环境约束和环境约束两种情形下，产业集聚对制造业静态能源绩效和动态能源绩效及其分解指标的影响作用在中国东、中、西部地区之间均存在明显的差异。其中，在东部和中部地区，产业集聚均能显著提升制造业动态能源绩效和能源技术效率以及促进制造业能源技术进步，而在西部地区，产业集聚仅能显著提升制造业动态能源绩效和能源技术效率。③无论在无环境约束下还是在环境约束下，产业集聚对制造业静态能源绩效和动态能源绩效及其分解指标的影响作用均存在显著的行业差异。其中，在无环境约束下，轻度污染行业、中度污染行业和重度污染行业这三大类制造业细分行业的产业集聚均能够显著促进制造业静态能源绩效水平的提升，而在环境约束下，仅有轻度污染行业和部分中度污染行业（医药制造业、金属制品业、交通运输设备制造业）的产业集聚能够提升制造业静态能源绩效水平。此外，加入能源使用所导致的污染物排放后，造纸及纸制品业，石油加工、炼焦及核燃料加工业，化学原料及化学制品制造业等 3 个重度污染行业的产业集聚对制造业能源技术进步的影响作用将由正变负。

8.2 政策建议

基于上述研究结论，本书认为促进中国制造业提质增效、创新驱动、节能减排，从而提升中国制造业发展绩效水平问题可以采取以下两种途径：一是增强中国制造业集约型发展的内生动力，从而推动中国制造业由粗放型发展模式向集约型发展模式转变和增长方式由要素扩张型向效率增进型转变，具体措施包括：（1）鼓励产业集群式发展；（2）充分发挥科技创新的主引擎作用；（3）实施制造业产业错位发展战略；（4）加快调整和优化制造业产业结构；（5）深化制造业企业经济体制改革；（6）推动劳动力和资本跨区域流动。二是强化中国制造业发展绩效水平提升的外生机制，从而推进中国制造业由高速增长阶段转向高质量发展阶段，具体措施包括：（1）积极营造良好的产业集聚环境；（2）制定合理的差异性区域发展政策；（3）大力推进环境规制政策的有效落实。

因此，本书提出以下实现中国制造业发展绩效水平提升的政策建议。

8.2.1 鼓励产业集群式发展

虽然，产业集聚对制造业发展绩效存在显著的正向影响和负向影响，即产业集聚不仅有利于促进制造业发展绩效水平的提升，而且也会对制造业发展绩效水平产生一定的抑制作用。但是，现阶段中国制造业产业集聚所带来的正外部性（集聚收益）远高于其负外部性（拥挤成本），向心力（集聚力量）还明显大于离心力（分散力量），中国制造业由产业过度集聚向产业扩散的转移阶段尚未到来，即当前产业集聚仍然能够显著提升中国制造业发展绩效水平。因此，中国东部、中部、西部各地区应结合自身的资本积累、技术水平、产业基础、资源禀赋和区域特色，培育本地区具有比较优势的产业，鼓励产业集群式发展，从而提高产业集聚程度。特别是产业集聚程度相对较低的中西部地区，更应该培育本地区具有比较优势的产业，推进产业集群式发展，促进产业集聚程度的进一步提高，推动其由"U"型曲线的临界点从左侧向右侧跨越。在这些地区可以从以下两个方面来鼓励产业集群式发展：一是结合当地的工业基础和劳动力状况，重点培育本地特色产业，并制定丰厚的优惠政策，大力吸引本地所需的且相匹配的上下游产业，积极推进产业集群式发展，从而提高本地的产业集聚程度；二是以中国长三角、珠三角以及京津冀等制造业相对发达的东部沿海地区的产业转型升级为契机，详细制定合理的制造业产业转移政策，积极引导东部地区部分劳动密集型和资源密集型等边际产业向中西部地区梯度转移，因势利导，逐步推进中西部地区产业集群式发展，进而促进中西部地区产业集聚程度的提高。通过上面两种途径的综合作用，不仅有利于进一步提高全国整体的产业集聚程度，推动产业集聚程度向"U"型曲线临界点的右侧移动，进而促进中国制造业整体绩效水平的快速提升；而且也有利于为产业集聚程度较高并表现出一定的"拥挤效应"的东部地区集聚发展现代服务业，腾出一定的空间，并有效规避或减少产业过度集聚给制造业发展绩效水平所可能带来的负向影响作用，同时增强产业集聚中心区对外围区的辐射效应，减少区域间制造业经济绩效水平、创新绩效水平和能源绩效水平的差距，推动东中西部各地区制造业提质增效、创新驱动、节能减排等协调可持续发展。

8.2.2　充分发挥科技创新的主引擎作用

科技创新作为引领发展的第一动力，是建设现代化经济体系的战略支撑，是落实"两个阶段"战略安排与"两个一百年"奋斗目标实现中国梦的核心驱动，也是制造业实施创新驱动发展战略，促进产业结构转型升级的重要抓手。现阶段，科技创新已经逐渐成为制造业持续发展的新动能，促进制造业经济增长方式由"要素驱动""投资驱动"向"创新驱动"转变，从而实现从"中国制造"到"中国创造"，进而推进中国制造业建设成为引领世界制造业发展的制造强国，完成中国制造由大变强的战略任务，其中的关键主要在于制造业创新绩效水平的提升。因此，我国东中西部各地区不仅应以创新驱动为发展战略，通过科技创新寻找和培育新的制造业经济增长点，积极发挥智力库的引擎作用，从而推进产业结构优化和转型升级，大力转变制造业经济发展方式，促进制造业企业劳动、资本和能源等资源的合理高效配置，进而提高制造业发展过程中资源的利用效率，促进制造业产业提质增效。而且，还应充分发挥科技创新在节能减排中的主引擎作用。科技创新是制造业能源绩效提升的主要驱动力，推进制造业企业节能技术进步和能源科技创新成果转化应用，推动能源等要素配置效率提升，提高制造业能源的利用效率，减少污染物排放，从而改善制造业能源绩效，是促进我国经济可持续性增长、能源集约高效利用和环境污染程度降低等最为有效的途径。为此，一方面，我国各地区应以建设"创新型国家"为战略机遇和以实施创新驱动发展战略为强有力的契机，进一步完善能源领域的科技创新支持政策和优化科技创新环境，以专项资金、财税政策和创新扶持等多种形式，积极鼓励制造业企业在清洁能源开发和碳减排技术研发等领域进行技术引进、消化吸收、国际交流合作以及再创新，从而激活制造业企业的创新活力与潜能，加速能源技术创新，推动制造业整体节能技术的进步，提升制造业企业能源生产力水平，进而带动制造业企业生产效率的提升，降低能源需求和消耗，最终促进制造业企业能源绩效水平的提升；另一方面，我国各地区还应通过技术创新转换机制和技术创新交流平台搭建来加快制造业企业节能技术的溢出与扩散，从而进一步推动节能技术和碳减排技术的推广和传播，转变制造业企业整体能源利用模式，推进制造业企业能源科技创新成果的价值提升和转化应用，进而为制造业企业带来先进的工艺设备、生产技术以及管理经验，最终提升制造业企业的能源利用效率和减少环境污染。

8.2.3 实施制造业产业错位发展战略

中国东部、中部以及西部各地区应根据自身的制造业产业基础、资源禀赋和地区特色，发挥地区比较优势，实施合理的区域制造业产业发展战略。一方面，中国东部地区具有人力资本优势、技术优势、资金优势等条件，也具有较好的产业基础和区位优势，所以，东部地区可以大力发展技术密集型产业；中部、西部地区可以依靠劳动力、资源等优势，积极发展劳动密集型产业和资源密集型产业，当然条件较好的中部、西部地区也可以根据自身优势，适宜发展技术密集型产业。另一方面，中国东部地区也可以借助自身的资本积累、技术水平、产业基础、资源禀赋和地域优势，大力发展机械电子制造业；而中西部地区可以依靠丰富的自然资源和丰厚的劳动力资源、低廉的劳动力和土地成本等优势，积极发展轻纺制造业，当然条件较好的中部和西部地区也可以根据自身的区域特色，适当发展机械电子制造业。

8.2.4 加快调整和优化制造业产业结构

机械电子制造业和轻纺制造业的产业集聚有利于促进创新绩效水平的提升，而部分资源加工制造业的产业集聚则对创新绩效有一定的负向影响。并且，目前我国大多数重度污染行业仍属于能源依赖性和高耗能高污染高排放低效率产业，能源消耗强度过高，而经济效益创造能力又过低以及所导致的污染物排放也得不到有效的控制与治理，从而在一定程度上制约了能源技术的革新和改进。因此，一方面，我国产业规划部门和政府部门应当制定合理的制造业发展战略，进一步调整和优化制造业产业结构，适当增加机械电子制造业和轻纺制造业的比重，减少资源加工制造业的比重，大力推进制造业产业转型升级，积极推动制造业技术效率提高和技术进步，从而提升制造业整体创新绩效。另一方面，我国各地区应积极推进制造业产业内部结构的优化调整，坚持走新型工业化道路，不仅重点围绕传统高耗能高污染高排放低效率制造业产业的改造和提升，进一步推动信息技术在传统制造业产业中集成与应用，以节能减排作为工业化与信息化融合的重要切入点之一，积极推动信息技术、资源综合利用技术和能源节约技术以及环境友好技术等融合发展，从而促进可持续、低能耗、低排放和可循环的制造业产业结构与生产方式的形成；而且也重点发展产品附加值高和能源消耗强度低以及环境污染程度低的高技术产业，进一步着力构建"资源节约型"和"环境友好型"制造业产业体系，加快"生态文明"建设和推进"绿色制造"，从而促进制造业产业转型升级，进而推动我国制造业实现经济可持续性发展、能源集约高效利用和环境污染程度降低的多赢。

8.2.5 深化制造业企业经济体制改革

当前，中国东中西部各地区制造业企业的国有控股比重较高，而国有控股企业生产效率往往也较低下，从而导致其单位产出的资本、劳动和能源等投入大幅增加，进而加大资源消耗，不利于制造业整体绩效水平的提升。因此，一方面，中国东中西部各地区的重点应是不断健全和完善适应发展社会主义市场经济的各方面体制，加快深化制造业企业经济体制改革和市场体系调整，努力突破影响制造业企业生产力发展和科技创新发展的体制性障碍，从而不仅为制造业企业创造一个有利于科技创新的良好氛围，而且也为制造业企业生产力发展和科技创新发展提供持久的动力，进而形成有利于科技创新成果转化的体制与机制，推动中国制造业企业经济的不断向前发展和技术效率不断提高以及技术不断取得进步，最终促进制造业整体绩效水平的有效提升。另一方面，中国东中西部各地区还应积极深化制造业企业经济体制改革，进一步优化制造业企业产权结构，大力加快制造业企业所有制改革，适当增加制造业企业中非公有制经济的比重，从而激活制造业企业的生产和创新积极性，进而提升中国制造业企业绩效水平。

8.2.6 推动劳动力和资本跨区域流动

首先，在制造业由产业过度集聚向产业扩散的转移阶段尚未到来之前，中国区域制造业经济协调发展的着重点不应该是平衡区域制造业经济活动的空间分布，而是应侧重于尽量消除阻碍制造业产业空间集聚和区域经济一体化的制度因素，鼓励和推动劳动力和资本的跨区域合理流动，从而实现制造业经济生产活动在空间地理上集中，但发展水平趋同。其次，中国东中西部各地区应积极融入全国乃至世界市场中去，大力推动劳动力和资本跨区域合理流动，进一步加大开放的力度，变被动开放为主动开放，并充分利用地缘优势，加大沿边、沿江地区的开放力度，积极参与国际分工，加强国际经济技术交流与合作，进一步拓展国际市场，提高本地区制造业企业的市场份额，从而提高中国制造业企业整体的经济绩效水平。再次，也应借助劳动力和资本跨区域的流动，进一步加快本地区制造业企业引进国外的先进技术和管理经验，并通过示范—模仿效应、技术人员流动、竞争效应和联系效应等渠道，获取更多的隐性知识和技术外溢，进而推动制造业企业技术效率的提高和技术进步，促进中国制造业整体创新绩效水平和能源绩效水平的有效提升。此外，还应通过社会—企业—大学的有机结合，采取诸如社会办大学、企业办大学以及产学研等多种方式推动人才和资本跨区域合理流动，从而提高制造企业人力资本水平和科技经费投资，促进制造业企业劳动者的素质提升和研发资金投入增加，进而提升中国制造业企业整体的绩效水平。

8.2.7　积极营造良好的产业集聚环境

良好的产业集聚环境是促进制造业产业集聚程度提高，从而产生显著的产业集聚效应，进而提升制造业经济绩效水平、创新绩效水平和能源绩效水平的关键所在。因此，一方面，我国东中西部各地区应进一步加快新型工业化和城镇化的建设步伐，大力发展交通基础设施、信息技术基础设施和相关配套设施，为制造业产业集群式发展提供良好的环境；另一方面，东中西各地区也应充分发挥市场的决定性作用，建立健全完善的市场经济体系，大力减少政府对产业发展的干预行为和改善干部考核机制，通过科学合理的布局规划，加快调整和优化制造业产业布局，积极培育本地区优势产业和适当转移比较劣势产业，为地区集聚发展比较优势产业腾出一定的空间，从而提高地区制造业整体产业集聚程度，进而产生结构优化效应和知识与技术溢出效应；

此外，东中西各地区还应积极倡导良性竞争的产业集聚环境。当前，我国制造业仍处于全球价值链的中低端，市场竞争无序并且较不规范，甚至存在过度竞争的现象，从而一定程度上抑制了产业集聚效应的发挥。因此，必须进一步控制产业竞争，通过完善知识产权和专利保护等政策的制定，为本地区制造业营造出良性竞争的产业集聚环境。

8.2.8 制定合理的差异性区域发展政策

针对中国东、中、西部制造业产业集聚程度和制造业发展绩效水平存在显著的区域差异的情况，国家产业规划部门和相关政府部门应当制定合理的差异性区域发展政策。一方面，根据中国东部区域制造业集聚程度和制造业发展绩效水平明显高于中西部地区的特点，在制定中国制造业区域发展政策时，东部产业集聚中心区应以创新引领作为其核心发展目标，大力发展"总部经济"或"集团经济"，并适当推进以金融业为龙头的现代服务业等相关配套或上下游产业发展，同时充分发挥东部产业集聚中心区比中西部产业集聚外围区更接近市场的比较优势，努力把中西部外围区打造成制造业专业服务地区。另一方面，进一步加强对中西部产业集聚外围地区实施政策倾斜和加大政策扶持力度，为其提供足够的资金、技术、人才等方面的支持，立足于加强交通、邮电、通信、物流等基础设施建设，进一步加大对中西部产业集聚外围区的投资力度，将其努力打造成完善的制造业产业承接基地，并在国家发展战略的指导下，及时制定相应的优惠政策和配套措施，积极整顿市场秩序，尽量减少政府这只"无形的手"对市场的干预，为促进中西部外围区制造业产业空间集聚程度的提高创造良好的投资政策环境，从而吸引人才、资金、技术的流入和汇聚，进而进一步提高中西部外围区制造业产业集聚程度。同时，还应积极制定合理的产业转移政策，促使中西部产业集聚外围区尽快融入东部产业集聚中心区，充分吸收东部中心区知识或技术的溢出与扩散所带来的辐射效应，并突破区域经济活动中所存在的各种人为设置的壁垒，进一步加强区域间经济交流与合作，推进区域经济空间联动发展，从而有效推动中西部产业集聚外围区制造业经济跨越式发展，逐渐缩小与东部产业集聚中心区之间的差距，进而促进东中西部各区域制造业发展绩效水平快速协调可持续提高。

8.2.9 大力推进环境规制政策的有效落实

适当的环境规制能够有效刺激被规制的制造业企业在变动约束条件下，进一步优化资源配置效率和改进技术水平，激发"创新补偿"效应，从而不仅可以弥补制造业企业的"遵循成本"，还能有效提升制造业企业的生产率，进而促进制造业企业能源绩效提升。并且，重度污染行业的产业集聚在一定程度上也会制约制造业能源绩效水平的提升。因此，一方面，中央政府应当加强对地方政府的环境约束和环境监管，矫正地方政府片面追求经济增长的短视行为，并及时根据客观情况为各地区环境保护和污染治理制定更具针对性的考核目标，促使地方政府在发展经济的同时加大对环境保护和污染治理的力度，倒逼被规制的制造业企业进行生产技术变革和治污技术创新，从而促进制造业企业能源利用效率的提升和污染排放量的减少，进而实现我国经济增长和节能减排的双赢。另一方面，我国各地区在进一步提高环境规制强度的基础上，还应大力推进环境规制政策的有效落实，从而使得环境规制不仅成为约束制造业企业减少污染物排放的重要举措，而且也通过环境规制来适当提高某些污染程度较高的制造业企业，特别是重度污染制造业企业，进入本地区市场的门槛。不仅对凡是达不到环境规制所要求的污染物排放标准的制造业企业一律不允许进入，而且也对本地区达不到环境规制对污染物排放标准的制造业企业责以限期整改整顿，否则将要面临退出本地区市场的风险，进而形成一种由环境规制引导的制造业企业优胜劣汰机制，充分发挥环境规制对制造业能源绩效提升的积极推进作用。

参 考 文 献

[1] [德] 阿尔弗雷德·韦伯. 工业区位论 [M]. 李刚剑，陈志人，张英保译. 北京：商务印书馆，1997.

[2] 安士伟，刘珂，万三敏. 区域产业集聚度演变及对承接产业转移的启示——以河南省为例 [J]. 地域研究与开发，2013，32 (4)：54 - 58.

[3] 白俊红. 企业规模、市场结构与创新效率——来自高技术产业的经验证据 [J]. 中国经济问题，2011 (5)：65 - 78.

[4] 白俊红，卞元超. 政府支持是否促进了产学研协同创新 [J]. 统计研究，2015，32 (11)：43 - 50.

[5] 白俊红，蒋伏心. 协同创新、空间关联与区域创新绩效 [J]. 经济研究，2015 (7)：174 - 187.

[6] 蔡铂，聂鸣. 社会网络对产业集群技术创新的影响 [J]. 科学学与科学技术管理，2003 (7)：57 - 60.

[7] 蔡昉. 人口转变、人口红利与刘易斯转折点 [J]. 经济研究，2010 (4)：4 - 13.

[8] 蔡敬梅. 产业集聚对劳动生产率的空间差异影响 [J]. 当代经济科学，2013，35 (6)：25 - 32，122 - 123.

[9] 曹勇，赵莉. 专利获取、专利保护、专利商业化与技术创新绩效的作用机制研究 [J]. 科研管理，2013，34 (8)：42 - 52.

[10] 柴志贤. 产业集聚对区域技术创新的影响：理论、机理与实证研究 [D]. 杭州：浙江大学博士学位论文，2008.

[11] 陈德敏，张瑞. 环境规制对中国全要素能源效率的影响——基于省际面板数据的实证检验 [J]. 经济科学，2012 (4)：49 - 65.

[12] 陈建军，陈国亮，黄洁. 新经济地理学视角下的生产性服务

业集聚及其影响因素研究——来自中国 222 个城市的经验证据 [J]. 管理世界, 2009 (4): 83 - 95.

[13] 陈劲, 梁靓, 吴航. 开放式创新背景下产业集聚与创新绩效关系研究——以中国高技术产业为例 [J]. 科学学研究, 2013, 31 (4): 623 - 629.

[14] 成金华, 李世祥. 结构变动、技术进步以及价格对能源效率的影响 [J]. 中国人口·资源与环境, 2010, 20 (4): 35 - 42.

[15] 成力为, 孙玮, 王九云. 引资动机、外资特征与我国高技术产业自主创新效率 [J]. 中国软科学, 2010 (7): 45 - 57, 164.

[16] 陈良文, 杨开忠. 产业集聚、市场结构与生产率——基于中国省份制造业面板数据的实证研究 [J]. 地理科学, 2008, 28 (3): 325 - 330.

[17] 陈良文, 杨开忠, 沈体雁, 王伟. 经济集聚密度与劳动生产率差异——基于北京市微观数据的实证研究 [J]. 经济学 (季刊), 2008, 8 (1): 99 - 114.

[18] 陈玲, 赵国春. 地方政府环境规制对全要素能源效率影响——基于新疆面板数据的实证研究 [J]. 干旱区资源与环境, 2014, 28 (8): 7 - 13.

[19] 陈胜军. 周边绩效理论与实践 [M]. 北京: 对外经济贸易大学出版社, 2007.

[20] 陈诗一. 能源消耗、二氧化碳排放与中国工业的可持续发展 [J]. 经济研究, 2009, 44 (4): 41 - 55.

[21] 陈晓红, 周智玉. 基于规模报酬可变假设的城市环境绩效评价及其成因分解 [J]. 中国软科学, 2014 (10): 121 - 128.

[22] 陈心颖. 人口集聚对区域劳动生产率的异质性影响 [J]. 人口研究, 2015, 39 (1): 85 - 95.

[23] 陈媛媛, 李坤望. FDI 对省际工业能源效率的影响 [J]. 中国人口·资源与环境, 2010, 20 (6): 28 - 33.

[24] 陈钊, 陆铭. 在集聚中走向平衡——中国城乡与区域经济协调发展的实证研究 [M]. 北京: 北京大学出版社, 2009.

［25］程大中，陈福炯．中国服务业相对密集度及对其劳动生产率的影响［J］．管理世界，2005（2）：77－84.

［26］程开明，李金昌．中国城市化与技术创新关联性的动态分析［J］．科学学研究，2008，26（3）：666－672.

［27］程中华，李廉水，刘军．产业集聚有利于能源效率提升吗［J］．统计与信息论坛，2017，32（3）：70－76.

［28］迟景明，任祺．基于赫芬达尔－赫希曼指数的我国高校创新要素集聚度研究［J］．大连理工大学学报（社会科学版），2016，37（4）：5－9.

［29］褚玉春，刘建平．债务融资对制造业经营绩效的影响效应研究——基于广义矩法估计的动态面板数据分析［J］．数量经济技术经济研究，2009（9）：79－91.

［30］丁潇潇，黄繁华．异质型人力资本、产业集聚与服务业劳动生产率［J］．科技与经济，2014，28（2）：66－70.

［31］董锋，谭清美，周德群，李晓晖．技术进步、产业结构和对外开放程度对中国能源消费量的影响——基于灰色关联分析－协整检验两步法的实证［J］．中国人口·资源与环境，2010，20（6）：22－27.

［32］段会娟，梁琦．知识溢出关联与产业集聚［J］．软科学，2009，23（11）：9－12.

［33］范丹，王维国．基于低碳经济的中国工业能源绩效及驱动因素分析［J］．资源科学，2013，35（9）：1790－1800.

［34］范剑勇．产业集聚与地区间劳动生产率差异［J］．经济研究，2006（11）：72－81.

［35］范剑勇．市场一体化、地区专业化与产业集聚趋势——兼谈对地区差距的影响［J］．中国社会科学，2004（6）：39－51.

［36］范剑勇，石灵云．产业外部性、企业竞争环境与劳动生产率［J］．管理世界，2009（8）：65－72，187.

［37］范凌钧，陈燕儿．政府 R&D 资助对高技术产业技术效率的影响研究［J］．运筹与管理，2014，23（4）：246－253.

［38］范群林，邵云飞，唐小我．环境政策、技术进步、市场结

构对环境技术创新影响的实证研究 [J]. 科研管理, 2013, 34 (6):
68 – 76.

[39] 范如国, 孟雨兴. FDI 技术溢出对能源效率影响的区域差异
分析——基于吸收能力的视角 [J]. 技术经济, 2015, 34 (4): 30 –
36, 72.

[40] 冯伟, 徐康宁, 邵军. 基于本土市场规模的产业创新机制及
实证研究 [J]. 中国软科学, 2014 (1): 55 – 67.

[41] 冯志军, 陈伟. 技术来源与研发创新全要素生产率增长——
基于中国地区大中型工业企业的实证研究 [J]. 科学学与科学技术管
理, 2013, 34 (3): 33 – 41.

[42] 高志刚, 尤济红. 环境规制强度与中国全要素能源效率研究
[J]. 经济社会体制比较, 2015 (6): 111 – 123.

[43] 龚毅, 刘海廷. 技术创新、产业集聚与区域经济增长的关联
研究 [J]. 郑州工业学院学报 (社会科学版), 2011, 12 (3): 85 – 88.

[44] 郭庆旺, 贾俊雪. 中国全要素生产率的估算: 1979 ~ 2004
[J]. 经济研究, 2005 (6): 51 – 60.

[45] 郭文. 环境规制影响区域能源效率的阀值效应 [J]. 软科
学, 2016, 30 (11): 61 – 65.

[46] 郭迎锋, 顾炜宇, 乌天玥, 等. 政府资助对企业 R&D 投入
的影响——来自我国大中型工业企业的证据 [J]. 中国软科学, 2016
(3): 162 – 174.

[47] 韩峰, 冯萍, 阳立高. 中国城市的空间集聚效应与工业能源
效率 [J]. 中国人口·资源与环境, 2014, 24 (5): 72 – 79.

[48] 韩峰, 柯善咨. 城市就业密度、市场规模与劳动生产率——
对中国地级及以上城市面板数据的实证分析 [J]. 城市与环境研究,
2015 (1): 51 – 70.

[49] 韩晶. 中国高技术产业创新效率研究——基于 SFA 方法的实
证分析 [J]. 科学学研究, 2010, 28 (3): 467 – 472.

[50] 韩庆潇, 查华超, 杨晨. 中国制造业集聚对创新效率影响的
实证研究——基于动态面板数据的 GMM 估计 [J]. 财经论丛, 2015

（4）：3－10.

[51] 何骏. 产业集聚区将助推我国技术创新加快发展 [J]. 科技管理研究, 2008（7）：187－189.

[52] 孔群喜, 彭骥鸣, 孙苏阳. FDI 与东道国企业的能源效率——以江苏高新技术企业为例 [J]. 产业经济研究, 2011（5）：79－85.

[53] 洪进, 洪嵩, 赵定涛. 技术政策、技术战略与创新绩效研究——以中国航空航天器制造业为例 [J]. 科学学研究, 2015, 33（2）：195－204, 241.

[54] 洪进, 余文涛, 赵定涛. 创意阶层空间集聚与区域劳动生产率差异——基于中国省际面板数据的分析 [J]. 财经研究, 2011, 37（7）：92－102.

[55] 黄解宇, 孙维峰, 杨朝晖. 创新的就业效应分析——基于中国上市公司微观数据的实证研究 [J]. 中国软科学, 2013（11）：161－169.

[56] 黄金川, 林浩曦, 陈明. 2000～2013 年中国城市群经济绩效动态实证分析——基于 DEA 和 Malmquist 生产率指数法 [J]. 地理科学进展, 2017, 36（6）：685－696.

[57] 黄坡, 陈柳钦. 产业集群与企业技术创新 [J]. 武汉科技大学学报（社会科学版）, 2006, 8（6）：26－32.

[58] 黄中伟. 产业集群的网络创新机制和绩效 [J]. 经济地理, 2007, 27（1）：47－51.

[59] 惠炜, 韩先锋. 生产性服务业集聚促进了地区劳动生产率吗? [J]. 数量经济技术经济研究, 2016（10）：37－56.

[60] 纪玉俊, 赵娜. 产业集聚有利于提高能源效率吗?——基于产业集聚度与对外开放水平的门槛回归模型检验 [J]. 北京理工大学学报（社会科学版）, 2016, 18（4）：19－27.

[61] 姜磊, 季民河. 基于空间异质性的中国能源消费强度研究——资源禀赋、产业结构、技术进步和市场调节机制的视角 [J]. 产业经济研究, 2011（4）：61－70.

［62］柯善咨，姚德龙. 工业集聚与城市劳动生产率的因果关系和决定因素——中国城市的空间计量经济联立方程分析［J］. 数量经济技术经济研究，2008（12）：3–14.

［63］雷玉桃，黄丽萍. 中国工业用水效率及其影响因素的区域差异研究——基于 SFA 的省际面板数据［J］. 中国软科学，2015（4）：155–164.

［64］李大为. 区域产业集聚技术创新机理及其效应分析——基于工业与高技术产业的视角［D］. 天津：南开大学博士学位论文，2012.

［65］李国璋，霍宗杰. 中国全要素能源效率、收敛性及其影响因素——基于1995~2006年省际面板数据的实证分析［J］. 经济评论，2009（6）：101–109.

［66］黎继子，刘春玲，邹德文. 产业集中、集群式供应链组织衍续和技术创新——以"武汉·中国光谷"光电子产业为例［J］. 财经研究，2006，32（7）：41–52.

［67］李君华. 学习效应、拥挤性、地区的分工和集聚［J］. 经济学（季刊），2009，8（3）：787–812.

［68］李锴，齐绍洲. 贸易开放、经济增长与中国二氧化碳排放［J］. 经济研究，2011（11）：60–72.

［69］李凯，任晓艳，向涛. 产业集群效应对技术创新能力的贡献——基于国家高新区的实证研究［J］. 科学学研究，2007，25（3）：448–452.

［70］李兰冰. 中国能源绩效的动态演化、地区差距与成因识别——基于一种新型全要素能源生产率变动指标［J］. 管理世界，2015（11）：40–52.

［71］李廉水，程中华，刘军. 中国制造业"新型化"及其评价研究［J］. 中国工业经济，2015（2）：63–75.

［72］李廉水，杜占元. 中国制造业发展研究报告2004［M］. 北京：科学出版社，2004.

［73］李廉水，杜占元. "新型制造业"的概念、内涵和意义［J］. 科学学研究，2005，23（2）：184–187.

［74］李廉水，杨浩昌，刘军．我国区域制造业综合发展能力评价研究——基于东、中、西部制造业的实证分析［J］．中国软科学，2014（2）：121－129.

［75］李廉水，周彩红，刘军．中国制造业发展研究报告 2012［M］．北京：科学出版社，2012.

［76］李廉水，周彩红，刘军．中国制造业发展研究报告 2013［M］．北京：科学出版社，2013.

［77］李廉水，周勇．技术进步能提高能源效率吗？——基于中国工业部门的实证检验［J］．管理世界，2006（10）：82－89.

［78］李廉水，周勇．中国制造业"新型化"状况的实证分析——基于我国 30 个地区制造业评价研究［J］．管理世界，2005（6）：76－81，88，172.

［79］李培楠，赵兰香，万劲波．创新要素对产业创新绩效的影响——基于中国制造业和高技术产业数据的实证分析［J］．科学学研究，2014，32（4）：604－612.

［80］李思慧．产业集聚、人力资本与企业能源效率——以高新技术企业为例［J］．财贸经济，2011（9）：128－134.

［81］李涛．资源约束下中国碳减排与经济增长的双赢绩效研究——基于非径向 DEA 方法 RAM 模型的测度［J］．经济学（季刊），2013，12（2）：667－692.

［82］李伟娜．产业集聚、环境效率与雾霾治理——以美国制造业为例［J］．现代管理科学，2016（1）：85－87.

［83］李伟娜，徐勇．制造业集聚、环境技术效率与节能减排［J］．经济管理，2013，35（9）：1－12.

［84］李政，杨思莹，何彬．FDI 抑制还是提升了中国地区创新效率？——基于省际空间面板模型的分析［J］．经济管理，2017，39（4）：6－19.

［85］连飞．工业集聚与劳动生产率的空间计量经济分析——来自我国东北 34 个城市的经验证据［J］．中南财经政法大学学报，2011（1）：108－114，144.

［86］梁琦. 中国工业的区位基尼系数——兼论外商直接投资对制造业集聚的影响［J］. 统计研究，2003（9）：21 – 25.

［87］刘秉镰，李清彬. 中国城市全要素生产率的动态实证分析：1990~2006——基于 DEA 模型的 Malmquist 指数方法［J］. 南开经济研究，2009（3）：139 – 152.

［88］刘秉镰，武鹏，刘玉海. 交通基础设施与中国全要素生产率增长——基于省域数据的空间面板计量分析［J］. 中国工业经济，2010（3）：54 – 64.

［89］刘光岭，卢宁. 全要素生产率的测算与分解：研究述评［J］. 经济学动态，2008（10）：79 – 82.

［90］刘浩. 高新技术产业集聚促进区域技术创新的理论与实证研究［D］. 武汉：武汉理工大学博士学位论文，2011.

［91］刘和东. 中国地区研发效率及其影响因素研究——基于随机前沿函数的实证分析［J］. 科学学研究，2011，29（4）：548 – 556.

［92］刘军. 产业聚集的福利效应与中国区域福利均等化政策研究［M］. 北京：科学出版社，2015.

［93］刘军. 产业聚集与中国区域经济非均衡发展研究［D］. 南京：东南大学博士学位论文，2009.

［94］刘军，李廉水，王忠. 产业聚集对区域创新能力的影响及其行业差异［J］. 科研管理，2010，31（6）：191 – 198.

［95］刘军，邵军. 技术差距与外资的溢出效应：基于分位数回归的分析［J］. 国际商务——对外经济贸易大学学报，2011（3）：82 – 89.

［96］刘军，徐康宁. 产业聚集、经济增长与地区差距——基于中国省级面板数据的实证研究［J］. 中国软科学，2010（7）：91 – 102.

［97］刘军，杨浩昌. 产业聚集对制造业就业的影响及其地区差异——基于中国省级面板数据的实证分析［J］. 经济问题探索，2015（11）：79 – 87.

［98］刘军，杨浩昌，李廉水. 产业聚集对技术创新能力的影响及其区域差异［J］. 中国科技论坛，2015（6）：65 – 69.

［99］刘日星，胡大立，谌飞龙．企业集群网络的形成逻辑与集群网络构建路径分析［J］．商业研究，2006（5）：12 - 13.

［100］刘修岩．集聚经济、公共基础设施与劳动生产率——来自中国城市动态面板数据的证据［J］．财经研究，2010，36（5）：91 - 101.

［101］刘修岩．集聚经济与劳动生产率：基于中国城市面板数据的实证研究［J］．数量经济技术经济研究，2009（7）：109 - 119.

［102］刘修岩．空间效率与区域平衡：对中国省级层面集聚效应的检验［J］．世界经济，2014（1）：55 - 80.

［103］刘修岩，殷醒民．空间外部性与地区工资差异：基于动态面板数据的实证研究［J］．经济学（季刊），2008，8（1）：77 - 98.

［104］刘易斯．经济增长理论［M］．北京：商务印书馆，1996.

［105］刘勇．产业集聚对我国区域创新的影响机制及实证研究［D］．武汉：华中科技大学博士学位论文，2013.

［106］刘智勇，胡永远．人力资本、要素边际生产率与地区差异——基于全要素生产率视角的研究［J］．中国人口科学，2009（3）：21 - 31.

［107］罗明新，马钦海，胡彦斌．政治关联与企业技术创新绩效——研发投资的中介作用研究［J］．科学学研究，2013，31（6）：938 - 947.

［108］罗勇，曹丽莉．中国制造业集聚程度变动趋势实证研究［J］．经济研究，2005（8）：106 - 115，127.

［109］马方，王铁山，郭得力，等．中国服务外包产业集聚与协同创新研究——以软件与信息服务外包企业为例［J］．经济问题探索，2012（7）：63 - 68.

［110］马林，章凯栋．外商直接投资对中国技术溢出的分类检验研究［J］．世界经济，2008（7）：78 - 87.

［111］［英］马歇尔．经济学原理［M］．廉运杰译．北京：华夏出版社，2005.

［112］孟丁，钟祖昌．产业集聚的生产率效应及行业差异——基

于中国工业行业的实证分析 [J]. 求索, 2013 (8): 39 - 41.

[113] 牛冲槐, 张帆, 封海燕. 科技型人才聚集、高新技术产业聚集与区域技术创新 [J]. 科技进步与对策, 2012 (15): 46 - 51.

[114] 彭光顺. 网络结构特征对企业创新与绩效的影响研究 [D]. 广州: 华南理工大学博士学位论文, 2010.

[115] 彭剑锋. 人力资源管理概论 [M]. 上海: 复旦大学出版社, 2004.

[116] 彭文慧. 社会资本、产业集聚与区域工业劳动生产率空间差异 [J]. 经济学动态, 2013 (11): 52 - 57.

[117] 彭向, 蒋传海. 产业集聚、知识溢出与地区创新——基于中国工业行业的实证检验 [J]. 经济学 (季刊), 2011, 10 (3): 913 - 934.

[118] 戚湧, 郭逸. 基于 SFA 方法的科技资源市场配置效率评价 [J]. 科研管理, 2015, 36 (3): 84 - 91.

[119] 戚聿东. 中国产业集中度与经济绩效关系的实证分析 [J]. 管理世界, 1998 (4): 99 - 106.

[120] 齐志新, 陈文颖, 吴宗鑫. 工业轻重结构变化对能源消费的影响 [J]. 中国工业经济, 2007 (2): 35 - 42.

[121] 钱学锋, 黄玖立, 黄云湖. 地方政府对集聚租征税了吗? ——基于中国地级市企业微观数据的经验研究 [J]. 管理世界, 2012 (2): 19 - 29, 187.

[122] 乔彬, 李国平, 杨妮妮. 产业聚集测度方法的演变和新发展 [J]. 数量经济技术经济研究, 2007 (4): 124 - 133, 161.

[123] 乔海曙, 胡文艳, 钟为亚. 专业化、多样化产业集聚与能源效率——基于中国省域制造业面板数据的实证研究 [J]. 经济经纬, 2015, 32 (5): 85 - 90.

[124] 任英华, 邱碧槐. 现代服务业空间集聚特征分析——以湖南省为例 [J]. 经济地理, 2010, 30 (3): 454 - 459.

[125] 阮国祥, 毛荐其, 马立强. 员工即兴行为对个体创新绩效作用机制的跨层次研究——基于新能源创业企业的实证 [J]. 中国软科

学, 2015 (1): 108-117.

[126] 沈能. 工业集聚能改善环境效率吗?——基于中国城市数据的空间非线性检验 [J]. 管理工程学报, 2014, 28 (3): 57-63, 10.

[127] 师博, 沈坤荣. 城市化、产业集聚与 EBM 能源效率 [J]. 产业经济研究, 2012 (6): 10-16, 67.

[128] 师博, 沈坤荣. 政府干预、经济集聚与能源效率 [J]. 管理世界, 2013 (10): 6-18, 187.

[129] 史丹. 我国经济增长过程中能源利用效率的改进 [J]. 经济研究, 2002 (9): 49-56, 94.

[130] 史丹, 吴利学, 傅晓霞, 吴滨. 中国能源效率地区差异及其成因研究——基于随机前沿生产函数的方差分解 [J]. 管理世界, 2008 (2): 35-43.

[131] 石灵云. 产业集聚、外部性与劳动生产率——来自中国制造业四位数行业的证据 [D]. 上海: 复旦大学博士学位论文, 2008.

[132] 师萍, 韩先锋, 周凡馨, 宋文飞. 中国研发创新全要素生产率增长特征及空间差异分析 [J]. 科学学与科学技术管理, 2011, 32 (1): 35-39, 72.

[133] 宋炜, 周勇. 城镇化、收入差距与全要素能源效率——基于 2000~2014 年省级面板数据的经验分析 [J]. 经济问题探索, 2016 (10): 28-35.

[134] 宋洋. 基于劳动生产率的中国服务业产业集聚效应研究 [J]. 辽宁工业大学学报 (自然科学版), 2011, 31 (1): 64-70.

[135] 苏红键, 魏后凯. 密度效应、最优城市人口密度与集约型城镇化 [J]. 中国工业经济, 2013 (10): 5-17.

[136] 苏楠, 宋来胜. FDI、产业集聚结构和行业创新绩效——基于制造业 13 个分行业面板数据的 GMM 分析 [J]. 经济与管理, 2013, 27 (7): 92-97.

[137] 孙浦阳, 韩帅, 许启钦. 产业集聚对劳动生产率的动态影响 [J]. 世界经济, 2013 (3): 33-53.

[138] 孙文杰，沈坤荣．人力资本积累与中国制造业技术创新效率的差异性 [J]．中国工业经济，2009（3）：81 - 91.

[139] 孙晓华，王昀．企业规模对生产率及其差异的影响——来自工业企业微观数据的实证研究 [J]．中国工业经济，2014（5）：57 - 69.

[140] 孙晓华，王昀，郑辉．R&D 溢出对中国制造业全要素生产率的影响——基于产业间、国际贸易和 FDI 三种溢出渠道的实证检验 [J]．南开经济研究，2012（5）：18 - 35.

[141] 孙焱林，温湖炜，周凤秀．省域异质性视角下中国能源绩效的测算与分析 [J]．干旱区资源与环境，2016，30（12）：8 - 13.

[142] 唐德才，李廉水，杜凯．基于资源约束的中国制造业 ASD 评价 [J]．管理工程学报，2007，21（4）：125 - 131.

[143] 滕玉华，刘长进．外商直接投资的 R&D 溢出与中国区域能源效率 [J]．中国人口·资源与环境，2010，20（8）：142 - 147.

[144] 田银华，贺胜兵，胡石其．环境约束下地区全要素生产率增长的再估算：1998~2008 [J]．中国工业经济，2011（1）：47 - 57.

[145] 童馨乐，杨向阳，陈媛．中国服务业集聚的经济效应分析：基于劳动生产率视角 [J]．产业经济研究，2009（6）：30 - 37.

[146] [美] 诺思．制度、制度变迁与劳动生产率 [M]．杭行译．上海：格致出版社，上海三联书店，上海人民出版社，2014.

[147] 王兵，吴延瑞，颜鹏飞．环境管制与全要素生产率增长：APEC 的实证研究 [J]．经济研究，2008（5）：19 - 32.

[148] 王兵，吴延瑞，颜鹏飞．中国区域环境效率与环境全要素生产率增长 [J]．经济研究，2010，45（5）：95 - 109.

[149] 王超．财政科技支出绩效内涵研究 [J]．经济研究导刊，2011（4）：12 - 13.

[150] 王琛，林初昇，戴世续．产业集群对技术创新的影响——以电子信息产业为例 [J]．地理研究，2012，31（8）：1375 - 1386.

[151] 王凤荣，苗妙．税收竞争、区域环境与资本跨区流动——基于企业异地并购视角的实证研究 [J]．经济研究，2015（2）：16 -

30.

[152] 王海宁, 陈嫒嫒. 产业集聚效应与工业能源效率研究——基于中国 25 个工业行业的实证分析 [J]. 财经研究, 2010, 36 (9): 69 - 79.

[153] 王洪光. 产业集聚与经济增长: 一个含有移民和中间产品革新的模型 [J]. 南方经济, 2007 (5): 22 - 31.

[154] 王怀民. 绩效管理 [M]. 济南: 山东人民出版社, 2004.

[155] 王怀明, 李廉水. 基于四维综合评价的湖北制造业新型化研究 [J]. 河海大学学报 (哲学社会科学版), 2009, 11 (4): 61 - 65, 95.

[156] 王杰, 刘斌. 环境规制与企业全要素生产率——基于中国工业企业数据的经验分析 [J]. 中国工业经济, 2014 (3): 44 - 56.

[157] 王俊杰, 史丹, 张成. 能源价格对能源效率的影响——基于全球数据的实证分析 [J]. 经济管理, 2014, 36 (12): 13 - 23.

[158] 王俊松, 贺灿飞. 能源消费、经济增长与中国 CO_2 排放量变化——基于 LMDI 方法的分解分析 [J]. 长江流域资源与环境, 2010, 19 (1): 18 - 23.

[159] 汪克亮, 杨宝臣, 杨力. 中国能源利用的经济效率、环境绩效与节能减排潜力 [J]. 经济管理, 2010, 32 (10): 1 - 9.

[160] 汪克亮, 杨力, 杨宝臣, 程云鹤. 能源经济效率、能源环境绩效与区域经济增长 [J]. 管理科学, 2013, 26 (3): 86 - 99.

[161] 汪丽娟, 孔群喜. 集聚、贸易开放与能源效率——基于门槛面板模型检验 [J]. 天津商业大学学报, 2014, 34 (6): 28 - 34.

[162] 王猛, 高波, 李勇刚. 经济集聚、空间溢出与城市劳动生产率——基于空间面板模型的实证研究 [J]. 华中科技大学学报 (社会科学版), 2015, 29 (2): 84 - 91.

[163] 王鹏, 陆浩然. 地区创新效率的空间差异及其影响因素研究——以广佛肇经济圈为例 [J]. 科技管理研究, 2012, 32 (22): 82 - 86, 97.

[164] 王秋红, 陈曦. 我国高技术产业集聚水平的测度 [J]. 科

技管理研究, 2012, 32 (11): 49 – 51.

[165] 王然, 燕波, 邓伟根. FDI 对我国工业自主创新能力的影响及机制——基于产业关联的视角 [J]. 中国工业经济, 2010 (11): 16 – 25.

[166] 王喜平, 姜晔. 碳排放约束下我国工业行业全要素能源效率及其影响因素研究 [J]. 软科学, 2012, 26 (2): 73 – 78.

[167] 王燕飞. 城市产业集聚与就业促进的实证分析 [J]. 探索, 2014 (2): 93 – 97.

[168] 魏楚, 沈满洪. 结构调整能否改善能源效率: 基于中国省级数据的研究 [J]. 世界经济, 2008 (11): 77 – 85.

[169] 魏楚, 沈满洪. 能源效率及其影响因素: 基于 DEA 的实证分析 [J]. 管理世界, 2007 (8): 66 – 76.

[170] 文玫. 中国工业在区域上的重新定位和聚集 [J]. 经济研究, 2004 (2): 84 – 94.

[171] 吴安波, 孙林岩, 李刚, 杨洪焦. 中国制造业聚集度决定因素的理论构建与实证研究 [J]. 经济问题探索, 2012 (2): 6 – 13.

[172] 吴琦, 武春友. 我国能源效率关键影响因素的实证研究 [J]. 科研管理, 2010, 31 (5): 164 – 171.

[173] 吴延兵. R&D 存量、知识函数与生产效率 [J]. 经济学 (季刊), 2006 (3): 1129 – 1156.

[174] 夏良科. 人力资本与 R&D 如何影响全要素生产率——基于中国大中型工业企业的经验分析 [J]. 数量经济技术经济研究, 2010 (4): 78 – 94.

[175] 肖攀, 李连友, 唐李伟, 苏静. 中国城市环境全要素生产率及其影响因素分析 [J]. 管理学报, 2013, 10 (11): 1681 – 1689.

[176] 肖文, 林高榜. 政府支持、研发管理与技术创新效率——基于中国工业行业的实证分析 [J]. 管理世界, 2014 (4): 71 – 80.

[177] 谢建国, 吴春燕. 中国出口退税政策的就业激励效果——基于中国工业面板数据的实证分析 [J]. 国际贸易问题, 2013 (6): 43 – 56.

［178］［美］熊彼特. 经济发展理论［M］. 何畏，等译. 北京：商务印书馆，1990.

［179］徐彪，李心丹，张珣. 地区环境对企业创新绩效的影响机制研究［J］. 科研管理，2011，32（9）：147-156.

［180］徐士元. 技术进步对能源效率影响的实证分析［J］. 科研管理，2009，30（6）：16-24.

［181］徐晓春. 江苏制造业"新型化"分析——基于环境保护的视角［J］. 产业与科技论坛，2010，9（7）：60-63.

［182］徐盈之，彭欢欢，刘修岩. 威廉姆森假说：空间集聚与区域经济增长——基于中国省域数据门槛回归的实证研究［J］. 经济理论与经济管理，2011（4）：95-102.

［183］徐肇涵. 中国城市集聚效应与非农劳动生产率的实证研究［J］. 经济学动态，2012（8）：38-41.

［184 宣烨. 生产性服务业空间集聚与制造业效率提升——基于空间外溢效应的实证研究［J］. 财贸经济，2012（4）：121-128.

［185］宣烨，周绍东. 技术创新、回报效应与中国工业行业的能源效率［J］. 财贸经济，2011（1）：116-121.

［186］薛静静，沈镭，彭保发，刘立涛. 区域能源消费与经济和环境绩效——基于14个能源输出和输入大省的实证研究［J］. 地理学报，2014，69（10）：1414-1424.

［187］［英］亚当·斯密. 国富论（上、下）［M］. 郭大力，王亚楠译. 南京：译林出版社，2011.

［188］杨德勇，王桂贤. 我国银行业垄断与效率的经济学分析［J］. 财贸经济，2001（12）：46-49.

［189］杨浩昌，李廉水，刘军. 本土市场规模对技术创新能力的影响及其地区差异［J］. 中国科技论坛，2015（1）：27-32.

［190］杨浩昌，李廉水，刘军. 产业聚集与中国城市全要素生产率［J］. 科研管理，2018，39（1）：83-94.

［191］杨浩昌，李廉水，刘军. 高技术产业聚集对技术创新的影响及区域比较［J］. 科学学研究，2016a，34（2）：212-219.

[192] 杨浩昌，李廉水，刘军. 制造业聚集、科技创新与行业差异 [J]. 中国科技论坛，2016b (3)：75 – 80.

[193] 杨浩昌，李廉水，刘军. 中国制造业低碳经济发展水平及其行业差异——基于熵权的灰色关联投影法综合评价研究 [J]. 世界经济与政治论坛，2014 (2)：147 – 162.

[194] 杨浩昌，刘军，李廉水. 制造业集聚对区域工资水平影响的实证分析 [J]. 统计与决策，2017 (5)：143 – 145.

[195] 杨浩昌，刘军，张芊芊. 中国制造业就业的影响因素研究——基于省级面板数据的实证分析 [J]. 经济问题探索，2014 (12)：55 – 61.

[196] 杨洪焦，孙林岩，吴安波. 中国制造业聚集度的变动趋势及其影响因素研究 [J]. 中国工业经济，2008 (4)：64 – 72.

[197] 杨继生. 国内外能源相对价格与中国的能源效率 [J]. 经济学家，2009 (4)：90 – 97.

[198] 杨杰，方俐洛，凌文铨. 对绩效评价的若干基本问题的思考 [J]. 中国管理科学，2010，8 (4)：74 – 80.

[199] 杨晶，石敏俊. 制造业集聚对劳动生产率影响的区域差异和产业差异 [J]. 数学的实践与认识，2012，42 (8)：16 – 25.

[200] 杨礼琼，李伟娜. 集聚外部性、环境技术效率与节能减排 [J]. 软科学，2011，25 (9)：14 – 19.

[201] 杨蓉. 人力资源管理（第四版）[M]. 大连：东北财经大学出版社，2013.

[202] 杨小凯，张永生. 新兴古典经济学与超边际分析 [M]. 北京：社会科学文献出版社，2003.

[203] 杨勇. 集聚密度、多样性和旅游企业劳动生产率——兼对产业聚集理论观点的拓展研究 [J]. 财贸经济，2015 (2)：148 – 161.

[204] 杨志江，朱桂龙. 技术创新、环境规制与能源效率——基于中国省际面板数据的实证检验 [J]. 研究与发展管理，2017，29 (4)：23 – 32.

[205] 姚慧娟，张建卫，林淑霞. 绩效管理的新领域——绩效潜

力分析 [J]. 沿海企业与科技，2007 (1)：40 - 41.

[206] 叶祥松，彭良燕. 我国环境规制下的规制效率与全要素生产率研究：1999～2008 [J]. 财贸经济，2011 (2)：102 - 109，137.

[207] 尹凡，单莹洁，苏传华，崔研. 区域创新绩效的涵义界定及其评价模型构建 [J]. 商业时代，2011 (7)：130 - 131.

[208] 虞晓芬，李正卫，池仁勇，施鸣炜. 我国地区技术创新效率：现状与原因 [J]. 科学学研究，2005 (2)：258 - 264.

[209] 余泳泽. 我国高技术产业技术创新效率及其影响因素研究——基于价值链视角下的两阶段分析 [J]. 经济科学，2009 (4)：62 - 74.

[210] 尤济红，高志刚. 政府环境规制对能源效率影响的实证研究——以新疆为例 [J]. 资源科学，2013，35 (6)：1211 - 1219.

[211] 于珍. 产业集聚与技术创新的关系分析 [D]. 济南：山东大学博士学位论文，2007.

[212] 袁志明，虞锡君. 财政科技投入绩效的内涵及评估实证分析——以1999～2001年嘉兴市市本级为例 [J]. 浙江统计，2004 (1)：20 - 22.

[213] 张成，陆旸，郭路，于同申. 环境规制强度和生产技术进步 [J]. 经济研究，2011，46 (2)：113 - 124.

[214] 张萃. 产业聚集与创新：命题梳理与微观机制分析 [J]. 科学管理研究，2010，28 (3)：1 - 4.

[215] 张萃. 制造业区域集聚与技术创新：基于负二项模型的实证分析 [J]. 数理统计与管理，2012，31 (1)：105 - 111.

[216] 张德. 人力资源开发与管理（第四版）[M]. 北京：清华大学出版社，2012.

[217] 张光进，邵东杰. 绩效内涵新解与考评方法选择 [J]. 商业研究，2013 (3)：65 - 69.

[218] 张海峰，姚先国. 经济集聚、外部性与企业劳动生产率——来自浙江省的证据 [J]. 管理世界，2010 (12)：45 - 52.

[219] 张海洋，史晋川. 中国省际工业新产品技术效率研究 [J].

经济研究, 2011, 46 (1): 83-96.

[220] 张浩然. 地理距离、集聚外部性与劳动生产率——基于城市数据的空间面板计量分析 [J]. 南方经济, 2012 (2): 15-26.

[221] 张浩然, 衣保中. 基础设施、空间溢出与区域全要素生产率——基于中国 266 个城市空间面板杜宾模型的经验研究 [J]. 经济学家, 2012 (2): 61-67.

[222] 张红凤, 张肇中. 所有权结构改革对工业行业全要素生产率的影响——基于放松进入规制的视角 [J]. 经济理论与经济管理, 2013 (2): 66-77.

[223] 张卉, 詹宇波, 周凯. 集聚、多样性和地区经济增长: 来自中国制造业的实证研究 [J]. 世界经济文汇, 2007 (3): 16-29.

[224] 张杰, 刘志彪, 郑江淮. 产业链定位、分工与集聚如何影响企业创新——基于江苏省制造业企业问卷调查的实证研究 [J]. 中国工业经济, 2007 (7): 47-55.

[225] 张军, 吴桂英, 张吉鹏. 中国省际物质资本存量估算: 1952~2000 [J]. 经济研究, 2004 (10): 35-44.

[226] 张平, 张鹏鹏, 蔡国庆. 不同类型环境规制对企业技术创新影响比较研究 [J]. 中国人口·资源与环境, 2016, 26 (4): 8-13.

[227] 张清正, 李国平. 中国科技服务业集聚发展及影响因素研究 [J]. 中国软科学, 2015 (7): 75-93.

[228] 张同升, 梁进社, 宋金平. 中国制造业省区间分布的集中与分散研究 [J]. 经济地理, 2005 (3): 315-319, 332.

[229] 张伟, 吴文元. 基于环境绩效的长三角都市圈全要素能源效率研究 [J]. 经济研究, 2011, 46 (10): 95-109.

[230] 张贤, 周勇. 外商直接投资对我国能源强度的空间效应分析 [J]. 数量经济技术经济研究, 2007 (1): 101-108.

[231] 张昕, 李廉水. 生产地区性集中、知识溢出与我国创新的空间分析——以电子及通讯设备制造业为例 [J]. 科学学与科学技术管理, 2007 (9): 55-58.

[232] 张昕，李廉水. 制造业聚集、知识溢出与区域创新绩效——以我国医药、电子及通讯设备制造业为例的实证研究 [J]. 数量经济技术经济研究，2007（8）：35－43，89.

[233] 张先锋，胡翠群. 垂直专业化、产业空间集聚与制造业生产率——我国15个制造业细分行业数据的实证检验 [J]. 现代财经（天津财经大学学报），2013（8）：119－129.

[234] 张志辉. 中国区域能源效率演变及其影响因素 [J]. 数量经济技术经济研究，2015，32（8）：73－88.

[235] 赵红岩，蒋双喜，杨畅. 吸收能力阶段演化与企业创新绩效——基于上海市高新技术产业的经验分析 [J]. 外国经济与管理，2015，37（2）：3－17.

[236] 赵金楼，李根，苏屹，刘家国. 我国能源效率地区差异及收敛性分析——基于随机前沿分析和面板单位根的实证研究 [J]. 中国管理科学，2013，21（2）：175－184.

[237] 赵伟，隋月红. 集聚类型、劳动力市场特征与工资——生产率差异 [J]. 经济研究，2015（6）：33－45，58.

[238] 赵峥，姜欣. 中国省际创新效率及其影响因素的实证研究 [J]. 北京理工大学学报（社会科学版），2014，16（3）：61－66.

[239] 赵志耘，杨朝峰. 中国全要素生产率的测算与解释：1979～2009年 [J]. 财经问题研究，2011（9）：3－12.

[240] 郑凌霄，赵静敏. 环境约束下地区全要素生产率增长及影响因素研究——基于马姆奎斯特生产率指数和环境库兹涅茨曲线分析 [J]. 生态经济，2012（4）：47－51.

[241] 郑坚，丁云龙. 高技术产业技术创新的边际收益特性及效率分析 [J]. 科学学研究，2008，26（5）：1090－1097.

[242] 仲为国，彭纪生，孙文祥. 政策测量、政策协同与经济绩效——基于创新政策的实证研究（1978～2006）[J]. 南方经济，2008（7）：45－58，67.

[243] 周明，李宗植. 基于产业集聚的高技术产业创新能力研究 [J]. 科研管理，2011，32（1）：15－21.

[244] 周素萍. 我国大中型高科技企业集群集聚度区位商模型的建立及应用 [J]. 科技进步与对策, 2012, 29 (4): 75 – 79.

[245] 周五七, 聂鸣. 中国工业碳排放效率的区域差异研究——基于非参数前沿的实证分析 [J]. 数量经济技术经济研究, 2012, 29 (9): 58 – 70, 161.

[246] 朱承亮, 师萍, 安立仁. 人力资本及其结构与研发创新效率——基于 SFA 模型的检验 [J]. 管理工程学报, 2012, 26 (4): 58 – 64.

[247] 朱承亮, 师萍, 岳宏志. FDI、人力资本及其结构与研发创新效率 [J]. 科学学与科学技术管理, 2011, 32 (9): 37 – 42, 50.

[248] 朱平芳, 徐伟民. 政府的科技激励政策对大中型工业企业 R&D 投入及其专利产出的影响——上海市的实证研究 [J]. 经济研究, 2003 (6): 45 – 53, 94.

[249] 朱平辉, 袁加军, 曾五一. 中国工业环境库兹涅茨曲线分析——基于空间面板模型的经验研究 [J]. 中国工业经济, 2010 (6): 65 – 74.

[250] Acemoglu D. Training and innovation in an imperfect labour market [J]. The Review of Economic Studies, 1997, 64 (3): 445 – 464.

[251] Aigner D, Lovell C A K, Schmidt P. Formulation and estimation of stochastic frontier production function models [J]. Journal of Econometrics, 1977, 6 (1): 21 – 37.

[252] Akbostanci E, Tunc G I, TÜRÜT – AŞIK S. Pollution haven hypothesis and the role of dirty industries in Turkey's exports [J]. Environment and Development Economics, 2007, 12 (2): 297 – 322.

[253] Andersen P, Petersen N C. A procedure for ranking efficient units in data envelopment analysis [J]. Management Science, 1993, 39 (10): 1261 – 1264.

[254] Andersson M. Co-location of manufacturing & producer services [J]. Centre of Excellence for studies in Science and Innovation working paper, 2004: 1 – 24.

［255］ Andersson M, Lööf H. Agglomeration and productivity: evidence from firm-level data ［J］. The Annals of Regional Science, 2011, 46 (3): 601 – 620.

［256］ Arellano M, Bover O. Another look at the instrumental variable estimation of error-components models ［J］. Journal of Econometrics, 1995, 68 (1): 29 – 51.

［257］ Arrow K J. The economic implications of learning by doing ［J］. The Review of Economic Studies, 1962, 29 (3): 155 – 173.

［258］ Audretsch D B, Feldman M P. R&D spillovers and the geography of innovation and production ［J］. The American Economic Review, 1996, 86 (3): 630 – 640.

［259］ Austin J T, Villanova P. The criterion problem: 1917 ~ 1992 ［J］. Journal of Applied Psychology, 1992, 77 (6): 836.

［260］ Azari M, Kim H, Kim J Y, et al. The effect of agglomeration on the productivity of urban manufacturing sectors in a leading emerging economy ［J］. Economic Systems, 2016, 40 (3): 422 – 432.

［261］ Baldwin R E, Okubo T. Heterogeneous firms, agglomeration and economic geography: spatial selection and sorting ［J］. Journal of Economic Geography, 2006, 6 (3): 323 – 346.

［262］ Baptista R. Productivity and the density of local clusters ［J］. Innovation Clusters and Interregional Competition, 2003: 163 – 181.

［263］ Baptista R, Swann P. Do firms in clusters innovate more? ［J］. Research Policy, 1998, 27 (5): 525 – 540.

［264］ Barrios S, Bertinelli L, Strobl E, et al. The dynamics of agglomeration: evidence from Ireland and Portugal ［J］. Journal of Urban Economics, 2005, 57 (1): 170 – 188.

［265］ Barrios S, Strobl E. Industry mobility and geographic concentration in the European Union ［J］. Economics Letters, 2004, 82 (1): 71 – 75.

［266］ Bates R A, Holton E F. Computerized performance monitoring:

A review of human resource issues [J]. Human Resource Management Review, 1995, 4 (5): 267 –288.

[267] Bautista A D. Agglomeration economies, economic growth and the new economic geography in Mexico [DB]. Working Paper, Econ WPA, No. 0508001. http: //129. 3. 20. 41/ eps/urb/papers/0508, 2006.

[268] Beaudry C, Breschi S. Are firms in clusters really more innovative? [J]. Economics of Innovation and New Technology, 2003, 12 (4): 325 –342.

[269] Bernardin H J, Kane J. Performance appraisal: A contingency approach to system development and evaluation [M]. Boston, MA: PWS – Kent, 1993.

[270] Birol F, Keppler J H. Prices, technology development and the rebound effect [J]. Energy Policy, 2000, 28 (6): 457 –469.

[271] Blundell R, Bond S. Initial conditions and moment restrictions in dynamic panel data models [J]. Journal of Econometrics, 1998, 87 (1): 115 –143.

[272] Bode E. Productivity effects of agglomeration externalities [C]// Third Spatial Econometrics Workshop, Strasbourg, 2004.

[273] Borman W C, Motowidlo S J. Task performance and contextual performance: The meaning for personnel selection research [J]. Human Performance, 1997, 10 (2): 99 –109.

[274] Braunerhjelm P, Johansson D. Determinants of spatial concentration of production in Sweden 1975 ~ 1993: Linkages, scale economies or trade costs [J]. Industry and Innovation, 2003 (10): 41 –63.

[275] Broersma L, Oosterhaven J. Regional labor productivity in the Netherlands: evidence of agglomeration and congestion effects [J]. Journal of Regional Science, 2009, 49 (3): 483 –511.

[276] Broersma L, Van D J. The effect of congestion and agglomeration on multifactor productivity growth in Dutch regions [J]. Journal of Economic Geography, 2008, 8 (2): 181 –209.

［277］Brülhart M, Mathys N A. Sectoral agglomeration economies in a panel of European regions ［J］. Regional Science and Urban Economics, 2008, 38（4）: 348–362.

［278］Campbell J P, McCloy R A, Oppler S H, et al. A theory of performance: In N. Schmitt & WC Borman（Eds.）, Personnel Selection in Organizations ［M］. San Francisco: Josey–Bass Publisher, 1993.

［279］Campbell J P, McHenry J J, Wise L L. Modeling job performance in a population of jobs ［J］. Personnel Psychology, 1990, 43（2）: 313–575.

［280］Carlino G A, Chatterjee S, Hunt R M. Urban density and the rate of invention ［J］. Journal of Urban Economics, 2007, 61（3）: 389–419.

［281］Caves D W, Christensen L R, Diewert W E. The economic theory of index numbers and the measurement of input, output, and productivity ［J］. Econometrica: Journal of the Econometric Society, 1982, 50（6）: 1393–1414.

［282］Chang C L, Oxley L. Industrial agglomeration, geographic innovation and total factor productivity: The case of Taiwan ［J］. Mathematics and Computers in Simulation, 2009, 79（9）: 2787–2796.

［283］Charnes A, Cooper W W, Rhodes E. Measuring the efficiency of decision making units ［J］. European Journal of Operational Research, 1978, 2（6）: 429–444.

［284］Chen N, Xu L, Chen Z. Environmental efficiency analysis of the Yangtze River Economic Zone using super efficiency data envelopment analysis（SEDEA）and tobit models ［J］. Energy, 2017, 134（C）: 659–671.

［285］Chiou T Y, Chan H K, Lettice F, et al. The influence of greening the suppliers and green innovation on environmental performance and competitive advantage in Taiwan ［J］. Transportation Research Part E: Logistics and Transportation Review, 2011, 47（6）: 822–836.

[286] Chyi Y L, Lai Y M, Liu W H. Knowledge spillovers and firm performance in the high-technology industrial cluster [J]. Research Policy, 2012, 41 (3): 556 – 564.

[287] Ciccone A. Agglomeration effects in Europe [J]. European Economic Review, 2002, 46 (2): 213 – 227.

[288] Ciccone A, Hall R. Productivity and the Density of Economic Activity [J]. American Economic Review, 1996, 86 (1): 54 – 70.

[289] Cingano F, Schivardi F. Identifying the sources of local productivity growth [J]. Journal of the European Economic Association, 2004, 2 (4): 720 – 744.

[290] Cole M A, Neumayer E. Examining the impact of demographic factors on air pollution [J]. Population & Environment, 2004, 26 (1): 5 – 21.

[291] Combes P P, Duranton G, Gobillon L. Spatial wage disparities: Sorting matters [J]. Journal of Urban Economics, 2008, 63 (2): 723 – 742.

[292] Czamanski S. Study of clustering of industries [M]. Halifax, NS: Institute of Public Affairs, Dalhousie University, 1974.

[293] Dekle R, Eaton J. Agglomeration and land rents: evidence from the prefectures [J]. Journal of Urban Economics, 1999, 46 (2): 200 – 214.

[294] Denison E F, Poullier J P. Why growth rates differ: postwar experience in nine western countries [M]. Washington, DC: Brookings Institution, 1968.

[295] Dixit A K, Stiglitz J E. Monopolistic competition and optimum product diversity [J]. The American Economic Review, 1977, 67 (3): 297 – 308.

[296] Drucker J, Feser E. Regional industrial structure and agglomeration economies: An analysis of productivity in three manufacturing industries [J]. Regional Science and Urban Economics, 2012, 42 (1): 1 – 14.

［297］ Duranton G, Puga D. Diversity and specialisation in cities: why, where and when does it matter ［J］. Urban Studies, 2000, 37 (3): 533 - 555.

［298］ Eiadat Y, Kelly A, Roche F, et al. Green and competitive? An empirical test of the mediating role of environmental innovation strategy ［J］. Journal of World Business, 2008, 43 (2): 131 - 145.

［299］ Ellison G, Glaeser E L. Geographic concentration in US manufacturing industries: a dartboard approach ［J］. Journal of Political Economy, 1997, 105 (5): 889 - 927.

［300］ Ellison G, Glaeser E L, Kerr W R. What causes industry agglomeration? Evidence from coagglomeration patterns ［J］. The American Economic Review, 2010, 100 (3): 1195 - 1213.

［301］ Ernst H. Patent applications and subsequent changes of performance: evidence from time-series cross-section analyses on the firm level ［J］. Research Policy, 2001, 30 (1): 143 - 157.

［302］ Eswaran M, Kotwal A. The role of the service sector in the process of industrialization ［J］. Journal of Development Economics, 2002, 68 (2): 401 - 420.

［303］ Fafchamps M, Hamine S E. Firm productivity, wages, and agglomeration externalities ［J］. Research in Economics, 2016.

［304］ Fan C C, Scott A J. Industrial agglomeration and development: a survey of spatial economic issues in East Asia and a statistical analysis of Chinese regions ［J］. Economic Geography, 2003, 79 (3): 295 - 319.

［305］ Fan J. Industrial agglomeration and difference of regional productivity ［J］. Frontiers of Economics in China, 2007, 2 (3): 346 - 361.

［306］ Färe R, Grosskopf S, Hernandez - Sancho F. Environmental performance: an index number approach ［J］. Resource and Energy Economics, 2004, 26 (4): 343 - 352.

［307］ Fare R, Grosskopf S, Norris M, et al. Productivity growth, technical progress, and efficiency change in industrialized countries ［J］.

American Economic Review, 1994, 84 (1): 66 –83.

[308] Färe R, Grosskopf S, Pasurka C A. Environmental production functions and environmental directional distance functions [J]. Energy, 2007, 32 (7): 1055 – 1066.

[309] Farla J, Blok K. Energy efficiency and structural change in the Netherlands, 1980 ~ 1995 [J]. Journal of Industrial Ecology, 2000, 4 (1): 93 – 117.

[310] Farrell M J. The measurement of productive efficiency [J]. Journal of the Royal Statistical Society. Series A (General), 1957, 120 (3): 253 – 290.

[311] Felbermayr G, Jung B. The home market effect, regional inequality, and intra-industry reallocations [R]. University of Tübingen working papers in economics and finance, 2012.

[312] Feldman M P, Audretsch D B. Innovation in cities: Science-based diversity, specialization and localized competition [J]. European Economic Review, 1999, 43 (2): 409 – 429.

[313] Fisher – Vanden K, Jefferson G H, Liu H, et al. What is driving China's decline in energy intensity? [J]. Resource and Energy Economics, 2004, 26 (1): 77 – 97.

[314] Freire – González J, Vivanco D F, Puig – Ventosa I. Economic structure and energy savings from energy efficiency in households [J]. Ecological Economics, 2017 (131): 12 – 20.

[315] Fujita M, Hu D. Regional disparity in China 1985 ~ 1994: The effects of globalization and economic liberalization [J]. The annals of Regional Science, 2001, 35 (1): 3 – 37.

[316] Fujita M, Krugman P R, Venables A J, et al. The spatial economy: cities, regions and international trade [M]. Cambridge, MA: MIT Press, 1999.

[317] Garbaccio R F, Ho M S, Jorgenson D W. Why has the energy-output ratio fallen in China? [J]. The Energy Journal, 1999: 63 – 91.

［318］ Garbaccio R F. Price reform and structural change in the Chinese economy: policy simulations using a CGE model ［J］. China Economic Review, 1995, 6 (1): 1 – 34.

［319］ Gilbert B A, McDougall P P, Audretsch D B. Clusters, knowledge spillovers and new venture performance: An empirical examination ［J］. Journal of Business Venturing, 2008, 23 (4): 405 – 422.

［320］ Glaeser E L, Kallal H D, Scheinkman J A, et al. Growth in cities ［R］. National Bureau of Economic Research, 1991.

［321］ Gopinath M, Pick D, Li Y. An empirical analysis of productivity growth and industrial concentration in US manufacturing ［J］. Applied Economics, 2004, 36 (1): 1 – 17.

［322］ Görg H, Strobl E. The effect of R&D subsidies on private R&D ［J］. Economica, 2007, 74 (294): 215 – 234.

［323］ Graham D J. Agglomeration, productivity and transport investment ［J］. Journal of Transport Economics and Policy, 2007, 41 (3): 317 – 343.

［324］ Graham D J, Melo P S, Jiwattanakulpaisarn P, et al. Testing for causality between productivity and agglomeration economies ［J］. Journal of Regional Science, 2010, 50 (5): 935 – 951.

［325］ Greenaway D, Kneller R. Exporting, productivity and agglomeration ［J］. European Economic Review, 2008, 52 (5): 919 – 939.

［326］ Greunz L. Industrial structure and innovation-evidence from European regions ［J］. Journal of Evolutionary Economics, 2004, 14 (5): 563 – 592.

［327］ Grossman G M, Krueger A B. Environmental impacts of a North American free trade agreement ［R］. Cambridge, MA: National Bureau of Economic Research, 1991.

［328］ Hatzipanayotou P, Lahiri S, Michael M S. Can cross-border pollution reduce pollution? ［J］. Canadian Journal of Economics/Revue canadienne d'économique, 2002, 35 (4): 805 – 818.

［329］ Hausman J A, Leonard G K. Estimation of patent licensing value using a flexible demand specification ［J］. Journal of Econometrics, 2007, 139 (2): 242 –258.

［330］ He C. Foreign manufacturing investment in China: The role of industrial agglomeration and industrial linkages ［J］. China & World Economy, 2008, 16 (1): 82 –99.

［331］ He C, Zhu S. Industrial agglomeration and labour productivity in transition: An empirical study of Chinese manufacturing industries ［J］. Post – Communist Economies, 2009, 21 (1): 103 –115.

［332］ Henderson J V. How urban concentration affects economic growth ［M］. World Bank Publications, 2000.

［333］ Henderson J V. Marshall's scale economies ［J］. Journal of Urban Economics, 2003, 53 (1): 1 –28.

［334］ Hoover E M. Location theory and the shoe and leather iudustries ［M］. Cambridge, MA: Harvard University, 1937.

［335］ Hoover E M. The location of economic activity ［M］. New York: Mc Graw – Hill, 1948.

［336］ Hsu F M, Hsueh C C. Measuring relative efficiency of government-sponsored R&D projects: A three-stage approach ［J］. Evaluation and Program Planning, 2009, 32 (2): 178 –186.

［337］ Hu C, Xu Z, Yashiro N. Agglomeration and productivity in China: Firm level evidence ［J］. China Economic Review, 2015 (33): 50 –66.

［338］ Hu J L, Wang S C. Total-factor energy efficiency of regions in China ［J］. Energy Policy, 2006, 34 (17): 3206 –3217.

［339］ Hussinger K. R&D and subsidies at the firm level: An application of parametric and semiparametric two-step selection models ［J］. Journal of Applied Econometrics, 2008, 23 (6): 729 –747.

［340］ Isard A. Location and space-economy: A general theory relating to industrial location, market areas, land use, trade, urban structure ［M］.

New York: John Wiley & Sons, 1956.

［341］ Jacobs J. The Economies of Cities ［M］. New York: Vintage, 1969.

［342］ Janssen O, Van Yperen N W. Employees' goal orientations, the quality of leader-member exchange, and the outcomes of job performance and job satisfaction ［J］. Academy of Management Journal, 2004, 47 (3): 368 – 384.

［343］ Jefferson G H, Huamao B, Xiaojing G, et al. R&D performance in Chinese industry ［J］. Economics of Innovation and New Technology, 2006, 15 (4 – 5): 345 – 366.

［344］ Kambara T. The energy situation in China ［J］. The China Quarterly, 1992 (131): 608 – 636.

［345］ Kane J S, Lawler E E. Performance appraisal effectiveness: Its assessment and determinants ［J］. Research in Organizational Behavior, 1979 (1): 425 – 478.

［346］ Kang K N, Park H. Influence of government R&D support and inter-firm collaborations on innovation in Korean biotechnology SMEs ［J］. Technovation, 2012, 32 (1): 68 – 78.

［347］ Kaufmann R K. The mechanisms for autonomous energy efficiency increases: A cointegration analysis of the US energy/GDP ratio ［J］. The Energy Journal, 2004: 63 – 86.

［348］ Ke S. Agglomeration, productivity, and spatial spillovers across Chinese cities ［J］. The Annals of Regional Science, 2010, 45 (1): 157 – 179.

［349］ Kelly M, Hageman A. Marshallian externalities in innovation ［J］. Journal of Economic Growth, 1999, 4 (1): 39 – 54.

［350］ Kleer R. Government R&D subsidies as a signal for private investors ［J］. Research Policy, 2010, 39 (10): 1361 – 1374.

［351］ Kokko A. Foreign Direct Investment, Host Country Characteristics and Spillovers ［D］. Stockholm: Stockholm School of Economics, 1992.

[352] Kortelainen M. Dynamic environmental performance analysis: A Malmquist index approach [J]. Ecological Economics, 2008, 64 (4): 701 – 715.

[353] Krugman P R. Geography and trade [M]. MIT Press, 1991.

[354] Krugman P. Increasing returns and economic geography [J]. Journal of Political Economy, 1991, 99 (3): 483 – 499.

[355] Krugman P. Scale economies, product differentiation, and the pattern of trade [J]. The American Economic Review, 1980, 70 (5): 950 – 959.

[356] Krugman P, Venables A J. Globalization and the inequality of nations [J]. Quarterly Journal of Economics, 1995 (110): 857 – 880.

[357] Kumar S. Environmentally sensitive productivity growth: a global analysis using Malmquist – Luenberger index [J]. Ecological Economics, 2006, 56 (2): 280 – 293.

[358] Lach S. Do R&D subsidies stimulate or displace private R&D? Evidence from Israel [J]. The Journal of Industrial Economics, 2002, 50 (4): 369 – 390.

[359] Lall S. The Technological structure and performance of developing country manufactured exports, 1985 ~ 1998 [J]. Oxford Development Studies, 2000, 28 (3): 337 – 369.

[360] Lanjouw J O, Mody A. Innovation and the international diffusion of environmentally responsive technology [J]. Research Policy, 1996, 25 (4): 549 – 571.

[361] Li X. China's regional innovation capacity in transition: An empirical approach [J]. Research Policy, 2009, 38 (2): 338 – 357.

[362] Lin H L, Li H Y, Yang C H. Agglomeration and productivity: Firm – level evidence from China's textile industry [J]. China Economic Review, 2011, 22 (3): 313 – 329.

[363] Liu J, Cheng Z, Zhang H. Does industrial agglomeration promote the increase of energy efficiency in China? [J]. Journal of Cleaner Pro-

duction, 2017（164）: 30 – 37.

［364］ Liu Y, Xie Y. Asymmetric adjustment of the dynamic relation-ship between energy intensity and urbanization in China ［J］. Energy Eco-nomics, 2013（36）: 43 – 54.

［365］ Lo S F, Sheu H J, Hu J L. Taking CO_2 emissions into a country's productivity change: The Asian growth experience ［J］. The International Jour-nal of Sustainable Development & World Ecology, 2005, 12（3）: 279 – 290.

［366］ Managi S, Jena P R. Environmental productivity and Kuznets curve in India ［J］. Ecological Economics, 2008, 65（2）: 432 – 440.

［367］ Markusen J R. Trade in producer services and in other special-ized intermediate inputs ［J］. The American Economic Review, 1989, 79（1）: 85 – 95.

［368］ Martinez – Galarraga J, Paluzie E, Pons J, et al. Agglomera-tion and labour productivity in Spain over the long term ［J］. Cliometrica, 2008, 2（3）: 195 – 212.

［369］ Melo P C, Graham D J, Levinson D, et al. Agglomeration, accessibility and productivity: Evidence for large metropolitan areas in the US ［J］. Urban Studies, 2017, 54（1）: 179 – 195.

［370］ Meyer – Stamer J. Clustering and the creation of an innovation-oriented environment for industrial competitiveness: beware of overly opti-mistic expectations ［J］. International Small Business Journal, 2002, 20（3）.

［371］ Miller S M, Upadhyay M P. The effects of openness, trade ori-entation, and human capital on total factor productivity ［J］. Journal of De-velopment Economics, 2000, 63（2）: 399 – 423.

［372］ Mulder P, de Groot H L F, Hofkes M W. Explaining slow dif-fusion of energy-saving technologies: a vintage model with returns to diversity and learning-by-using ［J］. Resource and Energy Economics, 2003, 25（1）: 105 – 126.

［373］ Murphy K R, Cleveland J N. Performance appraisal: An organizational perspective [M]. Boston: Allyn & Bacon Press, 1991.

[374] Murty M N, Kumar S, Paul M. Environmental regulation, productive efficiency and cost of pollution abatement: a case study of the sugar industry in India [J]. Journal of Environmental Management, 2006, 79 (1): 1 –9.

[375] Newell R G, Jaffe A B, Stavins R N. The induced innovation hypothesis and energy-saving technological change [J]. The Quarterly Journal of Economics, 1999, 114 (3): 941 –975.

[376] North D C. The rise of the western world: A new economic history [M]. Cambridge University Press, 1973.

[377] Otsuka A, Goto M, Sueyoshi T. Industrial agglomeration effects in Japan: Productive efficiency, market access, and public fiscal transfer [J]. Papers in Regional Science, 2010, 89 (4): 819 –840.

[378] Pandit N R, Cook G A S, Swann P G M. The dynamics of industrial clustering in British financial services [J]. Service Industries Journal, 2001, 21 (4): 33 –61.

[379] Peng L, Zhang Y, Wang Y, et al. Energy efficiency and influencing factor analysis in the overall Chinese textile industry [J]. Energy, 2015 (93): 1222 –1229.

[380] Porter M E. Clusters and the new economics of competition [M]. Watertown: Harvard Business Review, 1998.

[381] Porter M E. The competitive advantage of nations [J]. Harvard Business Review, 1990, 68 (2): 73 –93.

[382] Porter M E, Van der Linde C. Toward a new conception of the environment-competitiveness relationship [J]. The journal of Economic Perspectives, 1995, 9 (4): 97 –118.

[383] Poumanyvong P, Kaneko S. Does urbanization lead to less energy use and lower CO_2 emissions? A cross-country analysis [J]. Ecological Economics, 2010, 70 (2): 434 –444.

[384] Predöhl A. The theory of location in its relation to general eco-

nomics [J]. Journal of Political Economy, 1928, 36 (3): 371 –390.

[385] Pringle C D. An initial test of a theory of individual performance [J]. Psychological Reports, 1994, 74 (3): 963 –973.

[386] Pulakos E D, Schmitt N, Dorsey D W, et al. Predicting adaptive performance: Further tests of a model of adaptability [J]. Human Performance, 2002, 15 (4): 299 –323.

[387] Ramos T B, Alves I, Subtil R, et al. The state of environmental performance evaluation in the public sector: the case of the Portuguese defence sector [J]. Journal of Cleaner Production, 2009, 17 (1): 36 –52.

[388] Rizov M, Oskam A, Walsh P. Is there a limit to agglomeration? Evidence from productivity of Dutch firms [J]. Regional Science and Urban Economics, 2012, 42 (4): 595 –606.

[389] Romer P M. Increasing returns and long-run growth [J]. The Journal of Political Economy, 1986: 1002 –1037.

[390] Rosenthal S S, Strange W C. The determinants of agglomeration [J]. Journal of Urban Economics, 2001, 50 (2): 191 –229.

[391] Rotundo M, Sackett P R. The relative importance of task, citizenship, and counterproductive performance to global ratings of job performance: a policy-capturing approach [J]. Journal of Applied Psychology, 2002, 87 (1): 66 –80.

[392] Ruane F, Ugur A L. Foreign direct investment and productivity spillovers in Irish manufacturing industry: Evidence from plant level panel data [J]. International Journal of the Economics of Business, 2005, 12 (1): 53 –66.

[393] Sadorsky P. Do urbanization and industrialization affect energy intensity in developing countries? [J]. Energy Economics, 2013, 37 (1): 52 – 59.

[394] Schmitt N, Chan D. Personnel selection: A theoretical approach [M]. California: Sage Publications, Inc. , 1998.

[395] Silvestre B S, Dalcol P R T. Geographical proximity and innova-

tion: Evidences from the Campos Basin oil & gas industrial agglomeration – Brazil [J]. Technovation, 2009, 29 (8): 546 – 561.

[396] Soete L L G. Firm size and inventive activity: The evidence reconsidered [J]. European Economic Review, 1979, 12 (4): 319 – 340.

[397] Solow R M. Technical change and the aggregate production function [J]. The Review of Economics and Statistics, 1957, 39 (3): 312 – 320.

[398] Soytas U, Sari R. Energy consumption and GDP: causality relationship in G – 7 countries and emerging markets [J]. Energy Economics, 2003, 25 (1): 33 – 37.

[399] Storper M, Venables A J. Buzz: face-to-face contact and the urban economy [J]. Journal of Economic Geography, 2004, 4 (4): 351 – 370.

[400] Teece D J. Profiting from technological innovation: Implications for integration, collaboration, licensing and public policy [J]. Research Policy, 1986, 15 (6): 285 – 305.

[401] Verhoef E T, Nijkamp P. Externalities in urban sustainability: environmental versus localization-type agglomeration externalities in a general spatial equilibrium model of a single-sector monocentric industrial city [J]. Ecological Economics, 2002, 40 (2): 157 – 179.

[402] Wagner M. The carbon Kuznets curve: a cloudy picture emitted by bad econometrics? [J]. Resource and Energy Economics, 2008, 30 (3): 388 – 408.

[403] Wang E C, Huang W. Relative efficiency of R&D activities: A cross-country study accounting for environmental factors in the DEA approach [J]. Research Policy, 2007, 36 (2): 260 – 273.

[404] Wang J, Xu J. Home market effect, spatial wages disparity: an empirical reinvestigation of China [J]. The Annals of Regional Science, 2015, 55 (2 – 3): 313 – 333.

[405] Wang K, Yu S, Zhang W. China's regional energy and environ-

mental efficiency: A DEA window analysis based dynamic evaluation [J]. Mathematical and Computer Modelling, 2013, 58 (5): 1117 – 1127.

[406] Widodo W, Salim R, Bloch H. Agglomeration economies and productivity growth in manufacturing industry: empirical evidence from Indonesia [J]. Economic Record, 2014, 90 (s1): 41 – 58.

[407] Williamson J G. Regional inequality and the process of national development: a description of the patterns [J]. Economic Development and Cultural Change, 1965, 13 (4, Part 2): 1 – 84.

[408] Wolman B B. Dictionary of behavioral science (second edition) [M]. New York: Academic Press, 1989.

[409] Wood G A, Parr J B. Transaction costs, agglomeration economics, and industrial location [J]. Growth and Change, 2005, 36 (1): 1 – 15.

[410] Wooldridge J M. Econometric Analysis of Cross Section and Panel Data [M]. MIT Press, 2002.

[411] Yang C H, Lin H L, Li H Y. Influences of production and R&D agglomeration on productivity: Evidence from Chinese electronics firms [J]. China Economic Review, 2013 (27): 162 – 178.

[412] Yang H Y. A note on the causal relationship between energy and GDP in Taiwan [J]. Energy Economics, 2000, 22 (3): 309 – 317.

[413] Yang X K, Wills I. A model formalizing the theory of property rights [J]. Journal of Comparative Economics, 1990, 14 (2): 177 – 198.

[414] Yang Y. Agglomeration Density and Labor Productivity in China's Tourism Industry [J]. International Journal of Tourism Research, 2016, 18 (5): 434 – 446.

[415] Yoguel G, Marin A. Production networks: Linkages, innovation processes and social management technologies: a methodological approach applied to the volkswagen case in Argentina [M]. Department of Industrial Economics and Strategy, Copenhagen Business School, 2000.

[416] York R. Demographic trends and energy consumption in Europe-

an Union Nations, 1960 ~ 2025 [J]. Social Science Research, 2007, 36 (3): 855 – 872.

[417] Yu F, Guo Y, Le – Nguyen K, et al. The impact of government subsidies and enterprises' R&D investment: A panel data study from renewable energy in China [J]. Energy Policy, 2016 (89): 106 – 113.

[418] Yuan J H, Kang J G, Zhao C H, et al. Energy consumption and economic growth: evidence from China at both aggregated and disaggregated levels [J]. Energy Economics, 2008, 30 (6): 3077 – 3094.

[419] Zhang P, Yang Q, Zhao Y. Relationship between social economic agglomeration and labor productivity of core cities in Northeast China [J]. Chinese Geographical Science, 2012, 22 (2): 221 – 231.

[420] Zhang Q, Zhao X, Lu H, et al. Waste energy recovery and energy efficiency improvement in China's iron and steel industry [J]. Applied Energy, 2017 (191): 502 – 520.